개정판
자원봉사론

VOLUNTEER THEORY

자원봉사론 [개정판]

박명혜 · 변진숙 공저

동문사

책을 내면서

자원봉사를 바라보는 시각에도 변화가 생기고 있습니다. 자원봉사는 '선한 활동'의 차원을 넘어, 우리 일상과 사회를 바꾸어 가는 운동으로서 주목받고 있습니다. 초판 발행 시 4차 산업혁명을 논하며 앞으로는 자연환경을 재생산할 수 있는 커다란 잠재력이 함께 찾아온다고 하였습니다.

개정판을 발행하는 지금 챗GPT의 세상이 되면서 대화형 인공지능 서비스를 수행하고 있습니다.

이는 코로나19 이후의 자원봉사 패러다임과 맥락을 함께하고 있습니다. 우리의 삶을 위협하는 기후위기에 주목하고, 윤리와 지속가능성을 강조합니다. 자원봉사활동 또한 탄소 중립의 관점에서 바라보기 시작했습니다.

우리나라는 자원봉사를 평가할 때 우리의 현장은 여전히 정체기에 있습니다. 미국, 영국 등 자원봉사가 발전한 나라를 포함 OECD 국가와 비교해도 참여율이 좀처럼 증가하지 않기 때문입니다. 자원활동가들이 많은 선진국과 비교하며 참여율 등을 거론할 때면 자원봉사의 질적 개선과 시민 참여가 시급한 과제임을 강조합니다. 그럼에도 우리에게 문제의식만 남겨줄 뿐 해결책은 주지 않고 있습니다.

일반인들에게 필요한 해결책을 제시해 달라고 하는 것이 지금 현장에서는 가장 활발하게 논의되고 있는 정책적 이슈 중 하나입니다.

자원봉사센터는 자원봉사의 본래의 취지대로 지역주민이 중심이 되어 자율적으로 운영하도록 해야 하며 그 목적은 바로 자원봉사 활동의 인프라 구축의 목적이 되는 것입니다. 자원봉사 관련 정책은 단순한 긍정적 메시지가 아니라 현실적 메시지를 전해야 합니다. 참여자들에게 받아들이지 못하는 메시지가 아니라 참여자 및 자원봉사자 관리자들에게 실질적인 권한이 주어지는 공감할 수 있는 정책이어야 합니다.

이 책은 총 4부로 이루어져 있습니다. 1부 '자원봉사의 개요'에서는 자원봉사에 대한 개념과 더불어 자원봉사현장에 일고 있는 패러다임에 대해 설명하였습니다. 2부 '자원봉사의 역사와 환경변화'에서는 1부에서 강조한 자원봉사의 패러다임을 역사와 함께 연장하여 논의하였습니다. 3부 '자원봉사 활동의 실제'는 현장에서 진행되는 자원봉사의 실제적인 활동에 대해 사례와 평가 틀을 통해 자원봉사가 일상이 되는 방안을 제시하였습니다. 4부 '자원봉사 활동의 전망'은 우리나라 자원봉사 조직의 특성을 통해 한국자원봉사의 과제에 대해 함께 논하고자 하였습니다.

우리의 '자원봉사론'이 다른 책들과의 차별점은 자원봉사센터 중심의 시각이 아닌 사회복지사가 전문가로서 갖추어야 할 가장 중요한 역량인 실천경험 중심으로 접근했다는 것입니다. 아무리 지식과 기술이 뛰어나더라도 실천경험이 있지 않다면 우리는 전문가라 할 수 없습니다. 일부 지역자원봉사 센터가 독립적인 역할보다는 관변단체의 기능을 하고 있는 것 같아 사회복지 현장에서는 일반 자원봉사단체들의 활동 또한 비판의 대상이 되고 있음을 알아야 할 필요가 있습니다.

우리는 지금도 자원봉사는 어떻게 사회문제를 해결할 수 있을까 고민하고 있습니다.

고민하는 지성이 많을수록 어려운 상황에서 인간의 도리를 강조하는 봉사활동은 위기의 시대를 극복할 수 있는 대안이 될 수 있기를 기대해 봅니다.

부족하지만 이 교재가 사회복지현장에서 뛰고 있는 자원관리자 및 사회복지를 공부하는 학생들에게 공감과 수용을 통해 창의성을 일깨워 주는 교재가 되기를 바랍니다.

끝으로 본서의 발간을 위해 적극 지원해 주시고 수고해주신 도서출판 동문사 이중수 대표님 이하 모든 관계자들께 특별히 감사의 마음을 전하고 싶습니다.

2024년 1월

공동저자 박명혜, 변진숙

차례

Contents

Part 2 자원봉사의 역사와 환경변화

Part 3 자원봉사활동의 실제

Contents

Part 1

자원봉사의 개요

Chapter 01

자원봉사의 개념

학습목차

1. 자원봉사의 개념
2. 자원봉사자의 특성
3. 자원봉사의 필요성
4. 자원봉사 패러다임

자원봉사는 21세기 인류사회에 있어 최고의 행위는 아닐지 모르나, 인류에게 가장 중요한 활동이다"라는 말이 있다. 그만큼 인간은 사회에서 혼자 살아갈 수 없으며, 인종이나 계급, 성별, 학력, 직업에 관계없이 서로 사랑하며 돕고 살아야 한다는 것이다.

흔히 우리나라 자원봉사를 정체기에 있다고 표현한다. 자원봉사 참여율은 2005년 이후 참여율이 21~22% 수준에서 2015년부터 감소추세를 보이다가 2023년은 10.6%로 떨어졌다(통계청, 2023).

현장중심의 자원봉사 활동은 AI가 하지 못하는 인간에 대한 선택 중 가장 빠른 호흡하는 활동이다. 미래사회의 잠재력 부분에서 가장 높이 평가받고 있는 분야이기도 하다. 타 선진국과 비교하며 참여율 등을 거론하지만 공식적인 자원봉사활동 부분에서는 큰 차이를 보이지 않는다. 다만 비공식적인 활동, 시민단체가 참여하는 활동들이 활성화되지 않았다는 것이다. 가장 많은 자원봉사 참여를 하는 학생들이 공식적인 활동에서만 자원봉사활동에 참여하는 이유이기도 하다. 점수화되어 있는 자원봉사활동에서 한 발 나아가 비공식적인 활동 분야까지 확대될 수 있는 국민인식의 변화가 필요하다.

1 자원봉사의 개념

1) 자원봉사의 정의

우리말의 자원봉사[1)]는 자원(自願)과 봉사(奉仕)의 합성어로 자원(自願)은 어떤 일을 자기 스스로 하고자 하여 나선다는 의미로 봉사(奉仕)는 국가나 사회 또는 남을 위하여, 자신을 돌보지 아니하고 힘을 바쳐 애씀이라고 풀이되어

1) 한자로 자원봉사는 '自願奉仕'(自-스스로 자, 願-원할 원, 奉-받들 봉, 仕-섬길 사)라고 쓴다.

있다(국립국어원 표준국어대사전, 2016).

자원봉사는 인간의 자발적 의지(will)와 욕망(desire)을 나타내는 라틴어의 자유의지(voluntas)에서 기원 되었다. 자원봉사자라는 영어 단어 Volunteer는 라틴어 volo(의지)에서 나왔다. 자원봉사라는 말은 요즘 흔히 사용되고 있지만 자원봉사 volunteer의 사전적 의미는 자신의 의지로 보수를 받지 않고 일이나 활동, 특별하게 지역사회봉사와 같은 활동에 참여하는 것을 의미한다(Webster, 2016).

자원봉사라는 용어는 일본에서 처음 사용하였으나 한자권 국가들 중에서는 한국에서만 사용한다(Webster, 2016).

자원봉사라는 용어는 일본에서 처음 사용하였으나, 현재 한자권 국가들 중에서는 한국에서만 사용한다(이선재 외, 2009: 18).

우리나라에서 자원봉사라는 말을 사용하게 된 것은 1970년대로 거슬러 올라간다. 봉사(奉仕)라는 말에는 '가진 자'가 '없는 자'에게 베푼다는 전근대적·시혜적 이미지가 있어 현장에서는 자원봉사라는 말보다 덜 시혜적인 말로 초점이 옮겨가고 있다.

자원봉사에 대한 정의는 국제적으로 통일되어 있지 않은 개념이다. 국가 및 국가단체, 학자에 따라 차이가 있는데 자원봉사를 정의함에 있어 국가별, 학자별 견해를 제시해 보면 **표 1-1**과 같다.

2) 자원봉사의 국가별 정의

표 1-1 자원봉사의 국가별 정의

국가	자원봉사의 정의
영국(2007)	"가까운 친척들 이외 누군가(개인 혹은 단체) 또는 환경에 유익하도록 무보수로 시간을 사용하는 모든 활동"(UK cabinet office, 2007)
영국(2014)	자원봉사는 가까운 친지, 또는 친지가 아닌 개인이나 그룹, 환경을 위한 목적으로 자신의 시간을 할애하여 대가 없이 참여하는 모든 활동을 말한다(Volunteer England, 2014).

캐나다 (2011)	'자원봉사'를 일상생활의 한 부분으로서, 지역사회에 참여하고, 자신과 다음 세대를 위해 우리가 바라는 공동체를 만들어가는 방법(Volunteer Canada, 2011)
캐나다 (2006)	"무보수로 자선단체나 비영리 단체를 대표하여 서비스를 행하는 사람, 학교, 종교 단체, 스포츠나 지역 연합에 제공하는 모든 무보수 지원이 포함됨"(Statistics Canada, 2006)
덴마크	"비영리 기관을 위해 무보수로 행한 일"(Bjame Ibsen, 1992)
미국	"단체를 위하거나 통해서 무보수로 자원봉사활동을 하는 사람"(US Bureau of Labor Statics, 2008) "개인, 집단, 지역사회에서 다양한 사회문제의 영향을 예방, 통제하고 개선하기 위해 존재하는 공공과 민간의 다양한 조직 활동에 보수 없이 자발적으로 참여하는 행위를 의미"(National Association of Social Workers; 이재완 · 이관률, 2009)
멕시코	"자원봉사란 개인이 자유의지를 가지고 타인의 이익을 위해 시간을 투자해 봉사하는 활동. 이윤추구가 아니며 금전이나 현물로 대가를 받지 않는 것"(Butcher, 2007)
에스토니아	"자유의지와 무보수로 시간, 에너지, 기술을 지원 주로 공익과 사회 이익을 위하여 수행되는 활동, 자기 가족을 위한 활동은 자원봉사에 포함되지 않음"(Estonian Ministry of the Interior, 2006)
ILO (2011)	자원봉사를 '무보수 비강제적 일이라고 정의한다. 즉, 개인이 보수를 받지 않고 조직을 통해서 또는 직접적으로 자신의 가정이 아닌 타인을 위해 시간을 할애하는 것을 의미한다.
UN (2011:3-4)	자원봉사는 개인의 자유의지에 따라 자발적으로 금전적 보상, 법이나 계약에 의한 요구, 학업상의 필요에 의하지 않고, 공익을 위해 행하는 활동을 의미한다. 공식 단체에서 정기적으로 하는 활동 이외의 활동도 포함한다.

출처: 박현정 · 홍현정(2011) 재구성.

나라별 제시한 자원봉사의 개념 중 가장 중요한 차이는 비공식 자원봉사를 포함하고 있는가의 여부이다. 비공식 자원봉사는 개인이나 사회를 위해 비영리조직이나 구조화된 조직 이외에서 행해지는 활동을 의미한다(Finkelstein & Brannick, 2007). UN의 자원봉사 정의는 공식 자원봉사와 비공식 자원봉사의 개념을 모두 포함한다.

국제노동기구(ILO, 2011)2)는 '일'이라는 제한적 개념, 즉 '수혜자에게 잠재적 가치를 가져오는 재화나 서비스를 만들어 내는 활동'이라는 의미를 가지며, 이 정의의 핵심은 '자원봉사 활동의 가치 측정'을 위한 개념이라는 점이다. 앞에서 언급했듯이 자원봉사 활동의 측정에 대해서는 상당한 논쟁이 있다. 어떤 연구자들은 유연한 자원봉사의 정의가 '자원봉사자들의 기여에 대해 신뢰와 존중'을 갖지 못하게 한다고 주장하는 한편, 다른 연구자들은 자원봉사 활동을 측정하려는 대부분의 시도가 오히려 자원봉사의 가치를 떨어뜨리고 있다고 주장한다.

표 1-2 학자 및 단체별 자원봉사의 정의

국 가	자원봉사의 정의
Baldock(1990)	민간기관, 공공기관, 사회행동, 사회복지문제에 관련된 자조집단 등에 무상으로 규칙적으로 자신의 시간, 에너지를 기여하는 사람
Brudney(1997)	보건, 복지, 주택, 교육, 재활, 레크리에이션, 등의 분야에서 직접 다른 사람을 위하여 그들의 시간을 투자하는 사람
UN봉사조직 (1999)	개인이 자신들의 이웃과 사회에 안녕을 위해 기여하는 비영리, 무보수, 비상근활동
미국사회사업 백과사전 (997)	사회복지기관이나 공공기관에서 지역사회개발, 주택, 교정, 아동복지 등의 분야에서 참여활동에 대한 보수 없이 자발적으로 참여하는 개인
일본 오사카 자원봉사협회 (1993)	자진해서 사회문제의 해결을 위해 활동을 지원하는 사람
영국자원봉사센터 (Sheard, 1995)	자신이나 직접적인 혈연관계가 아닌 다른 사람을 위해 직접적 보상 없이 그리고 국가나 기관에 의해 요구되는 것이 아닌, 자연스러운 선택에 의해 수행되는 활동

2) 국제노동기구(International Labour Organization)

호주전국자원봉사 센터소장 (Shacotdingley, 2003)	지역사회와 자원봉사자 자신에게 혜택이 돌아가고 강제가 아니라 자원봉사자의 자유에 의한 것이고 금전적 보상을 위한 것이 아니며 지정된 자원봉사직무에서 활동하는 것
한국사회복지협의회 (1998)	'한 개인이 가지고 있는 자원이나 능력을 활용하여 자발적으로 사회공동체 환경 혹은 타인을 위하여 반대급부를 요구하지 않으면서 계획적이고 지속적으로 수행하는 활동'으로 체계적 노력을 통해 문제를 개선하고 변화시키는 것
한국사회복지협회	사회문제의 예방 및 해결 또는 국가의 공익사업을 수행하고 있는 공사의 공식조직에 자발적으로 참여하여 영리적 보상을 받지 않고서도 '인간존중의 정신과 민주주의 원칙에 입각하여 낯선 타인들을 상대로 필요한 서비스를 제공'함으로써 사회의 공동선을 고양시킴과 동시에 이타심의 구현을 통해 자기실현을 성취하고자 하는 활동

출처: 배기효 외(2008) 재구성.

미국의 사회사업 사전에 보면 “자원봉사란, 욕구가 인식되었을 때 어떤 구체적인 이득을 생각하지 않고 사회적 책임이라는 태도로 행동을 선택하는 것이며, 이것은 시혜나 무언가를 기대하거나 어쩔 수 없이 행하는 것을 초월하는 의미”라고 덧붙이고 있다.

영국의 자원봉사센터는 “자신이나 직접적인 가족이 아닌 다른 사람을 위해 직접적인 보상 없이 그리고 국가나 기관에 의해 요구되는 것이 아닌, 자유스런 선택에 의해 수행되는 활동”으로 무보수성, 자발성을 강조한다.

한국사회복지협회에서는 자원봉사를 “사회문제의 예방 및 해결 또는 국가의 공익사업을 수행하고 있는 공사의 공식조직에 자발적으로 참여하여 영리적 보상을 받지 않고서도 인간존중의 정신과 민주주의 원칙에 입각하여 낯선 타인들을 상대로 필요한 서비스를 제공함으로써 사회의 공동선을 고양시킴과 동시에 이타심의 구현을 통해 자기실현을 성취하고자 하는 활동”으로 정의하고 있다(이수천, 2011).

공통적인 주요 내용은 자원봉사는 개인이나 집단 그리고 지역사회의 복지증진을 위하여 지역사회에서 발생하는 문제를 예방하고 개선하기 위해 개인이 가지고 있는 자원이나 능력을 활용하여 자발적으로 참여하여 물질적 보상 없이 인간존중 정신으로 자아실현을 성취하고자 하는 '남을 돕는(FOR) 행위에서 남과 함께 하는(WITH) 활동'으로 표현된다.

자원봉사활동은 가지지 못한 자를 위하여 베푸는 것이 아니라 함께 살고 서로 배우며 같이 성장하는 것을 목표로 삼아야 한다. 인간 상호 간의 연대를 무엇보다 중요시하며 인간이 인간을 소외하거나 멸시하는 일을 예방하는 인간존중이라는 정신 위에 성립되어야 한다(양점도 외, 2010).

2 자원봉사의 특성

1) 자원봉사의 특성

1930년 세계자원봉사의 해에서 자원봉사활동이란 강제가 아닌 자유의지에 의한 선택에 의해(자발성), 대가를 바라지 않고(무보수성), 자신 이외의 개인이나 공동체에(공익성) 혜택을 주기 위해서 자신의 시간과 재능 에너지를 제공하는 일이라고 정의하였다. 자원봉사활동은 자원봉사자에게도 유익한 활동이지만 자발성, 무보수성, 공익성, 지속성이라는 특성(特性)을 통해 자원봉사자 이외의 누군가의 사회에 이익이 되는 더불어 사는 사회를 위한 철학적 기반을 조성해 주고 있다.

자원봉사자의 특성은 시대에 따라 변한다. 크게 자아 실현성, 자발성, 무급성, 이타성, 지속성, 공익성, 협동성, 학습성, 헌신성, 전문성 등의 특성을 갖는다.

일슬리(Ilsley)[3]는 이타주의, 헌신, 자유의지, 학습, 무보수성, 조직, 심리적

3) Paul J. Ilsley, 1990

이득, 희생을 자원봉사활동의 특성으로 정의하였는데, 이를 좀 더 구체적으로 살펴보면 **그림 1-1**과 같다.

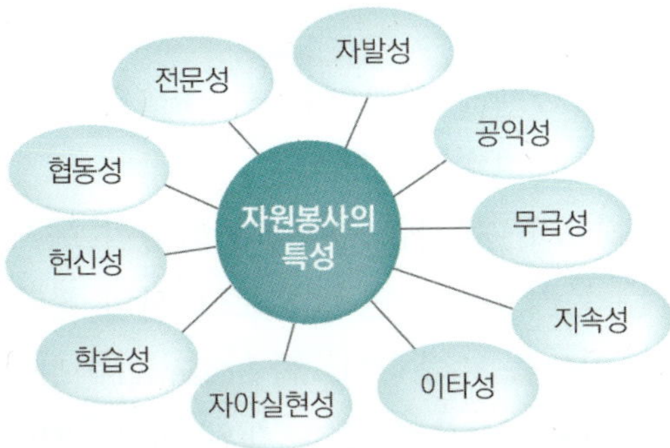

출처: 문화자원봉사관리자 매뉴얼.

그림 1-1 자원봉사의 특성

첫째, 자아 실현성은 자신이 스스로 보고 듣고, 생각하고 판단하여 실천에 옮기는 활동을 의미한다.

둘째, 자발성은 타인의 강요나 억압에 의한 것이 아니라 사회와 이웃의 문제를 자신의 일로 받아들여 자신의 의지로 해결하고자 노력하는 자발적인 의지에서 비롯한 자유스런 활동을 말한다.

셋째, 무급성은 자원봉사의 대가로 정신적인 보람과 만족 외에는 아무런 경제적 보상이나 어떠한 대가도 바라지 않는 것을 의미한다.

넷째, 이타성은 자신의 이익이나 목적을 위한 것이 아닌 타인을 존중하고 이웃과 더불어 살아간다는 이타주의적 정신에서 비롯된다. 이타주의(altruism)는 다른 사람이나 사회의 선을 위하는 헌신을 의미한다. 물론 절대적인 이타주의란 불가능하지만, 자원봉사활동 과정을 통해 상대적인 이타주의적인 정신이 배양될 수 있다. 사실 자원봉사활동을 통해 새로운 것을 배우는 기회를 습득하고, 도덕적 선행이나 도움을 실천했다는 심리적인 만족감 등의 반대급부를 얻을 수 있다.

다섯째, 지속성은 충동적 활동으로 한두 번에 끝나는 것이 아니라 꾸준히 계속되고 계획된 활동에 의해서 지속적으로 봉사를 실천하는 활동을 말한다.

여섯째, 공익성(복지성)은 공익을 우선시하고 영리를 목적으로 하지 않는 것을 말한다.

일곱째, 협동성은 공동체에 대한 이해로 소속감, 자원봉사활동에 참여하는 사람들과의 협동이 필요하다.

여덟째, 학습성이다. 자원봉사활동은 체험학습인 동시에 사회복지에 대한 관심과 이해를 돕는 복지교육과 민주시민으로서의 바람직한 역할과 자세를 배우는 시민교육의 기능을 수행한다. 학습(learning)이란 가르침과 같은 공식적인 수단 또는 경험과 자기훈련 등과 같은 비공식적인 방법을 통한 지식, 기술, 태도 및 신념 등의 획득을 말한다. 어떤 의미에서 삶은 학습인데, 그것은 우리들의 모든 경험이 가르침을 위한 교훈이 되기 때문이다. 학습은 자원봉사활동에서 자주 간과되어왔다. 자원봉사활동은 체험학습이며, 복지교육이며, 민주시민교육이다. 자원봉사활동은 타인에게 도움이 되었는가도 중요하지만, 봉사활동 준비나 그 실천과정에 얼마나 교육적인 효과를 얻었는가도 매우 중요하다. 학습은 자원봉사활동의 헌신성이나 지속성과 밀접한 연관성을 지니고 있다.

아홉째, 헌신성은 자원봉사자들의 철학과 신념이며 중요한 덕목으로, 자원봉사활동에 참여하기 위해서는 자신의 시간과 비용 등을 투입하는 희생정신이 필요함을 뜻한다. 헌신(commitment)은 자원봉사활동의 필수적인 구성요소이다. 헌신의 목적은 도움을 필요로 하는 개인 혹은 사회적 정의와 같은 비전이나 이상을 실현하는 것 등 다양한 형태로 존재할 수 있다.[4]

열째, 전문성으로, 자원봉사자도 자기가 갖고 있는 고유의 전문성이 있다는 것이다. 그러나 전문성은 참여 기관에서는 보완적인 역할을 수행하는 것이다.

---

4) 대구광역시종합자원봉사센터

표 1-3 IAVE 자원봉사의 4가지 차원

운영체계	자유선택	수혜대상	보수
공식 비공식	자유의지 비교적 강제적이지 않은 의무	타인 및 지역사회 친구 또는 친척에 혜택 자조적 활동	무보수 기대 않음 실비 지급 활동비 / 낮은 보수

출처: IAVE 워크샵(2011).

2011년 한국에서 열린 제13차 세계자원봉사협의회(IAVE)[5] 지역 자원봉사 컨퍼런스의 참가자들은 자원봉사의 보편적 특성(자유의지, 이타심, 무보수성 등)에 합의하고 IAVE 워크샵에서는 자원봉사를 **표 1-3**과 같이 4가지 차원에서 설명하는 성과를 냈다. 자원봉사를 이기주의와 이타주의, 자유의지와 강제적 의무, 유급과 무급과 같은 이분법적 개념이 아니라 하나의 연속된 개념으로 볼 것을 제안한 것이다. 이는 오늘날 우리 사회에 존재하는 다양한 방식의 자원봉사를 포괄적으로 설명해 줄 수 있다. 그러나 정부의 정책 및 전략의 수립, 자원봉사활동의 측정 등에 있어서는 혼란을 줄 수 있다는 어쩔 수 없는 딜레마를 갖게 한다(http://www.snpo.kr).

2) 자원봉사의 원칙

자원봉사는 자유의지로 언제든지 할 수 있는 선택사항이다.
엘리스와 노이스(Ellis & Noyes, 1990)의 자원봉사의 구성요소를 보면
첫째, 자발적인 선택(choose)이어야 하며
둘째, 사회적 책임(social responsibility)[6]이어야 하며
셋째, 경제적 이익을 추구하지 않으며(without monetary profit)

5) https://www.iave.org/
6) 개인이나 소집단, 사회적 전체의 편안을 도모하는 목적활동

넷째, 기본적 의무를 초월(beyond basic obligations)하는 것이다.

잊지 말아야 할 원칙은 다음과 같다.

- 제1원칙은 인권의 존중이다.

자원봉사활동은 인간의 존엄성에 대한 인식과 이해가 먼저 있어야 한다. 즉, 자원봉사활동은 단순한 선의의 활동이 아니라 사람들이 서로 존중하며 차별 없이 인간답게 살아갈 수 있는 사회를 만들어 나가는 것이다.

- 제2원칙은 민주주의 정신의 존중이다.

자원봉사활동은 민주주의 정신과 절차, 방법을 존중해야 한다. 즉, 자원봉사활동은 타인의 자유와 인권을 인정해야 하고, 어떠한 형태로든 남을 무시하는 태도나 남에게 폐를 끼치는 행위는 배격되어야 하는 것이다.

- 제3원칙은 자원봉사의 목적화이다.

자원봉사는 그 자체가 목적이지 다른 목적의 성취수단으로 이용되어서는 안 된다는 것이다. 특정 종교의 전파 수단이나 선거에서 득표하기 위한 수단으로, 기업의 PR 수단으로, 전문기술을 연마하기 위한 수단으로, 점수나 학점을 따기 위한 수단으로 이용되어서는 안 된다. 자원봉사활동은 시민적 성격을 띠어야 한다. 즉, 자원봉사활동은 특정 종교를 위한 활동이나 정치적 목적을 위한 활동이 아니고 사회성, 공공성을 내재한 활동인 것이다.

잠깐 생각 **사회참여 활동으로서의 자원봉사활동**

피터드러커, 2001-프로페셔널의 조건 '인생의 후반부를 준비하라'

그는 인생의 후반부를 관리하기 위한 가장 큰 전제는 후반부로 접어들기 훨씬 전에 그 준비를 시작해야만 한다는 것임을 강조한다. 만약 어떤 사람이 40세가 되기 이전 무렵부터 자원봉사자로서 경험을 쌓기 시작하지 않는다면, 그는 60세 이후에도 자원봉사활동을 하지 않을 것임을 예로 든다. 즉, 40세 이전에 자원봉사를 시작하지 않는다면 60세가 지난 후에도 자원봉사자가 될 수 없다는 것이다.

3 자원봉사의 필요성

자원봉사활동은 시민의식과 민주주의적 근간이 되는 활동이다. 사람들은 저마다 다른 이유로 자원봉사활동을 수행한다. 어떤 자원봉사자는 기술을 익히고 경험을 쌓기 위해, 사교를 위해 또는 사회 환원을 위해 자원봉사를 하기도 한다.

어떤 사람은 도덕적 의무감이나 자원봉사활동에 대한 중요한 이유 혹은 선의를 실천하기 위해 자원봉사를 한다. 어떤 경우든 중요한 원칙은 자유의사에 의해 자원봉사활동에 참여하는 것이다.

자원봉사는 21세기에 인류의 행복과 발전을 좌우할 제3영역(the third sector)의 핵심이다. 인류가 지금까지 발전시켜 온 영역으로서 제1영역은 정부(government)이며, 이것은 국민이 낸 세금으로 유지된다. 제2영역은 기업(enterprise)이며, 이것은 제품을 판 이윤으로 유지되어왔다. 정부의 궁극적 목적은 권력이며, 기업의 그것은 이윤추구이다. 진정한 민주주의의 척도는 언론의 자유나 삼권분립 같은 것일 수 있으나, 그 나라에 자원봉사자와 그들을 활용하는 자원기관(voluntary agency)이 얼마인지도 중요한 척도가 될 수 있을 것이다.

1980년대 이후 경제성장과 함께 문화와 복지에 관심이 높아지면서 사회적 공동선을 위한 시민의 자율적 참여가 각광을 받게 되었다. 현대의 복잡한 사회문제를 해결하는 데 정부의 능력만으로는 한계가 있기 때문에 시민참여를 통한 자원봉사활동과 사회연대의식을 개발하여 국민 생활 전반에 걸쳐 균형 잡힌 향상을 시도할 필요성이 대두되었다.

이렇듯 현대사회에 특별히 자원봉사활동이 필요한 이유에 대해서 다양한 설명이 이루어지고 있다.

첫째, 사회공동체의 약화방지를 위해 자원봉사활동이 필요하다.

둘째, 자원봉사활동은 현대사회에 필요한 인력을 보강하고, 사회구성원들로 하여금 사회참여를 촉진시키는 계기를 만들어 준다.

셋째, 사회변동에 따른 새로운 욕구의 발생에 대처하기 위한 수단으로 자원봉사활동이 필요하다.

넷째, 자원봉사활동은 여가선용과 자아실현에 기여할 수 있다. 자원봉사는 모든 계층에 적용될 수 있는 보람된 여가활동으로 자신을 돌아보고 생의 보람과 희망을 갖게 되는 의미 있는 활동이다.

다섯째, 자원봉사활동은 각종 사회문제를 해결하고 예방하는 데 기여한다.

우리나라의 경우 자원봉사활동이 주로 사회복지시설 및 기관에서 이루어지고 있으나 자원봉사는 활동 장소, 활동 내용 등이 정해져 있는 것이 아니라 인간 생활과 관련된 모든 영역에서 가능한 것이다.

자원봉사의 환경적 변화와 패러다임을 통해 자원봉사활동의 사회적 요구에 적극 대응하여야 한다.

잠깐 쉬어가기 - 생각 나눔 **자원봉사의 유사개념**

자원봉사(volunteering)와 사회봉사(community service)는 가장 많이 사용되는 용어이나 일상생활에서는 개념상의 구분 없이 혼용되어 쓰이고 있다(김범수 외, 2015). 따라서 각 용어의 명확한 의미를 규정하고 구분할 필요가 있다. 자원봉사는 주로 개인의 자유의지를 통해 자발적으로 이루어지는 활동이다. 반면, 사회봉사는 공익을 추구하고 사회적 책임을 강조하는 정부나 기업 혹은 교육기관을 통해 특정 목표를 달성하기 위해 집합적으로 기획되고 수행되는 봉사활동이다(주성수, 2013). 한편, 사회봉사명령은 유죄가 인정된 범죄자를 교정시설에 구금하는 대신 사회에서 일상적인 생활을 하면서 일정 시간을 무보수로 사회에 유익한 근로를 하도록 명하는 제도로서 그들에게 범죄피해의 배상 및 속죄의 기회를 줄 뿐 아니라 근로의식을 함양시키고 자긍심을 회복하여 사회복귀를 도모하는 제도이다(법무부, 2015).

4 자원봉사 패러다임

'패러다임'이란 용어는 쿤(T. S. Kuhn, 1922~1996)의 『과학혁명의 구조』(1962)에서 처음 사용되었다. 패러다임이라는 개념은 새로움을 추구하려는 다양한 분야의 논의를 설명하는 용어로 쓰인다. 즉, 사회적 변화가 점점 다른 이론으로 넘어갈 때 사용하는 말이다. 그러나 기존의 패러다임으로 당면 문제가 풀리지 않을 때 대안적 패러다임을 모색하게 된다. 이른바 '패러다임 전환'으로 자원봉사도 자원봉사활동 중심에서 사회문제 해결을 위한 통합적 접근으로 확장되고 변화되고 있다.

1) 볼런투어리즘voluntourism과 볼런테인먼트voluntainment

볼런투어리즘(voluntourism)은 2000년대 말 유럽에서부터 시작되어 붐을 이루었다. 제3세계 국가 고아 등 빈곤층 어린이들을 방문해 후원금을 주고 동시에 현지 관광을 즐기는 '자원봉사를 겸한 관광'이라는 의미로, 자원봉사를 뜻하는 '자원봉사자(volunteer)'와 '관광(tourism)'이란 말의 합성어로, 말 그대로 자원봉사를 겸하는 관광이라는 의미이다.

볼런투어리즘의 본뜻은 환경재해를 입은 곳에 가서 자연 복원활동을 하거나, 멸종위기에 처한 동물의 구조활동을 하거나, 장애인 재활센터, 푸드뱅크, 농장 등에서 일손을 돕거나, 교육과 보건 등이 낙후된 저개발국에서 현지인들과 함께 기거하며 그들의 삶을 향상시키는 데 도움이 되는 활동을 하는 동시에 관광도 즐기는 여행이다(두산백과).

그러나 볼런투어리즘은 소셜미디어(SNS)의 발달로 봉사행위 자체보다는 보여주기식의 행위로 인해 '슈가러시(sugar rush)'[7]에 지나지 않는다는 비판

7) 슈가러시: 과도의 설탕을 섭취함으로써 야기된 활동항진 상태

을 받고 있다. 볼런테인먼트(voluntainment)는 자원봉사(volunteer)와 엔터테인먼트(entertainment)의 합성어로 시민들이 주체성을 극대화하고 흥미와 자발성을 자극하여 자원봉사에 참여하도록 이끌 수 있는 효과적인 개념으로 탄생하였다.

볼런테인먼트는 2004년 "야! 신난다! 자원봉사"라는 이름으로 시작되었으며, 시민들이 자원봉사에 대해 갖고 있는 "희생이 따르는 어려운 일"이라는 이미지와 한정된 범주의 프로그램을 뛰어넘어 "생명, 환희, 몰입, 기쁨"이라는 새로운 자원봉사운동의 바람을 일으킨 중요한 자원봉사캠페인이다(볼런티어21, 2007).

볼런테인먼트는 자원봉사가 가지고 있는 내적 즐거움을 강조한다. 즉, 신나고 즐거운 자원봉사를 뜻한다.

볼런테인먼트를 설명할 수 있는 또 하나의 근거는 호이징가[8]의 '놀이적 인간'이라는 개념이다. 호이징가는 호모루덴스(Homo Ludens), 즉 '놀이적 인간'에 대해 주장했다. 놀이는 자발적이고 내재적이며 진지하게 몰입하는 활동을 말한다. 인간은 놀이를 통해서 많은 것을 배울 수 있고, 친구를 사귀고, 몰입함으로써 만족감과 즐거움을 얻을 수 있다. 이런 점에서 즐거움을 추구하는 자원봉사와 놀이는 비슷한 점이 많다.

볼런테인먼트라는 용어의 성립을 뒷받침하는 여러 가지 근거들이 있다. 미국 뉴욕주에 있는 코넬대학교에서 30세 이상의 사람들을 조사한 결과에 따르면 자원봉사를 해 본 사람이 안 해 본 사람보다 행복하고 건강한 것으로 나타났다.

사람마다 살아온 환경과 배경지식이 다르듯 개인차에 따라 서로의 가치서열이 다르다고 비난할 수 없다. 그러나 참된 앎을 통해 내면적 가치의 총량을 키워가는 설득적 힘은 중요하다. 현실을 함께 살아야 하는 우리에게 모두가 다르게 보는 것을 똑같이 보라고 하는 것은 심리학적으로 합리적이지 않다. 다른 것을 같게 만드는 것은 어려우니 서로에게 좋은 사람이 되도

8) 호이징가(Johan Huizinga: 1872~1945). 호모루덴스.

록 좋은 관계를 유지하면 서로가 같은 것으로 볼 수 있거나 서로 다르더라도 공동목표를 위해 합의할 가능성을 높이는 과정이 필요하다.

표 1-4의 비교를 통해 자원봉사에 대한 패러다임의 변화에 대해 생각해 보자. 자원봉사활동에 대한 패러다임으로서 단순한 긍정적 메시지가 아니라 현실적 메시지를 통해 볼런투어리즘과 볼런테인먼트가 갖는 스펙트럼의 다양성을 통해 가치 인식의 변화에 대한 담론이 필요하다.

표 1-4 볼런투어리즘에서 볼런테인먼트로의 패러다임

볼런투어리즘		볼런테인먼트
공공성	가치변화 패러다임	자율과 연대
도덕성, 엄숙주의		재미, 다양성
수직		수평적
수혜주의		호혜(상호관여)

2) 프로보노probono

프로보노는 라틴어 '프로보노 퍼블리코(probono publico)'의 줄임말로, '공익을 위하여'라는 뜻이다. 미국 변호사들의 공익활동을 '프로보노'라고 칭하는데, 이는 변호사를 선임할 경제적 여유가 없는 개인 또는 단체에 대하여 보수를 받지 않고 법률서비스를 제공하는 것을 의미한다.

1989년 미국 변호사협회 산하의 '프로보노 및 공익활동위원회'가 만든 '로펌 프로보노 챌린지(Law Firm ProBono Challenge)'라는 법률서비스를 통한 공익활동을 의미했던 '프로보노'는 현재 의료·교육·경영·노무·세무·전문기술·문화예술 등 다양한 분야의 전문가들이 전문지식과 기술을 이용하여 벌이는 봉사활동이라는 뜻으로 그 의미가 확장되었다(두산백과).

프로보노 전문봉사활동은 몇 가지 측면에서 직원들의 재능기부와 차이가

있다(CECP, 2011: 28).

첫째는 실행이다. 기업은 해당 프로젝트를 위한 인력제공, 프로그램의 품질 및 완성도 확보, 최고수준의 전문성 제공 등의 책임이 있다.

둘째는 전문 서비스이다. 참여직원들은 자신의 직무기술서에 명시된 직무역량을 활용해야 한다. 핵심 직무역량의 일부만 활용하는 경우는 프로보노 활동보다는 자원봉사에 해당한다.

셋째는 간접서비스이다. 모든 서비스는 연방세법조항 501(c)3 기관 또는 이에 준하는 단체 그림 1-2를 통해 제공해야 한다. 프로보노 봉사활동과 직원봉사활동의 근본적인 차이를 감안해 CGS[9]설문에서 프로보노 봉사활동은 비현금 기부로 구분, 공정시장가액으로 평가한다.

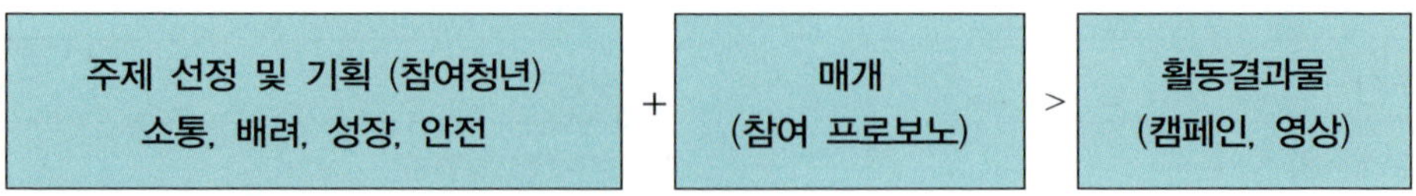

출처: https://cafe.naver.com/specup/5896148

그림 1-2 서울시자원봉사센터

그림 1-2를 보면 서울시 자원봉사센터에서는 사회적 이슈에 대해 청년들이 사회참여를 이끌 수 있도록 전문(기업) 프로보노를 매칭하는 프로그램을 개발하는 쪽으로 프로그램을 개발하고 있다. 이는 사회적 기업들에도 기회 제공이 되어 기업에서 경영 컨설팅이 확대되는 계기가 되기도 한다.

9) Coaching Group System

표 1-5 프로보노 자원봉사

분야	방법
변호사	사회적 약자 법무지원
경영컨설턴트	사회적 기업 경영전략지원
웹디자이너	NPO 웹사이트 구축
정보통신(IT) 전문가	컴퓨터 교육

출처: http://www.probono.kr/ab-4154375

3) 지역 화폐

레츠[10)]는 1983년 캐나다의 코목스밸리라는 조그마한 섬마을에서부터 시작되었다. 컴퓨터 프로그래머였던 마이클린턴은 경제 불황에 직면했다. 경제 불황은 실업자를 대량으로 양산했고 그 실업자들은 일할 능력과 의지를 가지고도 살아가기 힘들게 되었다. 현금을 소유하지 못하면 아무런 경제행위를 영위할 수 없다는 우리에게 당연한 사실이 그에겐 새로운 아이디어를 떠올리게 했다. '돈이란 무엇인가? 우리가 만들지 못하란 법이 있는가?' 그는 사람들이 서로의 부족한 부분을 채워주기 위하여 반드시 중앙집권화된 통화제도를 따라야 하는 것은 아니라고 생각했다. 왜냐하면 중앙은행에서 발행하는 현금은 항상 부족하기 마련이고, 이를 얻기 위해 사람들을 서로 다투게 되어 결국 소수만이 만족할 수 있기 때문이다. 마이클린턴은 그들만을 위한 새로운 화폐를 만들고 그것의 사용을 위한 시스템을 만들었다. 그것이 레츠다. 지역 화폐는 지역 자원의 지역 내 교환을 장려하고 소기업을 지원하며 지역 구성원들에게 필요한 일자리를 창출함으로써 지역사회의 자립적인 삶을 추구한다. 그렇게 함으로써 세계자본주의 경제의 운동이 지역사회에 미치는 영향을 최소화하려는 것이 지역 화폐 운동의 목적이다.

10) LETS: Local Exchange and Trading System, https://m.blog.naver.com/PostView.nhn?

지역 화폐 운동(community currency)은 서구사회를 중심으로 전 세계적으로 시행된 지역사회운동이다. 지역 화폐는 국내의 경우 1997년 말 경제위기를 겪으면서 주목받기 시작했다. 돈이 아닌 서비스나 기술을 지역주민들이 '품앗이' 형태로 거래하는 나눔활동으로 자원봉사를 하거나 물품을 기증하면 얻을 수 있는 일종의 마일리지 개념인데, 지역 내 가맹점에서 물품을 구매하거나 선물도 가능하다.

(1) 레츠의 유형(LETS: Local Exchange and Trading System)

전 세계적으로 가장 많이 퍼져있는 지역 화폐 제도로 법정 화폐가 없어도 사람들이 물품과 서비스를 교환할 수 있는 연대에 바탕을 둔 자립적 생활방식이다. 레츠에서는 유형의 화폐가 쓰이지 않고 무형의 화폐를 매개로 거래가 이루어진다. 회원은 자신이 제공할 수 있는 물품과 기술을 회보에 올리고 다자 간 거래에 참여한다. 거래의 조건은 당사자 사이의 협상에 의해 정해진다. 레츠의 회계는 이 거래를 기록하고 모든 회원에 공개하는 역할을 맡는다.

http://www.hani.co.kr/arti/area/area_general/853563.html

http://blog.naver.com/sntjdska1

노원블록체인–전자화폐[11)]

사진 1–1 한국의 지역 화폐

11) 지역 화폐 노원을 활성화해 돈 없이도(No원) 살 수 있는 자치구를 만들겠다는 노원구의 꿈은 그렇게 한 발짝씩 앞으로 나가고 있다(https://www.nowonpay.kr/).

(2) 아워즈 유형

아워즈는 우리나라의 마일리지 제도와 유사하다. 원리와 철학에서는 레츠와 궤를 같이하나, 유형의 화폐를 사용한다는 점에서 레츠와 다르다. 레츠에서는 거래를 관리하는 것과 달리 아워즈 제도는 거래를 관리할 필요가 없다. 아워즈 자체가 유형의 화폐로 통용되면서 참여자들이 법정 화폐처럼 사용하면 그만이다. 법정 화폐와 달리 아워즈 화폐에는 이자가 붙지 않는다. 아워즈의 발행은 유통위원회에서 관리한다.

아워즈 제도에서 노동의 가치는 시간으로 계산된다. 한 시간의 기초 노동이 아워즈이다. 그렇다고 해서 시간당 노동 가치의 거래가 반드시 아워즈일 필요는 없다. 거래 참여자가 자신들의 물품이나 서비스의 교환 가격을 협상할 수 있기 때문이다. 고도의 훈련과 기술이 요구되는 한 시간 노동을 여러 시간의 단순 노동과 교환할 수도 있다.

아워즈 유형의 특징 가운데 하나는 누구나 아워즈 화폐를 사용할 수 있다는 것이다.

회원만이 참여할 수 있는 레츠와 결정적으로 다른 점이다. 아워즈는 지역주민 모두가 참여 가능하며 노동의 가치는 시간으로 계산된다.[12)]

(3) 타임 달러 유형

타임 달러는 일종의 자원봉사 인력은행의 성격을 띤다는 것이다. 타임달러 제도에 물품의 거래가 없다는 사실에서도 드러난다.

타임 달러는 레츠와 마찬가지로 상호신용에 의해 창출된다. 타임 달러 시스템에 참여하는 사람은 지역사회에 토대를 둔 비전문적인 서비스를 교환한다. 각 거래의 단위는 한 시간 동안의 지역사회봉사이다.

한 시간 동안 지역사회봉사는 한 사람을 1타임 달러를 얻는다. 시간당 노동의 가치는 동일한 것으로 간주한다. 1시간 당 1타임 달러를 자원봉사자에

12) https://blog.naver.com/hojin2778330?Redirect

게 지불하고 그들의 계좌나 통장에 기록하는 자원봉사인력은행이다.

우리나라의 지역 화폐운동은 1996년 녹색평론이 레츠를 소개하면서부터 시작된 것으로 알려진다. 이후 1998년 신과학운동을 하는 사람들의 조직인 '미래를 내다보는 사람들의 모임'이 미래 화폐란 이름으로 지역 화폐운동을 시작했고, 최근에는 전국적으로 지역 화폐운동이 퍼져나가는 추세이다. 현재 전국에 약 50개의 지역 화폐운동 조직이 운영 중인 것으로 파악된다. 그러나 우리나라 지역 화폐운동은 생활필수품과 관련된 거래가 드물고 서비스 제공이 압도적이라는 공통적인 한계를 지닌다.

한밭 레츠가 활성화되어 있고 성남 사랑 상품권이 가맹점을 통해 거래되고 있다.

공동체 지역 화폐는 서울 마포 지역 화폐 '모아', 시흥시 지역 화폐, 구미 '사랑고리'(타임달러) 등 다양한 형태로 점차 확산되고 있다. 한밭 레츠 두루지기 운영위원 김찬옥 위원은 "지역 경제에 돈이 머물고 돌게 한다는 점은 지방정부가 발행하는 지역 화폐와 비슷하지만 회원 간에 사용하는 지역 화폐는 마을 공동체 복원에 더 관심이 크다"며 "지역 화폐 사용이 이웃에게 도움이 된다는 인식이 선행되지 않고 자치단체가 밀어붙이면 실패할 수 있다"고 지적했다.

4) 문화자원봉사

(1) 문화자원봉사의 의미

문화자원봉사는 문화적 소통으로 사회에 기여 하는 활동이다. 다양한 예술적, 인문학적 공감이 있는 문화자원봉사활동은 개인에게 문화 감수성을 증진시켜주어 스스로 삶의 기획력을 높여준다. 또한 사회적으로는 사회 전반에 창의성과 활력을 주고 삶을 지지하는 문화공동체를 가꾸도록 도와준다.

문화 감수성은 문화적 수용 능력과 상상 능력을 말한다. 다른 사람의 일상과 삶을 이해하고 공감하는 능력은 물론, 보이지 않는 것을 상상하며 기획하는 능력을 이끌어 준다. 이는 느끼고, 받아들이며, 끄집어내는 창의적인 활동이다. 문화자원봉사는 바로 봉사자 자신의 문화 감수성을 높이는 것뿐 아니라, 다른 사람과 공감하는 과정이다. 따라서 문화자원봉사는 "문화 감수성"을 주고받으며 함께 성장하는 활동이 되는 것이다.

출처: 문화체육관광부(2014).

그림 1-3 문화자원봉사의 의미

문화자원봉사는 일반적 의미의 자원봉사 정신을 공유하고 있지만, 문화적 감수성이 만들어 낼 사회적 변화에 초점을 맞추고 있다(문화체육관광부, 2014).

(2) 문화자원봉사의 특징

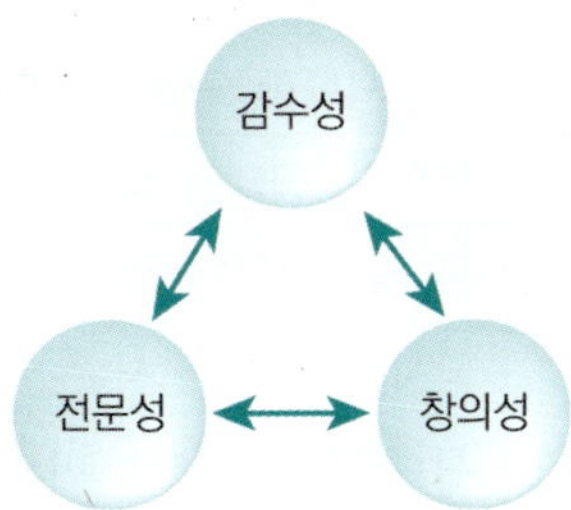

출처: 문화체육관광부(2014).

그림 1-4 문화자원봉사의 특징

문화자원봉사는 세 가지 특징이 있는데, 감수성, 창의성, 전문성이 그것이다. 문화적 감수성은 세상과의 공감 능력을 높이며, 창의성은 일상을 바꾸는 힘이 되고, 전문성은 일상을 뛰어넘는 기획능력을 만든다. 그러나 그 시작은 문화적 감수성이며, 이것이 창의성, 마침내 전문성을 높이게 된다.

(3) 문화자원봉사의 종류

문화자원봉사의 활동 영역은 매우 다양해서 일일이 제시하기는 어렵다. 활동 공간에 따른 구분이 일반적이다. 공공문화시설은 문화자원봉사 제도를 적극적으로 운영해야 한다. 공공문화시설에서의 인력 활용이라는 단순한 역할을 넘어 지역민이 직접 참여할 수 있는 통로라는 점에서 중요한 의의를 지닌다. 또한 이는 문화시설의 활동과 운영을 지역민에게 공개한다는 의미를 넘어 지역민과 협력하고 함께 만들어가는 적극적인 사업의 한 영역인 셈이다.

표 1-6 문화자원봉사 현장

공간		시설
문화시설	공연시설	문화예술회관, 시군 구민회관, 일반 공연장 등
	전시시설	박물관, 미술관, 전시관 등
	생활문화시설	문화의 집, 문화원, 청소년 문화복지시설, 여성회관, 사회복지회관, 근로자복지회관
	특수목적시설	문학관, 국악원 등
	문화유산보존시설	궁, 능, 사적지 등
	도서관	도서관, 작은 도서관, 자료관 등
지역사회		지역축제 및 행사, 마을 재활성화 사업 문화공동체사업, 마을예술 창작소 등
찾아가는 활동		학교, 교도소, 지역아동센터 등

출처: 문화체육관광부(2014).

표 1-7 문화자원봉사의 유형

목적	조직유형	활동 분야/기능
활동 주체에 따라	여성, 어르신, 청소년, 어린이, 사회은퇴자, 전문가 등	청소년이나 어린이 문화자원봉사는 교육적 성과를 기대하는 활동이며, 사회은퇴자나 전문가 등은 사회적 욕구에 맞게 활동을 조직할 수 있음
집단 성격에 따라	개인, 동호회, 일시적 봉사단, 네트워크 등	개인의 자발적인 문화자원봉사는 물론 지속성을 갖는 동호회 또는 특별한 목적으로 일시적으로 기획하는 것이 가능
활동 내용에 따라	기획 · 행정, 안내 · 해설 · 통역, 교육, 시연, 체험, 영상 · 사진 · 홍보, 협업프로젝트 등	활동 내용에 따라 비교적 단순한 활동에서 전문성을 요하는 활동까지 다양하게 문화자원봉사 활동이 기획될 수 있음
활동 대상에 따라	일반 시민, 시설이용자, 어르신, 청소년, 어린이, 다양한 소외계층 등	무형문화재 공연(전시) 및 강습, 향토문화 조사 연구

출처: 문화체육관광부(2014).

문화자원봉사활동은 다양한 주체가 다양한 장소에서 다양한 대상과 함께 할 수 있다. 일상 속에서 공연장, 미술관 또는 지역사회 등 각 공간에 따라 활동의 주제가 달라질 수 있으며, 장년, 청소년 또는 재능봉사자 등 활동 주체에 따라 활동의 내용이 달라진다. 문화자원봉사는 공연장에서 모집하거나 문화자원봉사 웹사이트 신청자 중에서 모집한다. 일반자원봉사는 사회적 공공성을 높이는 시민성을 강조한다면 문화자원봉사는 삶의 질 향상을 강조한다. 공통적으로 공동체적 가치와 건강한 시민사회를 지향한다는 것은 일치한다. 문화자원봉사활동은 전국의 문화 관련 시설에 분산되어 운영되는데, 개별적으로 활동하는 개인이나 동호회 등도 활동을 통해 한국문화예술위원회[13]에서 운영하는 사이트에 가입하여 활동에 대한 정보를 공유할 수 있다.

13) 한국문화예술위원회(https://www.arko.or.kr/main.do)

5) 마이크로 볼런티어Micro-volunteering[14]

자원봉사의 패러다임 중 가장 주목할 만한 것이 바로 작은 단위를 의미하는 마이크로와 자원봉사를 의미하는 볼런티어의 합성어인 '마이크로 볼런티어'이다.

마이크로 볼런티어는 현재 계속적으로 발전하고 있는 개념이라 한가지로 정의할 수는 없지만 편리(convenient), 짧게 쪼갤 수 있는 분절성(bite sized), 여러 소스에 의한(crowdsourced), 네트워크상에서의 관리(network-managed) 등 4가지 특징을 가지고 있다. 처음에는 인터넷상에서 Help from home[15], Sparked[16], 캐나다의 학생봉사단 SVC(Student Volunteer Connections)와 같은 NPO와 자원봉사자들을 연결하는 데서 출발하였다. 자원봉사활동의 목표 대상은 다르지만 실행방법은 크게 다르지 않다. 봉사활동을 하기에는 적은 시간 밖에 내기 어려운 생활 패턴이어도 나만의 방식대로, 내가 잘 할 수 있는 능력을 살려 봉사활동을 하고픈 열망, 처음 만난 사람들과 그룹으로 활동하는 것과 봉사활동을 위한 사전 교육에 대한 부담감과 같은 고민에서 시작되었기 때문에 규모는 작으면서 빠르게 할 수 있고 적은 노력으로도 가치 있는 일에 도움이 될 수 있는 봉사활동이라면 마이크로 자원봉사의 범주 안에 속할 수 있다.

마이크로 자원봉사 활동이 혁신적이라는 것은 활동시간 때문이다. 짧게는 10분에서 많으면 30분 정도의 시간으로 대개는 여러 사람들이 짧게 나누어진 일부를 해내는 것으로 자원봉사 몰입 시간의 감소로 대두되었다. 하나의 사업을 이루어내는 형태를 취하게 된다. 시민단체는 사람들이 바쁘다는 것을 알고 있다. 이 활동기회는 사람들이 제한적으로 사용 가능한 시간을 이용하기를 바란다. 마이크로 봉사활동에는 시간제한이 없다. 그러나 프로그램은 하루 1~2시간을 초과하지 않도록 권유하고 있다.

---

14) 자원봉사자가 개별적으로 시간이 날 때마다 SNS나 인터넷을 통해 짧지만 집중적으로 참여할 수 있는 자원봉사활동으로 우리나라도 MZ세대의 대두로 등장하고 있다.
15) 헬프프럼홈(www.helpfromhome.org)
16) 스파크트(www.sparked.com)

특히 불규칙한 일정을 가진 사람들이라도 자신들이 자유로울 때 하면 되기 때문에 편리하고, 폰이나 개인 컴퓨터를 이용해서 쉽게 접근할 수 있다. 이들에게 이러한 봉사활동의 과업이 작은 단위로 분절되어 자신들과 비슷한 여러 사람들이 조금씩 참여하여 성취해 나가기 때문에 좀 더 의미가 있고, 이러한 방식으로 사람들은 지속적으로 봉사활동에 참여할 수 있으며 나아가 더 큰 규모의 봉사활동에 참여할 수 있게 된다. 캐나다의 Student volunteer connections에서는 학생들을 대상으로 한 마이크로 봉사를 실행하고 있는데 학생들이 적은 시간이나마 매일 할 수 있는, 일상생활의 일부가 될 수 있는 자원봉사를 권하고 있다. 가난한 사람들을 돕는 활동이나 서명운동, 길에서 보이지 않는 사람을 안내해주거나 의자를 정리하는 일까지 작은 일이지만 학생들은 자신들이 할 수 있는 능력 범위 내에서 봉사가 아닌 삶의 일부로 느끼게 될 것이다(https://svc1365.tistory.com/656).

Q & A 질문있어요

Q: 코로나19 이후 자원봉사 패러다임의 변화를 쉽게 정리해주세요

구분	전환기 이전	전환기 이후
참여방식	오프라인 봉사	융 · 혼합형(대면+비대면) 자원봉사
활동장소	국내활동 중심	글로벌 자원봉사 확산(국내 · 외)
주요이슈	사회복지 관련 이슈	지역사회 문제해결 관련 이슈
활동범위	전통적 사회복지시설 중심	지역사회 단위/특성화
참여동기	자선적/이타적 참여동기	성찰적/자기성장 참여동기
구조/기간	조직 중심/장기적 참여 위주	개인중심/단기적 · 이슈 위주
관계성	활동가와 수혜자의 분리	상호호혜적 관계
자원봉사특성	프로그램/서비스 제공형	시민 주도적 · 전문적 · 창의적 자원봉사
공식여부	공식적(formal) 자원봉사	공식적 · 비공식적 자원봉사

출처: 행안부(2024).

6) 재능기부

재능기부는 문화예술 혹은 일상의 지혜를 가진 개인이나 동아리가 재능을 필요로 하는 곳에서 자신들의 재능을 나누는 공동체적 활동을 일컫는 용어이다.

일반적으로 문화 나눔활동에서 예술적 재능을 가진 사람들이 활동하는 것으로 알고 있으나, 일상활동에서 뛰어난 재능을 가진 사람들도 재능기부를 통해 문화자원봉사활동을 하기도 한다. 바로 봉사의 주체 중에서 문화적 재능을 가진 사람들이 자신들의 재능을 함께 나누고 이를 통해 지역사회 이웃과 더불어 사는 공동체를 만드는 일이 재능봉사활동이다(csv.culture.go.kr).

그러나 최근 사회 양극화의 심화와 고용 불안 및 실업 문제가 심각해지면서 정부 정책으로 단기적인 교육으로 강사나 업무보조 혹은 시설관리 등의 일자리 창출사업이 진행되는 경우가 많이 있다. 따라서 자원봉사인지 값싼 일자리인지 혼란스러운 경우가 왕왕 있다. 문화 영역은 우리가 상상하는 것 만큼 커지는 영역이고 현대인의 욕구는 날로 문화적인 도움을 요구하고 있다. 처음에는 작은 도움으로 시작한 일이 몇 년 지나서 일자리가 되고 수익이 발생하는 경우도 있다. 자원봉사의 영역이 전문적인 직업으로 전환되는 것은 자연스러운 일이지만, 자원봉사 영역임에도 값싼 일자리 정도로 취급되는 것은 매우 위험스러운 일이 아닐 수 없다. 자칫하면 자원봉사를 하던 순수한 문화를 망가뜨리고 자원봉사임에도 일당을 요구하는 일이 생길 수도 있으므로 문화자원봉사관리자는 명확한 선을 긋는 것이 필요하다.

Chapter 02

자원봉사의 동기이론

학습목차

1. 이타주의 동기이론
2. 행위이론과 사회적 교환이론
3. 개인주의 동기이론

자원봉사활동은 이타주의적인 동기와 이기주의적인 동기의 혼합으로 볼 수 있다. 즉, 절대적인 이타주의적 동기는 거의 없고 결국은 타인에 대한 봉사가 자신의 복지 욕구를 만족시키기 때문에 자원봉사를 한다는 논리가 설득력을 얻고 있다. 자원봉사 동기이론에는 많은 이론이 존재한다. 각각 이론 모두 결정이 있고 완벽하지는 않다. 자원봉사자 스스로가 이론을 활동에 적용해 보고 자원봉사관리자도 봉사자들에게 동기를 부여한다면 더욱 효율적인 자원봉사 프로그램 진행이 가능하다.

1 이타주의 동기이론

이타주의적 동기론은 타인의 복지에 대한 비이기적인 배려 또는 헌신으로서 자기 자신의 복지를 위한 이기적인 관심을 배제하는 것을 말한다. 이타주의적 결정요소는 주위의 누군가를 돕고 싶다, 지역사회 또는 국가를 위해 무언가를 하고 싶다, 무엇인가 개선과 변화를 원한다 등과 같은 사회적 성격을 띠고 있다.

이런 이타주의적 동기는 최근 들어 자원봉사 동기이론 중에서 과소평가되고 있지만 여전히 중요한 동기로 자리 잡고 있다.

'이타주의(altruism)'라는 용어를 최초로 사용한 Comte(1851~1875)는 인간이 남을 돕는 행동 중에 자기 보존 동기가 내재한다고 보고 이를 자기 이익, 자기만족 이기주의(self-benefit and self-gratification)라고 명명하였다(이지연 외, 2009).

이타주의는 친사회적 행동의 하위개념이며 외적인 보상을 기대하지 않고 행해지는 자기희생적인 조력 행동으로 동기의 개념이다(MacIntyre, 1967: 466). 이타주의는 동정, 죄책감, 내적 가치와 연결된 자기 평가적 반응에 따라 남을 돕고자 동기화되는 행동이다(Eisenberg, 1986: 2). 이타주의는 어떤 보상이 주어지느냐와 상관없이 다른 사람을 돕고자 하는 동기를 가지고 이루어지는 행동이다(Batson, 1998: 282). 이타주의는 타인의 행복에 대해 관심을 갖고 배려하는 내재적 심리적 특성이다(Schaffer, 1993: 487).

이기주의적 동기론은 자아실현이나 성취 욕구 등 자아 지향적인 동기를 말하는 것으로, 자원봉사에 참여한 봉사자의 참여 동기가 이타적이고 사회적인 책임에 기반을 둔 것이라기보다는 봉사활동을 통해 자기 위안을 삼으려는 이기적 동기도 숨어있다는 주장도 있다.

이기적 동기와 이타적 동기를 엄밀히 구분하는 것은 자원봉사 동기에 대한 이해를 어렵게 하고 있다. 이기적이고 경험 추구적인 동기 또는 욕구에 의해 주도되기도 하기 때문이다.

이기적인 동기론을 주창한 학자들(Ellis, 1986; Smith, 1981; Van Til, 1988)은 자원봉사활동은 이타적인 동기에 의해서만 이루어질 수는 없으며, 이타주의는 구체적으로 이기주의로부터 분명하게 구분되는지 의문을 제기한다. 자원봉사자의 순수한 이타주의 동기에서만 자원봉사가 이뤄진다고 보기는 어렵고, 자원봉사는 일반적으로 이타주의와 이기주의가 복합된 형태로 나타난 것으로 볼 수 있다.

2 행위이론과 사회적 교환이론

1) 베버의 합리성 이론

베버는 합리성을 사회적 행위와 연관시켰다. 베버에게서 사회학의 대상이 되는 인간의 행위는 '사회적 행위'이다. 이 행위는 인간의 행동을 자극과 반응의 관점에서 고찰하는 실증주의자들의 '행태(Verhalten)' 개념과 구분되는 것으로 '주관적으로 의미가 부여된' 행위, 즉 '가치 및 의미 지향적'인 행위이다. 하지만 이 행위가 주관적인 의미부여를 수반한다고 해서 단순히 독백적 차원에 머무는 것이 아니라 상호성을 전제한다. 즉, 그의 사회학의 대상이 되는 사회적 행위는 타인의 특정한 행위 의도를 '기대'하면서 나의 행위를 수행하며, 동시에 타인이 나의 이러한 기대를 '기대'하고 있음을 알고서 하는 상호적인 행위이다.

사회적 행위의 유형을 전통적 사회행위, 정서적 사회행위, 목적 합리적 행위, 가치 합리적 행위 이렇게 4가지 유형으로 구분하였다. 그러나 이들 유형이 가치 합리화 또는 목적 합리적 유형을 지향한다고 보고 4가지 유형 중 가치 합리화와 목적 합리화에 주목하였다.

베버의 사회적 행위 유형은 **표 2-1**과 같다.

표 2-1 베버의 4가지 사회적 행위 유형

전통적 사회행위	정서적 사회행위
비합리적 행위 '예측 불가능성'(Unberechenbarkeit)	
• 어른을 보면 고개를 숙여 인사한다. • 설날이 되면 세배를 한다.	• 상갓집에서는 쉽게 웃지 않는다. • 누군가 상을 받으면 박수를 친다.

목적적 합리적 행위	가치 합리적 행위
합리적 행위	
• 내비게이션에 목적지를 입력해 길을 찾는다.	• 자원봉사활동

출처: https://blog.naver.com/kim595800/10084898692

목적 합리적 행위는 '수단', '목적', '가치' 및 '결과' 등을 모두 의식적-체계적 자기조정의 대상으로 삼음으로써 주어진 목표에 가장 효율적으로 도달하고자 하는 행위유형, 즉 도구적 혹은 공리주의적인 행위 유형이며, 가치 합리적인 행위는 예견되는 결과에 대해서는 아무런 고려도 하지 않고 '수단', '목적' 그리고 특히 '가치' 그 자체를 의식적·체계적으로 자기 조정의 대상으로 삼음으로써 특정한 가치에 도달하고자 하는 행위 유형이다. 따라서 목적 합리적 행위에는 목적 합리성이, 가치 합리적 행위에는 가치 합리성이 그 준거로 작용한다.

가치 합리적 행위는 무엇보다 우선하는 것으로 이념을 지향하는 행위이며 눈에 보이는 가치가 아닌 자신의 기준으로 보았을 때 옳은 것을 추구할 경우 바람직하거나 옳다고 믿기 때문에 행하는 것으로 인간은 가치구현에 집중한다. 즉, 인간은 '그렇고 그렇기 때문에 자원봉사활동을 한다'는 것이다.

2) 사회적 교환이론

자원봉사활동과 같은 이타적 행동을 보상과 관련시켜 합리적 의사결정의 결과로 해석하는 가장 대표적인 견해로는 사회적 교환이론(social exchange theory)을 들 수 있다. 피터 블라우(Peter Blau)는 최초의 일반적 사회이론 사회생활에서의 교환과 권력(1964)을 만들어낸 사회학자로 제3자를 통한 간접적인 사회적 교환을 강조했다. 블라우는 조직의 차원에 관심을 가지고 개인들 간의 교환관계가 확대됨으로써 조직의 형태가 된다고 하였다. 블라우는 동료에게 도움을 제공한 사람은 동료로 하여금 빚을 갚으라는 의무를 지우며, 타인에게 제공되는 혜택은 보상이 되어서 계속해서 혜택을 제공해야 할 유인으로 작용하며, 그 과정에서 통합적 유대가 형성되어 사회관계가 강화된다고 보았다(Blau, 1964).

사회적 교환은 반드시 주고받는 대상이 일치하는 것이 아니라, 제3자를 통한 간접적인 교환도 가능하다. 자신이 속한 집단 구성원들이 이타적인 행동을 높게 평가하는 경우 봉사활동을 수행함으로써 수혜자들에게는 아무런 대가를 못 받더라도 자신이 속한 집단에서 사회적 보상을 받기 때문에 봉사활동을 계속 수행하게 된다는 것이다. 즉, 교환을 통해 개인이 상대방에게 긍정적인 반응을 받은 경우 감사의 마음, 신뢰 등과 같이 되돌려 주어야 하는 의무감을 갖게 된다. 특히 블라우(Blau)는 사회적 교환이 경제적 교환과는 달리 장기간에 걸쳐서 이루어지기 때문에 대가가 즉각적으로 이루어지지 않으므로 대가의 불확실성이 상존한다고 보았다. 그러므로 사회적 교환에서는 신뢰가 요구되며, 이러한 신뢰 관계는 서서히 형성된다고 한다. 따라서 신뢰가 없으면 원만한 사회적 관계가 형성되지 않는다고 보고 사회적 교환만이 개인적 의무, 감사, 신뢰 등의 감정을 낳을 수 있다고 하였다.

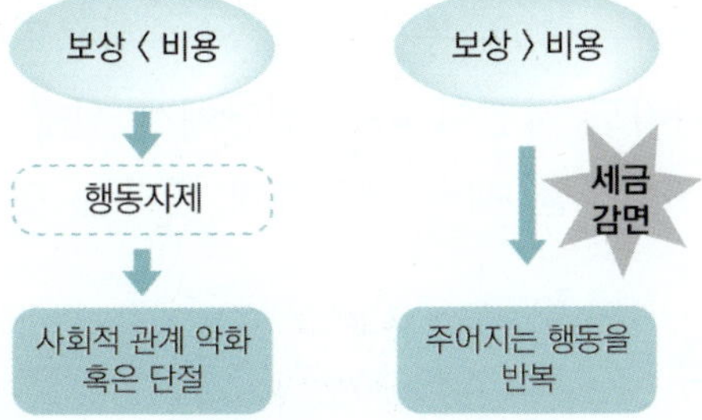

그림 2-1 사회적 교환이론

그림 2-1은 사회적 교환이론에 대한 도식이다. 왼쪽 그림을 보면 인간은 이익을 추구하는 존재로 도움을 주었다면 인정이나 칭찬을 기대하게 되나 그에 따른 보상만큼 상호작용이 일어나지 않게 되면 행동을 지체하게 되고 사회적 관계가 단절된다는 것이다. 오른쪽 그림은 보상이 많이 주어지면 행위를 지속하게 된다는 것으로, 피터 블라우(P. Blau)가 앞서 말한 사회적 교환은 반드시 주고받는 대상이 일치하는 것이 아니라, 제3자를 통한 간접적인 교환도 가능하다는 주장을 뒷받침한다. 대표적으로 부자(富者)의 자선 행위는 반드시 그 자선 행위로 인하여 혜택을 얻는 사람들로부터 인정받기 위하여 이루어지는 것이 아니라, 자신이 속한 계층의 지배적인 규범에 순응함으로써 동료들로부터 인정받고자 하기 때문이다.

즉, 사회적 교환이론은 기본적으로 개인 간의 거래에 초점을 두고 물질적이든 심리적이든 개인에게 개별적으로 돌아오는 어떤 혜택만을 보상으로 보기 때문에 행동을 지나치게 개인주의적 관점에서만 이해하여 부모님의 사랑 같은 무조건적인 사랑, 즉 정서적이고 비합리적인 측면을 설명하지 못한다는 한계를 설명하고 있지만 자원봉사활동은 사회적 교환이론으로서 합리적인 의사결정으로 재해석되고 있다.

자원봉사자는 자원봉사활동의 수행과정에서 나타나는 업무의 보상, 즉 성취감 및 소집단과의 관계 향상 등에 영향을 받게 된다는 것이다. 여기서 보상은 생계수입을 목적으로 하는 물질적 보상이 아니라 인정, 칭찬, 존경 등 비물질적인 사회적 보상을 말한다. 즉, 자신이 속한 집단 구성원들이 이타적인 행동을 높게 평가하는 경우 봉사활동을 수행함으로써 대상자로부터는 아무런 대가를 못 받더라도 자신이 속한 집단에서 선행 후 보상(존경, 인정, 칭찬 등)을 받기 때문에 서비스를 계속 제공하게 된다는 것이다.

3) 집합 행동이론

집합 행동이론은 집합 행동 상황에서 협력과 신뢰가 어떻게 등장하고 안정적으로 유지될 수 있는지를 해명하는 작업이 핵심과제이다.

(1) 사회 · 심리학적 집합 행동이론[1]

공동의 목표와 이익을 가진 두 명 이상의 개인들로 이루어진 집단에서 그 목표와 이익 달성에 필요한 공통의 행위 A(집합행동)가 있다. 개인적 비용을 감수하고 A를 수행한 다른 사람들의 희생을 대가로 발생한 공동이득의 혜택을 무임승차행위자가 누릴 것이 명백할 때, 그 집단 구성원 각자는 무임승차행위 대신 공통의 행위 A를 할 동기를 가질 가능성이 있는지 또는 모두가 그럴 동기를 가지게 하려면 어떻게 해야 하는지가 문제되는 상황이 집합 행동의 상황이다.[2]

1) 문종현(2017).
'우리' 의식에 의한 헌신적 활동가능 연결망도 중요하지만 '우리'라는 의식 강조.
2) 러셀 하딘(황수익 역), 집합행동, 나남출판, 1995.

귀스타브르봉(Gustave Le Bon, 1841~1931)은 프랑스의 사회학자로서 군중심리이론(Psychologie des foules)의 대표학자이다[3]. 군중이 모이면 새로운 집합 심성을 전염이론을 통해 주장하였다. 전염이론에 따르면 인간에게 내재되어 있는 집합 심성은 감정적인 전염을 통하여 개인을 군중에 몰입하게 한다. 전염이론가들에게는 개인에게 미치는 군중의 영향이 전염병의 확산과 비슷하게 보인다고 한다. 한 개인이 군중 속에 포함되면 일종의 자신과 집단 간의 일체감이라는 것이 형성되어 개인의 일상적인 사고와 감정과는 다른 방식으로 행동을 일으키는 세 가지, 즉 피암시성, 모방과 전염, 순환적인 반작용으로 나타난다고 분석하였다. 그 내용은 다음과 같다.

① 피암시성

인간은 항상 외계로부터 영향을 받으며 현실 검토 없이 타인으로부터의 의식내용을 받아들이는 특성을 가지고 있는데, 이를 피암시성이라 한다(간호학대사전, 1996). 군중심리는 피암시성이 높은 상태라 할 수 있다. 암시를 받으면 개인의 의식과 인격은 사라지고 분별력도 소멸되어 감정과 사고가 최면을 건 사람이 결정한 방향으로 향하게 된다. 이 현상을 두고 르봉(1895)은 "인간은 고립되어 있을 때는 교양 있는 개인일지 모르나, 군중 속에서는 본능에 따라 행동하는 야만인"이라고 하였다.

암시를 받아들인 결과 의식적 또는 무의식적으로 자신의 의견 또는 태도를 변경하는 것이라 정의할 수 있다.

이는 개인에 있어서 자신의 정상적인 행동보다 타인의 행동에 보다 민감해지고 쉽게 영향을 받게 되며 개인에 있어 비정상적인 행동을 일으키도록 하는 데 있어 촉매작용을 하는 심리적인 상태라고 말할 수 있다.

② 모방과 전염

이것은 다른 사람이 먼저 행동한 것을 보고 그것을 모방하려는 속성을 말

---

3) 군중심리학 : La Psychologie des foules, 1895.

한다. 즉, 이미 행동하고 있는 사람의 행동을 따라 하려는 경향이 인간의 내면에 존재한다는 것이다.

③ 순환적인 반작용

흔히 반복행동이라고도 하며 이것은 한 사람의 행동이 다른 사람의 행동에 대하여 자극과 반응으로써 기능하는 사회적 상호작용을 말한다.

군중 속에서 개인은 익명성으로 인해 책임감이 줄게 되고, 감정은 쉽게 전염되며, 피암시성으로 인해 자신에게 전달되는 명령을 무비판적으로 수용하기 쉬워진다는 것이다. 사회심리를 연구하며 사적인 이익보다는 인종 간, 계층 간의 관용과 상호이해, 상호협동을 위해 표명하기도 했다.

(2) 자원동원이론

자원동원이론(Resource Mobilization Theory)[4]은 사회운동을 이익 집단들이 이익이나 권력을 극대화하기 위해 자신들이 가진 인적·재정적·물적·정치적 자원들을 동원하는 합리적 행위로 본다. 물적 자원이 동원되고 보상이 크더라도 많은 사람들이 참여를 원하지 않는 경우 협력 가능성은 저하되고 사회적 연결망이 끈끈할수록 협력 가능성이 상승한다는 것이다.

자원동원이론은 기존의 이론들과는 다르게 사회운동 일반을 사회해체의 결과라기보다는 사회조직의 산물로 인식함으로써 집합행동을 제도화된 행동의 확장으로 규정하고, 논의의 초점을 개인이나 사회체계의 차원에서 집합적 행위자로서의 조직의 차원으로 옮기면서 집합행동에 대한 또 하나의 분석 지평을 열었다고 할 수 있다.

자원동원이론의 기본가정은 사회운동의 필요조건이라고 할 수 있는 사회적 불만이나 변동을 지향하는 신념을 가진 사람들은 어느 사회에나 항상 존

4) 자원이론이란 인간이 사회생활을 유지 · 향상시키는 데 유용하게 쓰이는 각종 물자를 비롯하여 인간과 잠재적 가능성까지 포괄한다(동서문화, 1999: 13331).

재하며, 따라서 사회운동의 발생과 전개 과정은 축적된 사회적 불만의 양보다는 자원동원의 가능성 여부와 그 정도에 의해 결정된다는 것이다. 이와 같은 기본가정은 이 이론이 출현한 배경과 밀접한 관련이 있는데, 먼저 혁명이나 정치적 폭력을 사회적 불만이나 사회체계의 불균형에 의거해서 설명해 온 전통적인 사회심리학적 접근과 구조 기능론적 접근에 대한 비판적인 시각과 1960년대 이후 서구사회에서 등장한 새로운 형태의 사회운동에 대한 새로운 연구방법의 필요성 때문에 자원동원이론이 출현하게 되었다.

자원동원이론의 주요 내용을 크게 5가지로 나눠보면,

첫째, 집합행동은 합리적이며,

둘째, 그 목표는 제도화된 권력 관계에서 나타나는 이익의 갈등에 의해 규정된다.

셋째, 갈등으로 인한 불만은 모든 사회에 산재해 있으므로, 사회운동의 형성은 자원, 조직, 기회의 변화 등에 의해 결정되며,

넷째, 공식적으로 구조화된 조직이 현대 사회운동의 전형적인 형태이고,

다섯째, 집합행동의 성공은 전략적인 요인들과 정치과정에 의해 포괄적으로 설명된다는 주요 내용을 가지고 있다.

표 2-2 자원의 유형

자 원	유 형	
공식적	공적 자원	동사무소, 정신보건센터, 국민건강보험공단 등
	사적 자원	사회복지관, 교회, 기업재단 등
비공식적	자연적 도움 제공자	가족, 친척, 이웃, 동호회 등, 자원봉사자
사회적	병원, 법률상담소, 학교 등과 같은 사회기관을 사회 자원체계로 분류	
	시설	도구, 설비, 공간
	조직	직장의 동호회, 대학의 동아리, 사이버상의 다양한 모임
	기관	인원과 시설을 갖춘 조직체

출처: Pincus & Minahan(1973: 4-5).

개인이 보유하고 유용할 수 있는 유용자원(사회, 경제적)이 동일하다고 가정할 때 신뢰자원은 자발 행태 유발을 증폭시키는 역할을 한다. 이는 유용자원의 개인적 편차는 관계적 네트워크를 통해 극복할 수 있음을 보여준다.

따라서 정부가 제도적인 노력을 통해 신뢰 구축에 필요한 사회적, 문화적 풍토를 활성화하는 것이 중요하다 할 것이다.

잠깐 쉬어가기

Q: 코로나19 이후 해외자원봉사활동의 변화는 어떤 것이 있나요?

A: 첫째, 자원봉사 조직에서의 활동 중 상당한 비중은 공식적 활동에서 비공식적 활동으로 전환됨
둘째, 코로나19 이후 자원봉사의 모집과 조정, 조직이 빠른 속도로 디지털화되었음
셋째, 서구 국가들의 초기 방역 대응 실패로 인해 시민들은 국가 역할에 의심을 갖게 되었고, 이는 역설적으로 시민의 자원봉사 참여 동기를 강화시킴
넷째, 자원봉사활동의 온라인 전환은 인터넷 접근성을 중심으로 자원봉사 참여의 세대 간 격차를 가져왔음

출처: 자원봉사국가기본 4차계획

3 개인주의 동기이론

1) 매슬로우의 욕구단계설Maslow's hierarchy of needs5)

매슬로우의 욕구단계설(Maslow)은 인간의 욕구가 그 중요도별로 단계일련을 형성한다는 동기이론의 일종이다.

하나의 욕구가 충족되면 위계상 다음 단계에 있는 다른 욕구가 나타나서

5) http://highgatecounselling.org.uk/members/certificate

그 충족을 요구하는 식으로 체계를 이룬다. 가장 먼저 요구되는 욕구는 다음 단계에서 달성하려는 욕구보다 강하고, 그 욕구가 만족되었을 때만 다음 단계의 욕구로 전이된다.

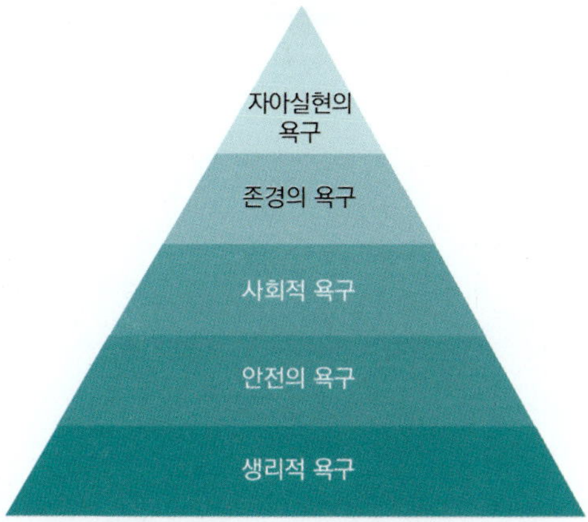

출처: Maslow's(1943, 1954).

그림 2-2 매슬로우의 5단계 욕구단계설

매슬로우의 5대 욕구이론은 생리적 욕구, 안전욕구, 사회적 욕구, 존중의 욕구 자아실현의 욕구로, 1단계 생리적 욕구는 인간의 생명을 유지하기 위한 기본적인 욕구를 말하며, 2단계 안전욕구는 기본적으로 신체적인 위험에 대한 공포로부터 벗어나 안전한 보호를 유지하려는 욕구로 기본적인 생리적 욕구를 충족시키지 못하여 되는 위험으로부터 해방되려는 욕구이다. 최근에는 자기 보존욕구로 경제적인 욕구라고도 한다. 3단계 사회적 욕구는 인간은 사회적 존재이기 때문에 인간에게는 여러 가지 집단에 소속하고 싶은 욕구와 여러 집단에 의해 받아들여지고 싶은 욕구가 있으며, 그것은 애정, 친분, 우정, 수용, 소속감 등에 대한 관심으로 나타난다. 4단계 자기존중(존경)의 욕구는 소속단체 구성원으로 명예나 권력을 누리려는 욕구를 말하며 내부적인 존경은 자아 존중감, 자율, 성취 등을 말하며 외부적인 존경요인으로는 관심의 대상이 되는 것, 지위, 신분, 인정을 말한다. 5단계 자아실현의 욕구는 자신의 재능과 잠재력을 충분히 발휘해서 자기가 이룰 수 있는 모든 것을 성취하려는 가장 높은 수준의 욕구로 성장 욕구, 자기완성 욕구 등을 포함한다.

이 내용은 후기 제자들에 의해 발전되어 8단계 욕구이론이 나왔으며, 그 내용은 그림 2-3과 같다.

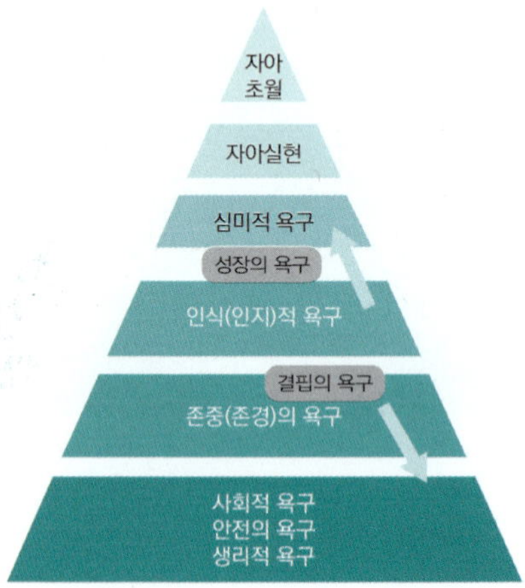

그림 2-3 매슬로우의 8단계 욕구이론[6)]

1~4단계의 욕구는 한 번 충족되면 더 이상 동기로서 작용되지 않는 결핍된 개인적인 욕구들이다. 이 단계의 욕구가 부족하게 되면 결핍동기가 생긴다. 중요한 점은 전 단계가 만족되어야(60% 이상) 다음 단계로 가게 된다. 다음 단계로 가려면 전 단계가 만족되어야 한다. 만약에 욕구가 만족되지 않으면 개인의 행동을 결정짓는 동기요인들이 된다.

후기 매슬로우의 이론은 5~8단계의 성장에 대한 동기이다. 존중의 욕구와 자아실현의 욕구 사이에 인지적 욕구와 심미적 욕구 그리고 자아실현 위에 자아초월의 욕구가 포함되면서 8단계로 나뉜다. 성장 욕구의 우선순위는 내 존재를 의식하고 향상시키는 것이며, 내일의 필요보다는 의미와 지식을 추

---

6) Maslow, A. H. (1970a).

구하는 것이 더 중요하다는 것이다.

5단계와 6단계는 새로 추가된 인지적 욕구와 심미적 욕구이다. 인지적 욕구는 하위 다섯 가지 욕구가 충족되었을 때 발생되며 지적(많은 지식을 배우고 싶은 욕구)으로 성숙해지는 것을 의미한다. 심미적 욕구는 총체적 아름다움을 추구하는 것으로 아름다운 문화와 예술에 대한 관심이 나에게 가장 중심이 되는 일이다. 무엇보다도 적극적으로 아름다움을 추구하고 내 주위에 있는 것들과 균형을 이루고 만들어간다는 것이다.

7단계는 자아실현 욕구(Self-Actualization Needs)는 일단 존경의 욕구가 어느 정도 충족되기 시작하면 다음에는 '나의 능력을 발휘하고 싶다', '자기계발을 계속하고 싶다'는 욕구가 강력하게 나타나는 것이다. 이는 자신이 이룰 수 있는 것 또는 될 수 있는 것을 성취하려는 욕구이다. 즉, 계속적인 자기 발전을 통하여 성장하고, 자신의 잠재력을 극대화하여 자아를 완성시키려는 욕구이다.

자아실현 위 마지막 8단계는 자아 초월의 욕구(Transcendence needs)로 다른 사람들이 자기실현을 달성하도록 돕는 것을 말한다.

5~8단계는 남에게 유익을 주고자 하는 성장에 대한 동기이다. 성장하고 싶어 하기 때문에 생기는 욕구로, 충족될수록 욕구가 더욱 증대되므로 성장에 대한 동기욕구라고 한다.

다음은 매슬로우의 욕구이론에 근거한 자원봉사 배치를 분류한 것이다. 단, 매슬로우의 욕구는 하위욕구가 충족되지 않으면 다음 단계의 욕구가 동기부여되지 않는다는 전제가 한계로 남아 있다.

Q & A 질문있어요

Q: 매슬로우의 욕구계층이론의 한계를 자원봉사에 비유하여 설명한다면?

A: 급식봉사를 하면서 무료로 식사를 제공받는 가난한 학생의 생리적 욕구는 충족되지만 자존감 욕구는 충족되기 어렵습니다.
배고픔을 해결하는 방법은 노동을 통한 것이 아니라 기부를 받아도 해결할 수 있지요. 욕구는 결핍이므로 필요한 것이지만 바라지 않을 수도 있지요.

Q: 매슬로우의 이론처럼 욕구엔 위계적인 서열만이 존재하는가?

A: 어린이는 생리적 욕구가 강하고, 어른은 안전에 대한 욕구가 강하고 둘이 섞여 있을 수도 있습니다. 시니어들의 브랜드 구매에 대한 연구 결과[7])를 보면 심미에 대한 욕구가 가장 상위로 자아실현의 욕구보다 더 높았습니다.
또한, 작가나 예술가(예: 렘브란트와 반 고흐)와 같은 많은 창조적인 사람들은 평생 빈곤하게 살았지만 자기실현을 달성했다고 주장할 수 있었습니다.
대상을 구분하지 않고 위계로 서열을 가린다는 것은 옳지 않습니다.

2) 앨더퍼Clayton P. Alderfer, 1969의 욕구이론[8)]

앨더퍼(C. P. Alderfer)의 ERG이론은 매슬로우의 욕구계층이론에 대응하여 작업자의 행동에 영향을 미치는 3가지 범주의 욕구를 구별한다. 존재(existence), 관계(relatedness) 성장(growth) 욕구의 세 범주로 나누어 동기부여를 설명하고 있기 때문에 그 영문의 첫 자를 따서 ERG이론이라고 부른다.

존재욕구(existence needs)란 생존과 관련된 욕구로서 먹고 싶음, 살고 싶음과 같은 생리적 욕구와 물질적 욕구를 말한다. 관계욕구(relatedness needs)는 다른 사람들과 더불어 살면서 사랑을 나누고 싶고 존경을 받고 싶은 인간관계의 욕구를 말한다. 성장욕구(growth needs)는 개인 자신이 창조적·인격적 인

---

7) 안가영(2018).
8) Clayton P. Alderfer(1969).

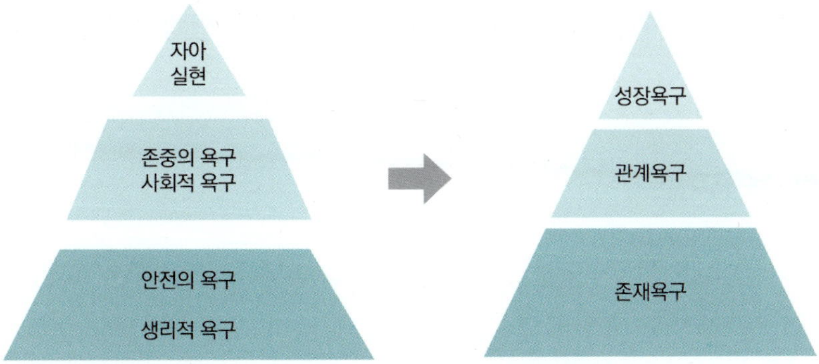

그림 2-4 (좌) 매슬로우의 욕구이론 vs (우) 앨더퍼의 ERG이론

간이 되고 자기완성을 이루고 싶은 욕구를 뜻한다. 창조적 성장이나 개인적 상장과 관련된 모든 욕구를 포괄하며, 이러한 욕구는 한 개인이 자기 능력을 최대한으로 이용할 수 있을 뿐만 아니라 새로운 능력 개발을 필요로 하는 일에 종사함으로써 욕구충족이 가능하다는 것으로 매슬로우의 자아실현 욕구와 연계된다.

이 세 가지 요구는 매슬로우의 욕구단계이론에서 구분한 다섯 가지 욕구를 세 가지로 요약하여 단순화한 것에 지나지 않으나 매슬로우의 한계성을 극복하고 욕구 간의 상호관계와 동기부여를 설득력 있게 설명하고 있다. 앨더퍼는 매슬로우와 달리 욕구가 하급단계로부터 상급단계로만 진행하는 것이 아니라 반대의 방향으로도 이행한다고 주장한다. 즉, 고급욕구(성장욕구)를 추구하다가도 갑자기 생활이 어려워지면 하급욕구(존재욕구)를 추구하게 된다는 것이다. 그러므로 욕구의 우선순위를 부정하고 있다. 즉, 매슬로우가 욕구 계층 간의 만족·진행의 요소(하위욕구가 만족되었을 때 상위욕구가 충족)만을 중시한 데 비해 앨더퍼는 하위욕구에 대한 중요성이나 희귀가 증가하는 상황에 만족·진행뿐 아니라 좌절·퇴행의 요소를 추가하여 한 시점에서 둘 이상의 욕구가 작용하여 동기유발을 한다고 설명한다.

개인차에 따라 정확성(타당성), 유용성 등에서 한계점을 드러내고 있지만

ERG이론은 고급욕구냐 하급욕구냐를 막론하고 언제든지 필요에 따라 동기부여의 역할을 할 수 있다는 인간 욕구의 개인차를 인정한다는 것이 핵심이다.

3) 성취 욕구이론[9)]

머리(Murray, 1938)의 이론에 의하면 인간의 행동을 결정하는 요인은 욕구와 압력의 두 가지로 요약되고, 20여 개의 심리적 욕구 중에서 성취 욕구라는 개념이 있다. 머리에 의해 처음 소개된 성취 욕구는 맥클리랜드(McClland)와 그의 동료들(1965)에 의해 성취동기라는 개념으로 더욱 발전되었다(정범모·박용헌, 1993).

성취동기는 장애물을 극복하고 권력을 행사하고, 가능한 한 훌륭하고 신속히 어려운 일을 해결하기 위해 노력하는 욕망 또는 가능성이라고 정의하였다.

맥클리랜드(McClelland, 1961)의 성취동기이론(Achievement Motivation Theory)에서는 높은 동기요인이 작용하는 구성원들이 모인 조직이 성공한다고 주장한다. 그리고 그 동기 용인을 욕구로 분류하여 성취 욕구(need for achievement)·소속 욕구(need for affiliation)·권력 욕구(need for power)를 제시하였다. 이 중 성취 욕구는 맥클린랜드가 주장한 3대 욕구 중에서 기업가정신의 모태가 되었으며, 성취 욕구가 높은 사람이 조직의 리더가 될 확률이 높다고 하였다.[10)]

맥클리랜드(McClelland, 1961)는 개인의 동기부여가 3가지의 지배적 욕구의 결과라고 하였다. 동기부여를 시키는 3가지 욕구는 다음과 같다.

첫째, 성취 욕구(need for achievement)이다.

성취 욕구(n/Ach)는 우수한 결과를 얻기 위해서 높은 기준을 설정하고 이

---

9) http://www.netmba.com/mgmt/ob/motivation/mcclelland/
10) 웰페어뉴스(https://www.welfarenews.net/news/articleView.html?idxno=68135)

를 달성하고자 하는 욕구를 말한다. 즉, 어려운 과제를 달성하고, 어려운 문제를 풀고, 일을 보다 효율적으로 처리하고, 복잡한 직무를 숙달하고자 하는 욕구를 말한다. 성취 욕구가 높은 사람은 성공에 대한 강렬한 희망을 가지고 있으며, 또한 실패에 대해서도 비슷한 정도의 두려움을 가지고 있다. 반면 성취동기가 낮은 사람은 충실화된 직무가 역기능을 초래한다. 이들은 충실화된 직무에 대해서 과도한 심리적 압박을 받기 때문에 좌절이나 고통 그리고 낮은 성과를 가져온다. 따라서 자원봉사자들의 성취동기 수준을 파악하고, 이를 개발시키기 위한 교육 훈련 등도 동시에 이루어지는 것이 바람직하다.

둘째, 소속 욕구(n/Aff)이다.

소속 욕구는 사람들이 다른 사람들과 좋은 상호관계를 원한다는 것을 의미한다. 다른 사람과 우호적이고 따뜻한 관계를 유지하려는 욕구를 말한다. 이러한 욕구가 강한 구성원은 사회적 관계를 유지하는 데 관심을 갖고 친밀감과 이해를 증진시킨다. 그러한 사람은 집단 내에서 다른 사람들과의 사랑을 주고받는 데서 만족을 얻으며, 따라서 타인의 감정을 중요시하고 가능한 한 사회집단으로부터 소외되는 아픔을 피하려는 경향을 지닌다. 그러나 맥클리랜드(McClelland)는 소속 욕구가 강하면 관리자의 객관성과 의사결정 능력이 약해진다고 주장한다.

셋째, 권력 욕구(n/Pow)이다.

권력 욕구는 책임 있는 위치에 있기를 좋아하는 사람들의 전형이다. 다른 구성원에게 통제력을 행사하거나 행동에 영향을 미치는 욕구 또는 다른 구성원에 대한 책임을 지거나 그들 위에 권위로 군림하려는 욕구를 말한다. 높은 권력 욕구를 가진 사람은 일반적으로 지도자로서의 일을 추구하고, 고압적이며 자기 중심적이다. 또한 가르치기를 좋아하고, 대중 앞에서 말하기를 좋아한다.

맥클리랜드는 이상의 성취, 권력, 친화 욕구가 성격상 서로 독립적이지만 실제로는 상호보완적으로 작용함으로써 개인의 행동과 조직의 효율성에 영향을 미친다고 보았다. 그리고 맥클리랜드는 성취동기를 모든 동기와 마찬가지로 학습된 것으로 본 점에서 욕구 위계가 본능적 공통적 고정적 성질을 띤 것이라고 보았던 매슬로우와 관점을 달리한다. 즉, 맥클리랜드는 필요 중 어떤 프로세스 단계도 지정하지 않는다. 동기부여를 얻고자 하는 목표에 대한 반응으로 볼 수도 있겠지만, 그는 모든 동기들이 과거의 경험과 연합되어 있는 감정의 단서들에 따라 일어나는 연상 망으로 구성되어 있다고 보았기 때문이다. 또한 성취동기가 높은 사람일수록 직무수행 면에서도 성공확률이 높다고 주장했다. 그뿐만 아니라, 그는 성취동기가 국가나 사회의 경제발전과도 연관된다고 주장했다. 그는 경제적으로 발전한 나라들의 초등학교 교과서를 분석하고, 그 나라들이 경제적으로 발전하기 이전에 국민들에게 성취 의욕을 고취시킨 것을 발견하였다. 따라서 맥클리랜드는 지도자가 자신뿐만 아니라 다른 구성원들의 성취, 소속, 권력 욕구를 인식할 수 있는 방법과 그 욕구 형태에 알맞은 직무환경을 조성할 수 있는 방법을 습득해야 한다고 주장한다.

4) 브룸의 기대이론

심리학자 브룸(H. Victor Vroom, 1970)은 사람들에게 동기를 부여하는 방법을 설명하는 데 크게 기여한 또 다른 접근방법인 기대이론(expectancy theory)을 동기부여에 최초로 적용한 사람이다. 그는 사람들이 그들의 목표가 가치 있다고 믿을 때, 또한 그 목표를 성취할 수 있도록 도와주는 것이 무엇인지 알고 있을 때 그 목표에 도달하고자 어떤 일을 하도록 동기 부여받게 된다는 사실을 발견했다.

브룸은 직원의 성과가 성격, 기술, 지식, 경험 및 능력과 같은 개인 요소를 기반으로 한다는 것을 깨달았다.[11)]

노력과 성과 사이에는 긍정적인 상관관계로 유리한 성과는 바람직한 보상으로 이어질 것으로 기대한다. 보상에 대한 매력의 강도는 노력을 가치 있게 만들 만큼 충분히 강한 유의성을 갖는다고 보았다.

표 2-3 브룸의 기대감과 유의성

구 분	내 용
기대감 (Expectancy)	특정 행위 또는 노력이 특정한 성과를 가져오리라는 가능성 또는 주관적 확률(probability)과 관련된 믿음을 말한다. 즉, 열심히 일하면 높은 수준의 직무성과를 달성할 수 있을 것이라는 신념이다. 전도를 열심히 할수록 많은 열매를 거둔다는 확신 또는 교인들의 헌신과 충성의 지표만큼 교회가 성장한다는 신념 등은 이 기대이론을 뒷받침한다고 볼 수 있다.
유의성 (Valence)	직무의 결과에 대해 개인이 부여하는 가치를 말한다. 사람은 특정 시점에서 여러 성과와 사태에 대해 서로 다른 선호도를 갖게 되는데, (동기부여의) 유의성은 바로 어느 특정성과에 대한 선호도, 곧 욕망이나 매력의 강도를 뜻한다. 그리고 그 강도는 개인이나 집단이 그 일의 결과에 대해 부여하는 가치성에 따라 다르게 나타난다. 즉, 사람들은 자신이 하는 일에 대해 큰 가치를 부여할 때 하고자 하는 동기를 강하게 부여받고, 가치 부여를 못 할 때 동기부여를 받지 못하는 것이다.

다시 말해서, 브룸의 이론은 어떤 일을 하게 되는 사람의 동기는 적극적이든 소극적이든 간에 자신의 노력의 결과에 대해 스스로 부여하는 가치에 의해 결정될 것이며, 또한 자신의 노력이 목표를 성취하는 데 실질적으로 도움을 줄 것이란 확신을 갖게 될 때 더욱 크게 동기부여를 받는다는 뜻이다. 즉, 동기부여란 어떤 사람의 활동에 거는 기대가치(anticipated worth)와 그의 목표가 성취될 수 있다고 믿는 인지된 확률(perceived probability)의 산물이다.

11) https://www.ifm.eng.cam.ac.uk/research/dstools/vrooms-expectancy-theory

5) 허즈버그의 2요인이론[12)]

허즈버그(Herzberg)는 일에 만족을 주는 요인을 동기부여 요인(motivators)이라 부르고, 직무상 불만을 불러일으키는 요인을 위생 요인(hygiene factors)이라고 이름 붙였다. 위생 요인(hygiene of factor: demotivators)은 직무에서 불만을 일으키는 요소를 설명한다. 불만의 요소에는 감독의 질, 급여, 회사 정책, 물리적 노동 조건, 타인과의 관계 및 직업 보안 등이 있다. 개인의 생리적 욕구와 안전욕구 그리고 애정 욕구를 충족시켜줌으로써, 개인의 직무환경과 관련된 직무의 외재적 성격을 지니고 있는 것이 특색이다.

동기 요인(motivators: 동기부여자)은 직원들의 동기부여와 관련된 요소를 설명하고 작업 자체의 조건에서 발생한다고 하였다. 만족을 위한 요소에는 승진 기회, 개인적 성장, 인정, 책임 및 성취가 있다. 동기 요인이 충족되지 않아도 불만은 없지만, 일단 충족되면 만족에 적극적으로 영향을 줄 수 있고 일에 대한 적극적인 태도를 유도할 수 있는 것이다.

표 2-4 허즈버그의 2요인

2요인	내용
동기부여 요인 Motivating Factor	– 동기요인은 '직무 충실화'를 통해 욕구 충족이 가능하다. 직무 충실화란 직무의 내용을 수직적으로 고도화하여 직무의 질을 높이는 작업을 말한다. – 동기요인: 책임감, 인정, 직무, 승진, 성장기회, 성취감
위생 요인 Hygiene Factor	– 위생요인은 '직무확대'를 통해 욕구충족이 가능하다. 직무확대란 일의 종류를 증가시켜 단조로움에서 오는 권태감을 해소하고 새로운 일에 대한 의욕을 유발하는 관리방법이다. – 위생요인: 임금, 근무조건, 대인관계, 직위

12) Herzberg, F.(1987).

그림 2-5 허즈버그의 2요인이론에서 만족과 불만족의 개념은 동일 선상에서 대립되거나 이동되는 개념이 아니라 다른 요인에 의해 영향을 받는다는 것을 설명해 준다. 전통적인 동기부여이론은 인간은 일반적으로 불만족 해소를 통해 만족의 상태가 되며, 이 과정에서 동기부여가 발생한다고 생각하였다. 그러나 허즈버그는 직무 만족의 반대는 직무 불만족이 아니라 직무가 불만족스럽지 않다는 것이라 하였다. 마찬가지로 직무 불만족의 반대는 직무 만족이 아니라 직무에 대한 불만족이 없다는 것이다. 따라서 불만족 요인을 해소하면 만족 상태가 되는 것이 아니라 무 불만족(No Dissatisfaction)으로 변화되고 무 만족을 해소해야만 만족의 상태에 접어든다고 설명한다. 허즈버그는 개인이 행동을 자극하는 동기 요소를 두 가지 요인으로 분류하고, 이들이 개인이 불만족 행동과 동기 행동에 미치는 영향을 분석하였다. 여기에서 허즈버그는 종래의 만족-불만족의 단일 차원의 연속성 개념을 부인하고, 만족과 불만족이 독립적 개념을 제시함으로써 동기요인들의 작용영역과 한계를 명백히 해 주고 있다. 그러나 이 2요인이론의 기본적 내용인 만족 요인과 불만족 요인의 구분이 타당하지 못하다는 비판이 제기되고 있다.

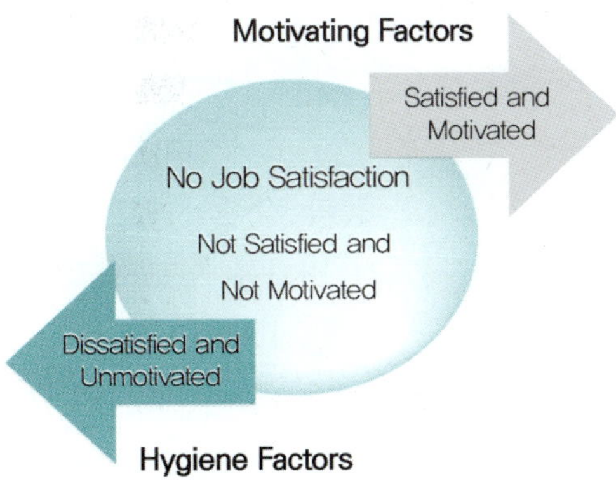

출처: https://agile-mercurial.com(2019).

그림 2-5 허즈버그 2요인

허즈버그는 인간이 자신의 일에 만족감을 느끼지 못하게 되면 위생 요인에 관심을 기울이게 되고, 이들에 대해 만족하지 못할 경우에는 일의 능률이 크게 저하된다고 주장했다. 또한 위생 요인은 충분히 충족된다 해도 작업능률을 다소 높일 수 있는 불만은 해소되지만, 자아실현을 통한 일의 성취를 기대할 수 없다는 것이다. 반면에 자신의 일 자체에 만족을 하고 있는 사람은 위생 요인이 다소 충족되지 못한다 해도 이를 받아들이고 자신의 일 자체를 즐거워하고 보람되게 생각해서 일의 성취를 위해 도전한다는 것이다.

이와 같이 허즈버그는 위생 요인의 충족보다 동기 요인에 중점을 둔 관리가 필요하다고 강조한다. 조직관리에서 생산성을 높이기 위해서는 동기 요인의 충족에 관심을 가져야 하며, 이에 한 걸음 더 나아가 직무까지도 재설계할 것을 강조하고 있다. 이런 관점에서 허즈버그의 이론은 매슬로우의 욕구단계이론을 기초로 하였지만 조직관리이론을 한 단계 발전시킨 이론이라고 평가받는다.

6) 자원봉사자 배치유형[13)]

앱드너(Abdennur)는 자원봉사자의 동기유형을 5가지로 구별한다.

첫째, 직접적으로 도움을 필요로 하는 사람을 도와주는 일을 하는 사회적 서비스 지향적인 사람을 말한다.

둘째, 시민의 권리나 환경보호 등과 같은 사회적 쟁점에 관심을 두고 그에 관한 내용을 교육시키고 사회적 변화를 도모하고자 하는 원인 지향적인 사람을 말한다.

셋째, 스포츠나 레크리에이션과 같은 즐거움을 동기로 하는 자기 표현적인 사람을 말한다.

넷째, 노동조합이나 전문가협회 등에서 자신의 경력 및 경제적인 힘, 직업

13) 열린사이버대학교 자원봉사교재. 2018

적 지위를 증진시키기 위한 이기적인 사람을 말한다.

다섯째 직접적인 서비스를 제공하기보다 자원봉사조직을 위해 기금을 조성하는 박애적인 사람들을 말한다.

즉, 자원봉사활동에 대한 동기는 이타적 동기와 이기적 동기의 혼합이라 볼 수 있다. 자원봉사 동기유형을 이해하고 그에 기초한 자원봉사를 배치한다면 자원봉사자들을 관리함에 있어 관리방안의 틀이 될 수 있을 것이다. 매슬로우의 이론에 맞추어 자원봉사의 배치유형을 제시하면 다음과 같다.

표 2-5 욕구이론에 기초한 자원봉사 배치유형

욕구	내용	비고
생리적 욕구	• 저소득층: 의식주 제공을 통한 자원봉사활동 실시 – 헌 옷 바자회 도우미: 의류 지급 – 무료급식 봉사자: 식사제공 – 실버타운 무급봉사자: 근무자 숙박제공	금강산도 식후경
안전의 욕구	• 생리적 욕구와 관련해서 적용 가능 – 실업에 대한 두려움 – 기술습득을 통한 봉사활동 제공 – 문화원 갖바치 봉사단: 청소년에게 가죽공예 지도	
사회적 욕구	• 타인과 교류가 많은 곳에서 봉사하도록 함 – 병원 입구 안내 봉사 – 행사, 마을 축제, 도서관 행사: n 관계 맺기 좋음	○○팀이라는 명칭 부여
자존의 욕구	• 칭찬을 통한 동기부여 제공 – 하루일과 마무리 후 피드백 – 성과 관련 '증서', '표창' 수여	후원증서
인지적 욕구	– 노인 문화자원봉사(문화재 안내, 박물관 안내)	문화봉사
심미적 욕구	– 새로운 욕구를 가진 신세대 – 화가, 가수, 수집가(네덜란드–고흐 미술 협동조합) – 체험 부스 운영을 통한 욕구 충족	덕질

자기실현의 욕구	• 능력을 발휘할 수 있는 기회 제공 – 변호사와 같은 전문직 종사자에게는 자아실현의 욕구가 자원봉사활동의 동기부여에 중요한 역할을 하게 된다는 것	프로보노

표 2-5는 매슬로우의 욕구이론에 근거한 자원봉사 배치유형이다. 매슬로우 이후 후기학자들은 인지적 욕구와 심미적 욕구를 추가하였다. 매슬로우가 죽기 전에 5단계 욕구 피라미드의 한계를 지적하였듯이, 경제가 풍족하고 창의성이 요구되는 현 세상에서는 자아실현의 욕구가 인간의 가장 원초적인 욕구라는 것을 인정하면서 자존의 욕구와 자아실현의 욕구 사이에 인지적 욕구와 심미적 욕구를 추가하였다. 이는 인간은 무엇을 위해 사는가에 대한 답을 주고 인생을 어떻게 살 것인가를 자문하게 하는 이론 이론으로서 한계점이 있음에도 불구하고 사회복지를 비롯한 심리학 등 다른 분야에서 널리 활용되고 있다.

Chapter 03

자원봉사자의 자세와 역할

학습목차

1. 자원봉사의 이념
2. 자원봉사의 가치
3. 자원봉사 사회문제해결
4. 자원봉사 윤리

1 자원봉사의 이념

오늘날의 자원봉사활동은 인간성의 상실과 가정 및 지역사회의 해체에 대하여 공동사회를 기반으로 한 각자의 자유의지 혹은 자발정신을 기반으로 생기는 주체적인 활동인데, 이런 자발정신을 뒷받침하는 것은 바로 인간애를 기반으로 한 인간존중의 정신과 상부상조의 정신 혹은 철학이다.

1) 종교적 윤리

자원봉사의 역사와 관련해서 볼 때 자원봉사의 원천은 유대교·기독교 전통에서 나오는 자선(charity)의 사상이라고 볼 수 있다. 자선이란 교회에 의해 신성시되는 자비롭게 베푸는 행위(merciful giving)로서 배고픈 자, 병약자, 고통받는 자의 당면한 욕구에 대응하여 무엇인가를 주고 베푸는 행위이다. 이는 성서의 선한 사마리아인(the good samaritan)의 행위와 연관 지을 수 있는 일종의 비이기적이고 직접적인 도움의 행위라고 볼 수 있다.

미국에서의 자원봉사활동의 특성의 하나는 종교인들, 특히 기독교인들에 의해 이루어지는 것으로 자원봉사활동은 장로교·감리교·유대교·천주교 등 종교적인 지지기반을 가지고 자원봉사활동이 행해지고 있다. 이들은 초창기부터 지금까지 자원봉사활동의 저류를 이루며 현재도 자원봉사자의 과반수가 이 뿌리를 근간으로 하여 활동하고 있다.

자원봉사 초기 단계에는 기독교 정신을 토대로 하여 주로 베푸는 형태의 자원봉사활동이 행해졌다. 이후 사회문제의 확대와 사회봉사활동이 활기를 띠게 되면서 사회복지시설 및 조직이 다양하고도 복잡해짐에 따라 자원봉사활동은 그 자선적 특징인 주는 자와 받는 자가 명확했던 초기의 특징을 벗어나 인간 공동체 의식 속에서 서로 돕는 상부상조의 개념으로 발전했다고 볼 수 있다.

2) 민주주의희랍시대

자원봉사의 근원은 유대교·기독교적 전통과 그리스(희랍)시대의 민주주의 철학으로 구분한다. 민주주의 철학인 유대교·기도교적 전통은 봉사의 대상을 특정해서 보호가 필요한 사람들에 한정하는 데 비해, 그리스시대는 대상을 크게 보아 대중 전체로 확대하고 있다. 고대 그리스 문명은 기독교와 함께 서양 문명의 모태가 된 문명이다.

그리스 문명은 기독교의 등장 후 중세 시대로 접어듦에 따라 유럽 세계에서 잊혀졌으나, 15세기 르네상스와 함께 부활했다.

현대 문명의 근간이 이미 고대 그리스에서 선취된 것이라는 것은 자원봉사의 어원인 'volunteering'은 라틴어 'voluntus'에서 유래했으며, 'volunteering'은 이웃 사랑을 위해 신으로부터 부름받은 사람이라는 헬라어(그리스어)라는 것에서도 알 수 있듯이 고대 그리스 문명은 현대까지 단연 찬란하게 빛을 발하고 있다.

그리스 시대는 민주성, 인간의 평등 및 기회균등권 등의 가치가 자원봉사에 중요한 정신으로 자리 잡고 있다.

고대 민주주의는 시민들이 스스로 정치에 참여하고 책임질 때 진정한 민주주의를 성취할 수 있다는 것을 알려주고 있다. 아테네 민주주의는 설득과 법치의 확립을 통해 만들어졌다. 법률들에 의해 지배되는 사회의 성원으로서의 허용된 모든 사람들은 그 법률들을 관리하고 유지하는 데 동등한 권리와 거의 동등한 의무를 가진다는 것이다. 이것은 토론을 통해 소통하는 문화가 민주주의에 필수적이라는 점을 시사하는 것으로, 소크라테스1)의 대화법이 민주주의를 가능하게 하는 최상의 방법이었음에도 민주주의를 저해한 범법자로 사형을 당했다는 것은 아이러니한 그 자체라는 것이다.

1) 플라톤이 쓴 『소크라테스의 변론』이라는 저서는 스승의 변론(변명)에 대한 기록이다. 소크라테스는 '악법도 법이다'는 말을 한 적이 없다. 크리톤에 실린 일화가 편집되어 퍼져나간 것을 후대의 독자들이 악용한 것이다.

고대 민주주의는 법이 허락한 범위 내에서 법이 허락한 내용이어야 한다는 것 민주주의는 때론 혼란스럽고 모순적이고 자주 최선의 결과를 가져오지는 못하지만 민주주의는 고정된 체제가 아니라 민중들이 주체가 되어 만들어가는 체제라는 점에서 숭고한 정신을 담고 있다. 자원봉사 또한 도덕적 숭고한 정신을 담고 있는데, 이 점이 바로 민주주의 정신과 일치한다고 볼 수 있다. 자원봉사라는 말 자체에 민주성이 내포되어 있다는 것이다. 민주주의라면 흔히 정치적·경제적 민주주의를 생각하는데, 도덕적으로 민주적 정신이 지니는 가치는 이보다 훨씬 상위개념이다. 바로 이 민주적 정신이 구현해 내는 것 중의 하나가 자원봉사이다. 그러므로 자원봉사가 민주적 이념을 갖고 있을 때, 정치적 민주주의·경제적 민주주의는 저절로 해결될 수 있다. 민주주의의 성숙도가 자원봉사와 비례하는가 하는 문제에 답하기 전에 민주적이란 구체적으로 무엇을 의미하는지 생각해 볼 필요가 있다. 민주적 방식이란 '같이 있다', '더불어 산다'는 것이다. 즉, '내가 누구와 더불어'라든지, '내가 누구에게' 등 이웃을 의식하는 것이다.

자원봉사는 민주주의를 바탕으로 하여 존재하는 것이므로 민주적인 생각과 방법을 자원봉사에 잘 활용해야 한다. 특히 단체로 자원봉사에 참여하는 사람들은 그 단체의 조직과 운영에 있어서 민주적인 방식과 절차를 따라야 할 것이다.

3) 박애정신philanthrophy

박애정신 내지 박애사업이란 비종교적 동기, 즉 19세기에 개화된 인도주의적 도덕과 원리에 기초하여 생활 곤란자를 원조하는 민간인의 활동이라고 정의할 수 있다. 박애 정신의 출현은 오랜 역사를 가지고 있다.

박애정신은 동료 인간들에 대한 관심으로서 기원은 고대까지 거슬러 올라간다. 고대에까지 거슬러 올라가면 인간 생활의 여러 분야에서 이타적 행동으로 나타나고 있다.

인간의 가족에게는 자신들의 권력과 명성을 영속화시키기 위해 거의 어떤 방법을 동원하기까지 하는 자만심이 강한 사람들과 동시에 부분적으로는 비이기적인 동기를 내지 부분적으로 자신의 구원에 관심을 둔 종교적 이유들 때문이라도 다른 이를 도와주려는 사람들이 존재해 왔다. 그러나 이러한 박애적인 동기들이 표현되는 행위들은 옛날에 비해 심한 변화를 보이고 있으며, 이러한 변화는 사회구조·사고방식 그리고 타인을 돕기에 기용한 실제적 기회를 자체의 변동에 기인한다고 주장하고 있다.

근대적 박애정신은 산업혁명에 의해서 발생한 각종 사회문제에 대한 대응책으로 이루어진 사회개량의 기본정신으로 인도주의적 박애정신을 의미한다.

4) 상호부조mutual aid

상호부조제도는 대등한 입장에서 공동체적 의식이나 연대의식을 바탕으로 사회봉사의 동기가 발생한다. 베버리지(Beveridge)는 인간의 자발적 행위의 동기에는 두 가지 유형이 있는데 그 하나는 박애 정신이고 다른 하나는 상부상조의 사상이라고 했는데 상부상조는 사회복지제도의 발생 이전에 이미 유럽에 보급되었다. 유럽의 길드(guild)와 같은 동업조합이 그 대표적인 예다.

상호부조 정신은 인간의 삶에 있어서 가장 오래되고 보편적인 것으로서 이웃 간의 비공식적인 보살핌과 유사한 환경에 처해 있는 사람들끼리 모여 서로 돕고 우리라는 공동체 의식이나 연대의식의 바탕 위에서 이루어지는 장점을 가진 반면에 공통적 신앙을 갖는 사람들, 같은 직업을 가진 사람들, 같은 지역에 사는 사람들 사이에서 제한적으로 발생해 활동했다는 폐쇄성에 따른 약점을 가지고 있다. 따라서 이는 주고받는 차원을 넘어서지 못하는 이기적 동기가 지배적으로 작용하고 있었음을 보여주는 예로 볼 수 있다.

한국의 계나 두레도 상부상조의 정신이 사회봉사의 정신적 배경이 되기 위하여 보편적 성격을 지녀왔으며 동일 지역, 동일 직업, 동일 취미 등 회원의 동질성에 바탕을 두고 회원 상호 간에만 상부상조가 이루어져 왔다.

5) 시민참여citizen participation

자원봉사란 인간복지의 증진에 관심을 둔 민주적 제도들이 안고 있는 책임을 분담하고자 하는 지역사회 내의 주민에 의해 경제적 보상 없이 자발적으로 이루어지는 노력이다. 시민참여의 기회들은 모든 시민의 특권이며 동시에 의무이기도 하다. 왜냐하면 모든 공적·경제적·교육적·사회적 문제의 해결은 시민참여의 질적인 정도에 따라 좌우되기 때문이다. 사실상 시민참여는 민주적 생활방식 자체로서 진정한 민주사회의 생존 및 발전은 시민의식에 기반을 둔 자원봉사에 의해 이루어질 수 있다.

6) 자발적 참여주의voluntarism

자발적 참여주의는 말 그대로 자유의사 또는 선택에 의해 어떤 행위를 하는 것을 말한다. voluntarism과 volunteerism은 그 맥을 같이한다고 보아야 한다. 자발적 참여주의란 각종 활동에 자발적으로 참여하여 시간 또는 노력을 무상으로 제공하여 사회의 공익에 이바지하는 것을 말한다. 다시 말하면 자원봉사의 철학적 근거는 volunteerism에 있다고 해도 과언이 아니다. 오늘날 전 세계를 통하여 자원봉사의 정신은 지역사회의 보건 및 이웃의 복지문제를 정부만이 아니고 정부와 더불어 문제를 발견한 선의의 사람들, 문제해결에 관심이 많은 사람들 또는 이웃을 사랑하는 마음을 가진 사람들이 분담하여 해결하려는 데 두고 있다.

역사적으로 볼 때 동서양을 막론하고 사회복지사업이나 사회복지 제도는 자발적 참여주의와 자원봉사주의를 기본으로 이루어져 왔기 때문에 시민의 자발적 참여는 자원봉사활동의 매우 중요한 가치가 되고 있다.

자원봉사자들이 사회구성원 모두가 인간다운 생활을 누릴 수 있는지 만들기 위해서 내재화해야 할 기본가치라고 할 수 있으나 현대사회에서는 일정한 정도의 수정이 필요할 수도 있다.

잠깐 쉬어가기

시민 참여 활성화 기반 마련 사례를 생각해 보기

① 문제해결형 참여 촉진을 위해 '광화문 1번가'의 정책 숙의 기능과 참여예산연계강화

② 지역사회 R&D(양재*우면동 녹지조성)

리빙랩-성대골마을사랑방(한국에너지정보문화재단)

③ 리빙랩: 일상생활의 실험실: 살아있는 실험실
예: 성대골리빙랩, 북촌리빙랩, 스마트시티형 도시재생 뉴딜, 성남시니어리빙랩

7) 헌법정신과 자원복지

우리나라의 헌법 이념과 국가이념은 기적을 민주복지사회를 지향하고 있다. 참다운 자원봉사활동이 이루어질 수 있는 정신적 기초는 인간의 가치와 존엄성에 대한 확신이다. 우리 헌법은 인간의 평등 및 기회 균등권 등의 가치라는 민주복지사회를 지향한다.

헌법 제10조를 보면 '모든 국민은 인간으로서의 존엄과 가치를 지니며 행복을 추구할 권리를 가진다', '국가는 개인이 가지는 불가침의 기본적 인권

을 확인하고 이를 보장할 의무를 진다'고 되어있다.

헌법 제11조는 '모든 국민은 법 앞에 평등하다. 누구든지 성별 종교 또는 사회적 신분에 의하여 정치적 경제적 사회적 문화적 생활의 모든 영역에 있어 차별을 받지 아니한다'라고 되어있다.

헌법 제34조 제1항은 '모든 국민은 인간다운 생활을 할 권리를 가진다', 제2항은 '국가는 사회보장 사회복지의 증진에 노력할 의무를 진다'고 명시하고 있다. 제3항은 '국가는 여자의 복지와 권익의 향상을 위하여 노력하여야 한다', 제4항은 '국가는 노인과 청소년의 복지향상을 위한 정책을 실시할 의무를 진다', 제5항은 '장애 및 질병 노령 기타의 사유로 생활능력이 없는 국민은 법률이 정하는 바에 의하여 국가의 보호를 받는다'라고 되어있다.

헌법 제35조 제1항은 '모든 국민은 건강하고 쾌적한 환경에서 생활할 권리를 가지며 국가와 국민은 환경보전을 위하여 노력하여야 한다'라고 명시되어 있다. 이러한 우리 헌법의 자원복지는 그 실천과정에서 보편적 가치를 신념으로 받아들이고 주민과 더불어 책임의식을 갖고 협동, 노력할 것을 강조한다.

자원복지 철학은 1990년 9월 파리에서 열린 세계자원봉사연합회(IAVE)[2]에서 세계자원봉사선언문(Universal Declaration on Volunteering)을 채택 선포하였다. 이 선언문은 남녀노소 모든 문화적, 민족적 배경, 종교, 나이, 성, 신체, 사회, 경제적인 조건에 무관하게 자원봉사할 권리를 지지한다. 세계 모든 사람들은 금전적인 보상에 대한 기대 없이 자유롭게 그들의 시간, 재능, 에너지를 타인과 지역사회에 개인 또는 집단행동으로 제공할 권리를 가져야 한다는 것이다.[3]

2) IAVE: International Association for Volunteer Effort
3) 2001년 1월, 암스테르담 16차 IAVE세계대회. http://www.vkorea.or.kr

2 자원봉사의 가치

자원봉사활동의 개인적 가치와 사회적 가치 자원봉사의 가치는 실로 무한하다고 볼 수 있다. 자원봉사의 가치를 개인적 가치와 사회적 가치 및 자원봉사의 활용기관 측면에서의 가치 등으로 나누어 살펴보고자 한다.

자원봉사활동은 각 개인이 가진 지식과 기술을 필요로 하는 사람들에게 베풀어 줌으로써 상대방으로 하여금 보다 더 행복한 생활이 되도록 하고, 그러한 생활이 결국 사회의 건전한 발전에 기여하도록 하는 일이다. 그뿐만 아니라 자원봉사는 자원봉사활동을 통해 새로운 기술과 지식의 필요를 창출하게 되고, 이를 영역에 대한 학습 욕구를 가지게 됨으로써 이미 가진 기술을 더욱 발전시킬 뿐 아니라, 새로운 사물과 일에 대한 흥미가 유발되고 지적인 활동과 교육적 자극을 받아 지식과 기술의 확장을 가져다주게 된다.

1) 개인적 가치

가치는 타고난 것이거나 생화학적·유전적인 것이기도 하고 학습되거나 프로그램화되거나 조직화된 것이기도 하다. 가치 인식에 대한 탐구로 메타 윤리학[4]이 등장하고 가치판단에 대한 당위적 진술을 담론으로 하는 실천적 담론이론은 가치를 증명의 대상이라기보다는 설득의 대상으로 보고 설득의 힘을 강조한다. 독일 철학자 브렌타노(1838~1917)는 주관적인 것으로 생각되어 온 감정에서 지향성을 발견하여 가치를 파악했다. 즉, 가치는 반드시 주관의 감정(평가) 의식이 들어가야 한다는 것으로 이를 가치판단이라 한다. 인격, 평화, 자유, 건강, 생명, 우정과 같은 추상적 가치가 내면적 가치인데,

4) 메타 윤리학은 올바른 규범이 무엇인가라는 물음에 일단 괄호를 친 후, 우리가 도덕적 판단을 내릴 때 과연 이러한 판단의 존재론적, 인식론적 지위가 무엇인지를 묻는 학문이다(이우람, 2009).

이들은 무제한적 가치이기 때문에 협력 가능한 가치이다. 이 가운데 어떤 조건으로 자신이 행복해질 것인가를 결정하는 것이 윤리학의 사명으로서 가치서열을 정하는 기준이 된다. 사람마다 살아온 환경과 배경 지식이 다르듯 개인차에 따른 서로의 가치서열이 다르다고 비난할 수는 없다. 그러나 참된 앎을 통해 내면적 가치의 총량을 키워가는 설득적 힘은 중요하다.

우리의 삶은 언어를 통해서 이루어지고 있다. 우리가 언어를 선택해서 말을 하는 것은 곧 의사결정이 될 수 있고, 우리의 선택에는 주관적·내면적 가치가 들어간다. 현장에는 도처에 가치문제가 있으며 행정의 모든 기능과 행위는 가치의 인도를 받을 수밖에 없다. 따라서 윤리적 가치를 중심으로 의사결정을 하려는 인식은 가능하다.

자원봉사활동에서의 개인적 가치는 다음과 같이 세분화해 설명할 수 있다.

첫째, 개인이 가지고 있는 기술과 지식을 나누어 베풀어 줌으로써 학습의 보람과 가치를 느낀다.

둘째, 자원봉사자 자신의 자존감과 정신건강에 도움을 준다.

셋째, 자신과 가족에 대한 애정감이 강해진다.

넷째, 자신감과 성취감을 느끼게 한다.

다섯째, 인격적 성숙과 발전이다.

자원봉사자들은 자원봉사활동을 통해 인간에 대한 신뢰감을 제공하고 미래를 위한 많은 계획과 프로그램들을 제시해 주어야 하기 때문에, 이와 같은 봉사활동을 통해 낙관적이고 긍정적인 생활을 할 수 있게 해 준다.

자원봉사활동으로서 개인적 가치는 서로의 사상이 다르고, 문화적인 배경이 다르더라도 반드시 공통되게 통용될 수 있는 인간적인 소통방법, 공감할 수 있는 기술(공감지수 높이기)을 통해 용기 있게 대응한다면 인간관계가 원만하게 개선되고 사회를 긍정적으로 이끄는 계기가 될 것이다.

2) 사회적인 가치

자원봉사의 사회적 가치는 먼저 사회문제 해결에 자원봉사가 기여할 수 있는지에 관심의 초점이 맞춰진다. 심각한 사회문제들이 자원봉사로 얼마나 해결될 수 있는지는 잘 알 수 없지만, 자원봉사로 문제해결의 실마리를 찾을 수 있다는 데 자원봉사의 사회적 가치를 찾게 된다.

우리나라에서도 사회적 가치는 국민소득 3만 불 시대에 걸맞은 균형 있는 성장과 삶의 질 제고를 위해 중요하게 인식된다. 삶의 질이란 한 사회의 경제·정치·사회의 발전수준과 사회구성원들의 가치관·관습에 따라 변화할 수 있는 상대적인 개념이다. 국제적으로도 경제적 효율성 위주 성장의 한계를 보완하기 위해 지속가능 발전과 사회적 가치에 주목한다.

사회적 가치는 경제뿐만 아니라 사회·환경·문화 등을 포함하는 영역에서 공공의 이익과 공동체의 지속 가능한 발전에 기여하는 핵심가치로서의 개념이다. 특히 EU, 영국 및 국제기구는 다양한 사회적 가치 실천 노력을 전개하고, 법제화·국제 규범화하는 추세이다.

역사가들은 저마다의 가치관과 세계관을 갖고 있다. 그들은 과거의 사실 가운데 자신이 주목할 만한 가치가 있다고 판단한 것만을 선택해 자신의 시각으로 해석하기 때문에 역사를 둘러싼 다툼이 생기는 것이다. 흔히 '역사학자를 설득하기보다는 정부 당국자를 설득하는 게 낫다'는 말처럼 관료들이 정책문제를 인지하고, 그 문제를 해결하기 위한 정책대안을 입안하고 결정하며 시행하는 전 과정에서 가치가 투입되고 반영된다.

행정안전부 정부혁신종합계획을 보면 사회적 가치를 국정 운영의 중요 아젠다로 채택하면서 지표를 반영한 제도개선에 주력하였다. 사회적 가치는 경제뿐만 아니라 사회·환경·문화 등을 포함하는 영역에서 공공의 이익과 공동체의 지속 가능한 발전에 기여하는 핵심 가치로, 이는 개인의 경제적 후생에서 시작하여 삶의 질, 공동체와 미래세대까지 고려(sustainability)하는 '균형감 있고 포괄적인 발전' 개념을 포함한다[5](그림 3-1 참조).

공공기관의 사회적 가치실현에 관한 기본법(약칭 '사회적 가치기본법안')은 제시처럼 인권, 안전, 복지, 노동, 사회통합, 상생, 일자리, 지역사회, 지역경제, CSR, 환경, 참여, 공동체 등 인권, 안전 등 우리 사회가 우선적으로 추구해야 하는 13개 대표적 세부가치를 제시하였다(표 3-1 참조).

정부는 '같이 가는 사회, 가치 있는 삶' 실현을 위해 13대 세부 사회적 가치를 제시하였다. 정부 주도가 아닌 모든 사회구성원(공공, 민간, 시민)의 수평적 참여와 실천을 통해 사회적 가치를 실현하고자 하는 것이다(행정안전부, 2018).

행정안전부의 디지털 정부 혁신 추진계획을 보면, 시민참여 플랫폼을 고도화하는 계획을 갖고 있다. 시민참여를 활성화하고 정책에 반영할 수 있는 기반을 확대하는 것으로 의사결정과정에서 주민이 참여하는 과정이 클라우드와 디지털 서비스 이용으로 활성화된다. 자원봉사 업무에 사회적 가치가 기반 된 사회 환경 변화에 맞는 새로운 모델이 제시된다면 이는 자원봉사활동에도 긍정적 효과가 있을 것이다.

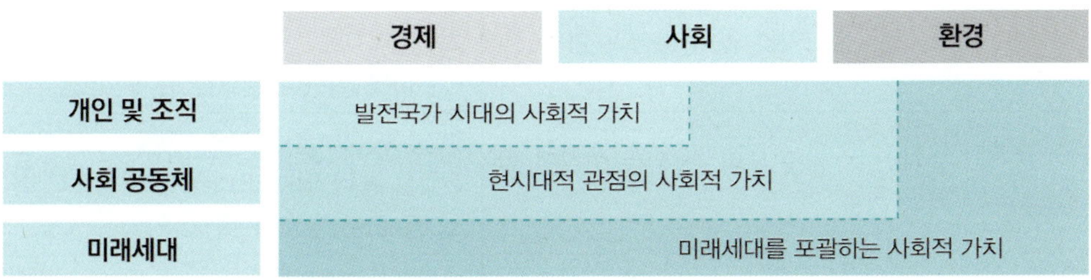

출처: 행정안전부, 정부혁신추진계획, 2018

그림 3-1 사회적 가치 개념[6]

5) 출처: 더퍼블릭뉴스(http://www.thepublicnews.co.kr)
6) TPN(2020.03.11.). [정부의 사회적 가치와 주민자치 정책] 풀뿌리 민주주의 확대와 가치 있는 삶 실현. http://www.thepublicnews.co.kr/news/articleView.html?idxno=16045

표 3-1 13개 사회적 가치 세부항목의 주요 의미

연번	사회적 가치	주요 의미
1	인간의 존엄성을 유지하는 기본 권리로서 인권의 보호	행복추구권, 평등권, 알 권리, 직업의 자유, 안정적 주거생활 보장 등 헌법상 보장되는 기본권 보장
2	재난과 사고로부터 안전한 근로, 생활환경의 유지	시장에서 해결할 수 없는 국민의 안전을 지키기 위한 공공의 적극적 조치 필요
3	건강한 생활이 가능한 보건복지의 제공	인간다운 생활의 기본조건으로서 건강한 생활을 영위할 수 있는 보건 · 의료서비스를 국가에 요구하고 국가는 이를 제공
4	노동권의 보장과 근로조건의 향상	생계를 유지하기 위해 일할 수 있는 권리 보장, 노동3권, 안정적인 근로조건 유지, 고용안정 등
5	사회적 약자에 대한 기회제공과 사회통합	여성, 노인, 청소년, 신체장애자, 기타 생활능력이 없는 국민도 인간으로서의 존엄과 가치를 보장받을 수 있는 사회보장 정책 추진
6	대기업 · 중소기업 간의 상생과 협력	시장의 지배와 경제력의 남용을 방지하고, 경제주체 간의 조화를 통한 경제의 민주화를 위하여 필요한 규제 · 조정
7	품위 있는 삶을 누릴 수 있는 양질의 일자리 창출	민간 · 공공부문 일자리 창출, 노동시간 단축을 통한 일자리 나누기, 비정규직 축소 등 좋은 일자리 확대
8	지역사회 활성화와 공동체 복원	자치와 분권의 원칙을 지역 공동체 차원에서 보장하는 지방자치 실현
9	경제활동을 통한 이익이 지역에 순환되는 지역경제공헌	지역 간 균형 있는 발전을 위한 지역경제 육성, 수도권 과밀화로 인한 부작용 해소
10	윤리적 생산과 유통을 포함한 기업의 자발적인 사회적 책임 이행	사회적 존재로서 기업의 사회적 책임 이행, 인권 · 노동권 · 환경 · 소비자 보호, 지역사회 공헌, 좋은 지배구조 형성

11	환경의 지속가능성 보전	국민이 쾌적한 환경에서 생활할 권리를 보장하기 위한 국가의 의무
12	시민적 권리로서 민주적 의사결정과 참여의 실현	민주적 의사결정과 시민 참여를 통한 국민주권 국가 실현을 위한 정부 운영방식 개선, 참여 기제 확보, 참여 수준 심화
13	그 밖에 공동체의 이익 실현과 공공성 강화	경제적 양극화 등으로 파괴된 사회공동체 회복 추구, 시민사회 등 제3섹터의 지원 및 육성

출처: 행정안전부(2018). 정부혁신 추진계획.

표 3-2 사회적 가치 관련 주요 국제지표

❶ (OECD Better Life Index) 한국은 OECD 국가 중 하위 25%, 세부지표 중 교육, 시민참여는 양호, 공동체(지원관계망), 환경, 건강, 일 · 삶 균형은 취약(삶의 질)
  * '18년 (40개국): (전체)30 (공동체)40 (교육)11 (환경)40 (참여)2 (건강)36 (균형)37

❷ (UN World happiness Index) 상위 35%, 건강(기대수명) 관련 지표 순위는 최상위 수준, 사회적 자유, 부패, 사회적 지원 지표는 평균 이하로 부진
  * '19년 (156개국): (전체)54 (기대수명)9 (관용)40 (사회적 자유)144 (부패)100 (사회지원)91

❸ (TI Corruption Perceptions Index) 공무원과 정치인이 얼마나 부패해 있다고 느끼는지를 비교한 것으로 180개국 중 45위로 상위 25%

출처: 행정안전부(2018). 정부혁신 추진계획.

표 3-2에 제시된 사회적 가치 관련 국제비교 시 한국의 총 GDP 규모는 2020년 10위권까지 진입했으나 2013년 수준인 세계 13위(2023년)로 되돌아갔다.

그럼에도 한국은 여전히 세계 10위권으로 도약한 경제 규모를 갖고 있다. 반면 '삶의 질' 관련 국제지표는 낮은 수준이다. 겉으로 보이는 객관 지표로만 평가하면 한국은 살기 좋으나, 실제 한국인이 받아들이는 삶의 질은 다른 국가에 뒤처진다는 뜻이다. 소득, 기대수명, 교육수준 등이 과거보다 크

게 나아졌으나 한국에서 사는 건 주요국보다 만족스럽지 않거나 덜 행복하다는 뜻이다.

사회에 좋은 일을 하겠다는 메시지로 표현되는 기업의 장기성장과 위험관리에 중요성 또한 기업의 경쟁력 제고에서 지구 차원의 문제들에 대한 관심으로 변화되었다. ESG(환경 · 사회 · 지배구조)활동이 대두되면서 글로벌 기업들이 관심을 갖는 기후변화 등 지구차원의 문제들에 관심을 갖게 된다. CSR (Corporate Social Responsibility: 기업의 사회적 책임)을 강조하던 시대에서 ESG를 강조하는 시대로 변화하였다. 기업뿐 아니라 개인에게도 ESG활동은 사회문제를 해결하는 자원봉사로의 패러다임 전환을 갖게 되면서 사회적 가치로서의 자원봉사활동으로 확대되었다.

자원봉사활동의 사회적 가치는 국가나 지방조직의 행정이 미치지 못하는 부분에 대해 보충하는 역할을 하도록 한다. 자원봉사의 사회적 가치는 다음과 같다.

(1) 국가나 지방자치단체의 행정이 미치지 못하는 부분에 대해 보완하는 역할을 한다.
(2) 공동체 의식과 참여의식을 높인다.
(3) 유휴자원을 효과적으로 활용함으로써 사회와 개인의 발전에 기여한다.
(4) 복지사회로의 발전을 가져온다.
(5) 자원봉사활동은 사회 구성원들로 하여금 소속감과 안정감을 갖도록 한다.
(6) 정상화 이념과 사회통합의 촉진에 이바지한다.

3) 자원봉사자 활용기관 측면의 가치

맥키버(MacIver)는 커뮤니티의 개념을 사회학적으로 최초로 사용한 학자로 지역사회를 지역성(공동적 전통, 관습, 소속감 등)과 공동체의식(주민의식, 역할의식, 의존의식)[7]이 수반된 공동 생활권이라 정의하여 자원봉사활동은 주는 자와 받는 자와의 관계에서 일어나는 일시적인 동정심, 일방적 이타심 또는 한시적 감상주의가 아니라고 하였다.

현대의 자원봉사활동은 한 인간으로서 스스로 타인에게 서비스하며 자신의 잠재능력을 실현하기 위한 하나의 기회가 되는 것이다.

자원봉사자 활용측면에서 기관 시설 직원의 과다한 업무 부담을 덜 수 있어 업무의 질적 향상을 도모할 수 있으며, 자원봉사자가 가지고 있는 능력을 활용하여 다양하고 새로운 서비스를 확대시킬 수 있다. 또한 대부분의 자원봉사자가 기관과 인접한 지역에 살기 때문에 지역사회 접근성이 용이하며 자원봉사자를 기관에 대한 지지자 또는 옹호자로 만들 수 있다.

3 자원봉사 사회문제해결

자원봉사 활동이 사회적으로 중요하고 가치 있는 활동이라는 근거는 사회문제의 해결에 있다. 자원봉사로 모든 사회문제가 해결될 수는 없지만 자원봉사로 사회문제의 심각성 해소에 도움을 주거나 문제의 발생에 예방적인 활동이 될 수 있다. 문제해결의 시작, 자원봉사. '안녕캠페인'은 자원봉사자가 직접 지역의 문제를 발견하고, 해결과정을 찾아가는 자원봉사활동이다. 문제해결의 관점, 해결방법, 지향하는 방향까지 모든 과정은 이미 자원봉사 안에 스며들어 있다.

자원봉사로 문제해결의 실마리를 찾을 수 있다는 데 자원봉사의 사회적 가치를 찾게 된다[8].

7) 공동체의식을 우리의식(We-feeling), 역할의식(Role-feeling), 비독립의식(Dependency-feeling)으로 표현. Robert M. MacIver, *Community: A Sociological Study*, London: Macmillan & Co., 1928, pp.22~23.

8) http://v-reaction.net/sub/campain/local.asp

1) 안녕캠페인–자원봉사로 사회문제 해결

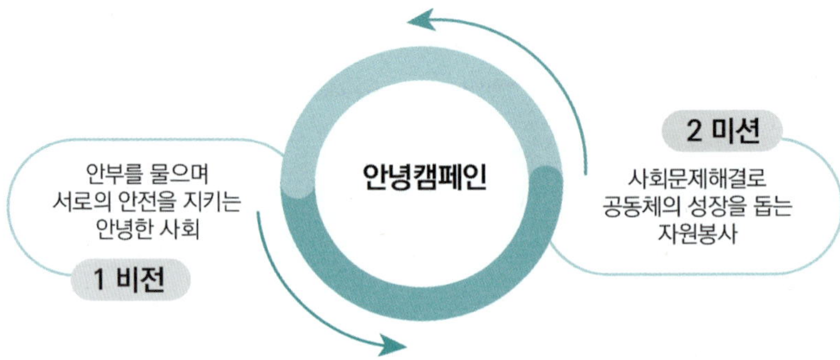

출처: 자원봉사현황(2023).

그림 3–2 자원봉사안녕캠페인[9)]

안녕캠페인은 자원봉사자가 직접 지역의 문제를 발견하고 해결 과정을 찾아가는 자원봉사활동이다. 빠르게 변화하는 사회 속에서 이웃과 단절되고 각종 범죄, 재난으로부터 위협받는 우리의 일상은 '안녕'하다고 말하기 어렵다. 내 이웃의 안부를 묻고, 각종 위협을 함께 예방하고, 신뢰를 바탕으로 안심할 수 있는 사회가 '안녕한 사회'이다. 안녕캠페인은 '안녕한 사회'를 만들기 위해 지역주민이 함께 고민하고 참여하며 자선을 넘어 변화를 만드는 자원봉사로의 패러다임 전환을 위해 2019년 시작되었다.

- 2022 지역맞춤형 안녕캠페인 공모사업 지원
  - 전국자원봉사센터 대상 지역맞춤형 안녕캠페인 공모사업 추진 지원(총 400,000,000원)
- 지역맞춤형 안녕캠페인 멘토링 지원(공모사업 선정 기초센터 38개 대상)
- 실무자 역량강화 교육과정 '가치 業, skill UP학교'(3기) 운영(총 471명 수료)
- 자원봉사 국제포럼 '자원봉사는 어떻게 사회문제를 해결하는가' 개최

---

9) '안녕캠페인 성과보고서 QR코드'를 통해 1,000일 동안의 안녕캠페인을 통한 자원봉사자의 성장과 지역사회 변화를 확인할 수 있다(http://v-reaction.net/).

- 안녕캠페인 성과측정(V-ESG) 연구 추진
- 안녕캠페인 사업 추진을 통한 지역사회 변화 기록(안녕캠페인 성과보고서 발간)

2) 자원봉사로 해결해야 하는 사회이슈

2023년 한국자원봉사의 해에서 제시한 10대 과제 중 우리 사회가 우선적으로 해결해야 할 과제는 27.3%가 빈곤예방 및 해결(어려운 이웃과 손잡기)을 꼽았으며, 이어서 환경(기후변화대응, 쓰레기 줄이기 등 숨 쉬는 지구 만들기)(26.0%)', '사회안전 및 범죄 예방(안전한 사회 만들기)(18.4%)' 등의 순으로 나타났다. 2017년 조사와 비교했을 때, '빈곤 예방 및 해결(어려운 이웃과 손잡기)'은 큰 폭(9.9%p)으로 감소한 반면, '환경(기후변화 대응, 쓰레기 줄이기 등 숨 쉬는 지구 만들기)'은 크게(13.9%p) 증가하였다. 빈곤해결이 여전히 사회적으로 중요한 과제이나 환경, 교육, 고령화, 인권 등 다양한 사회적 주제로 관심이 확대되고 있다고 해석할 수 있을 것이다.

우리나라에서는 사회문제 해결을 위한 시민참여 프로그램 개발을 위해 자원봉사 5개년 국가기본 계획 연구를 진행하고 있다. 사회문제해결을 위해 선정된 10대 과제를 살펴보면 신나는 교육, 범죄 없는 사회, 어려운 이웃돕기, 풍요로운 여가문화 만들기, 숨 쉬는 지구 만들기, 함께 살아가는 마을 만들기, 활기찬 노후 만들기, 소수자를 배려하고 생명 존중하기, 평화 통일로 다가가기 등이며 마지막으로 각 지역의 특성을 고려한 이슈를 포함하고 있다.

자원봉사센터 및 자원봉사 협의회에서는 다양한 사회문제 해결을 위한 시민참여 모델 프로그램을 공모하여 이를 확산 보급하고 있는 중이다.

자원봉사활동 평가에 대한 새로운 성과지표 개발지수에 대한 연구도 진행되어 현재는 개발된 지표를 현장에 적용할 수 있도록 실행 보급 단계에 있다.

새로운 성과지표는 기존의 자원봉사활동성과 측정방식이 대부분 자원봉사 '참여자 수' 혹은 '활동시간' 등 단순한 양적 지수로 일관한다는 문제를 해결하기 위해 자원봉사의 본질에 충실하면서도 사회적 임팩트 중심의 패러다임을 담을 수 있는 핵심 요소들을 포함하는 다섯 개의 지표를 활용하는 방식이다.

다섯 개의 자원봉사활동 평가지표는 다음과 같다.

첫째, 자원봉사자의 주도적 참여

둘째, 수행과정에서 이해관계자들의 협력

셋째, 새로운 아이디어나 접근방식의 혁신성

넷째, 사회적 변화

다섯째, 확산 가능성이다.

이는 사회적 임팩트 중심의 패러다임을 담을 수 있는 핵심 요소와 질적 요소를 반영하는 자원봉사활동 평가지표이다.

3) 시민참여와 자원봉사

시민참여의 유형은 다양하다. 투표와 같은 일상생활의 하나로 참여하는 활동이 있고, 대통령탄핵 촛불집회와 같은 상황에 따르는 비일상적인 참여가 있다. 월드컵 거리응원으로 참여하고, 온라인 게시판에 참여하며, 어려운 사람의 한 끼 식사를 위해 '미리내 운동본부[10)]'에 동참한다. 개인 홀로 참여하거나 단체에 참여하거나 집단행동에 참여한다. 개인의 이해와 욕구 충족의 동기에서 참여하고, 국익이나 공동체의 공익을 위해 참여한다. 자원봉사와 같은 자발적인 참여, 타인의 요청에 응하는 참여, 법을 준수하는 강제성 참여 등 시민참여는 다양하다. 공공서비스를 이용하는 소비자참여가 있고, 정치와 정책에 영향력을 행사하는 정치적 참여가 있다. 공공시설을 이용

10) 미리내 운동본부(2013): "지금 먼저 드시고 나중에 '미리 내' 주세요"라는 슬로건을 내걸고 참여가게를 모집, 경제적으로 어려운 이웃이라면 미리 내 가게에 방문하여 온정을 누릴 수 있다. 카페, 빵집, 식당 등 음식점에서부터 미용실, 노래교실까지 다양함

하는 소비자로서 선택하는 참여, 유권자로서 투표하는 참여, 학부모로서 학교 운영위원으로 활동하는 참여, 환경단체 회원으로 회비를 납부하는 참여, 사회복지관의 무보수 운영위원으로 봉사하는 참여, 노숙자들의 자활공동체를 돕는 참여, 암 극복을 위한 자조 모임의 참여, 부모의 공동육아 참여 등 이루 다 헤아릴 수 없을 정도로 무수하고 다양한 참여가 있다.

4 자원봉사 윤리

1) 자원봉사관리자 윤리강령

12월 5일은 세계자원봉사자의 날이다. 세계자원봉사선언문 서문을 보면 자원봉사자들은 1948년 세계인권선언과 1989년 어린이헌장 정신에 크게 힘입어 변화하는 세계 속에서 그들의 헌신적 노력을 사회, 문화, 경제발전 및 환경개선을 위하여 쓰이는 도구로 여기며, 자원봉사자 각 개인은 평화적 목적을 위하여 자유롭게 모이고 연합할 권리가 있다고 믿는다.

우리나라 2015년 11월 5일 자원봉사관리자 윤리강령이 선포되었다. 자원봉사관리자는 자원봉사관리자 윤리강령에 의한 자원봉사자에 대한 윤리기준, 조직과 사회에 대한 윤리기준과 원칙을 적용할 것이다. 그러나 현장에서는 용어는 시대정신과 가치를 반영하는데, 2015년 제정 시의 윤리강령은 자원봉사센터 중심이라는 것이다. 자원봉사의 현장이 다양한 영역인 만큼 모든 자원봉사관리자에게 적용할 수 있는 포괄성이 필요하다는 것이다. 이에 2018년 12월 5일 개정되었다. 자원봉사의 윤리적 가치를 시민성, 성장과 변화, 자율과 공평, 개방과 연대로 정의하고 윤리적 가치를 되새겨 자원봉사자와 함께, 개인·가족·집단·지역사회 등 공동체의 공존과 변화를 촉진하는 역할을 수행함을 강조하고 있다.

2) 자원봉사자 윤리

자원봉사관리자 윤리강령[11]을 토대로 한 자원봉사관리자 윤리지침이 있다. 여기에는 자원봉사관리자 윤리 외 자원봉사자들에 대한 윤리도 함께 명시되어 있다.

자원봉사 윤리를 통해 자원봉사자들이 할 일은 아래와 같다.

첫째, 조직의 목적, 목표, 정책을 충분히 알고 지지하여 조직의 힘을 적극적으로 강화해 나간다.

둘째, 각자의 적성과 가능한 시간을 고려하여 적합한 일을 맡아 이를 책임 있게 행하도록 한다.

셋째, 조직 내의 다른 구성원들과 상호이해와 존중을 통하여 협력해 나간다.

넷째, 훈련을 받는다.

다섯째, 활동 중에 알게 된 비밀은 반드시 지킨다.

그리고 기관은 자원봉사자의 인권과 기본수칙을 고려하여 다음 사항을 지킨다.

첫째, 각자에게 알맞은 일을 맡기며 적절한 훈련기회를 제공한다.

둘째, 일에 대한 정기적인 평가와 인정이 있어야 한다.

셋째, 봉사활동 중에 일어날 수 있는 위험을 방지할 보호책과 적절한 격려와 피해보상에 대해 강구한다.

넷째, 봉사자가 활동을 종결할 수 있는 조건을 미리 규정해 둔다.

이를 토대로 자원봉사자들이 갖추어야 할 기본자세(윤리)를 5가지로 정리하면 다음과 같다.

첫째, 인간의 존엄성을 믿어야 하며 관계를 맺음에 있어서도 존엄성을 바

---

11) 2015년 한국자원봉사관리협회를 주축으로 한국자원봉사협의회등 자원봉사관계자들이 협의해 만든 강령으로 2018년 개정됨. 출처: http://volunteer.seoul.go.kr/?menuno=93

탕으로 해야 한다.

둘째, 개인과 사회는 상호 간의 책임을 지고 보살펴야 할 사회적 연대책임이 있다는 것을 받아들여야 한다.

셋째, 업무상의 비밀을 유지해야 하며 이는 인간행동 원리에 기초를 두고 사생활을 존중한다는 의미도 있다는 것을 명심한다.

넷째, 봉사할 기관의 직원 및 동료 자원봉사자와 좋은 관계를 유지한다.

다섯째, 자신의 편견을 먼저 인정하고 이를 극복하기 위한 과제를 해결해 나가는 지혜를 가진다.

한국자원봉사의 해 선언의 목표는 다음과 같다.

첫째, 민간주도의 자원봉사 인프라를 강화하고

둘째, 사회혁신형 자원봉사로의 패러다임 전환을 위한 성과지표를 개발하며

셋째, 일상 속 자원봉사 참여 문화 조성을 위한 캠페인 확산으로 정리할 수 있다.

잠깐 쉬어가기

MZ세대는 ESG를 원한다.

MZ세대는 자신의 회사가 만드는 제품과 서비스가 사회에 기여하길 원한다. 환경오염을 최소화한 제품생산공정, 장애인을 배려한 제품 디자인 등에 큰 자부심을 느낀다. 자원봉사활동 또한 기후 위기에 대한 관심으로 플로깅 등 환경운동에 적극적으로 동참한다.

MZ세대가 조직에 바라는 4가지
첫째, MZ세대 조직이 직원들의 복지에 신경 쓰길 바란다.
둘째, MZ세대는 자신이 소속된 조직이 윤리적이길 원한다.
셋째, MZ세대는 직원들에게 투명하게 정보를 공개하는 개방적인 조직을 원한다.
넷째, MZ세대는 다양성을 인정하고 포용하는 조직을 원한다.

출처: 신현암, 전성률, 왜 파타고니아는 맥주를 팔까

Part 2

자원봉사의 역사와 환경변화

Chapter 04

자원봉사의 역사

학습목차

1 외국의 자원봉사 역사와 발달

자원봉사활동이 뿌리내린 것은 인보관운동 이후이다. 영국의 자선조직협회 활동가들은 빈민에 대한 도덕적 우월감을 갖고 있었으며, 빈곤을 개인의 도덕적 결함으로 인식. 냉소적 태도를 보여 1884년 토인비 홀이라는 인보관 운동의 계기가 되었다.

미국의 자원봉사는 1929년 대공황 이후 미국 자본주의를 뿌리째 뒤흔들었으며, 1933년 뉴딜정책 이후 루스벨트의 시민 보존단을 비롯한 대통령 주도의 자원봉사활동이 활성화되었다. 일본 자원봉사의 특징은 정부정책을 중심으로 자원봉사자가 조직되어왔으나 1995년 고베 대지진 이후 자원봉사에 대한 패러다임을 가져왔다.

우리나라의 현대적 의미의 자원봉사활동은 1986년 아시안 게임에서 1988년 올림픽, 2002년 월드컵을 계기로 거국적으로 전개되었으나, 실질적인 참여는 2007년 태안 원유 유출 사건[1]이 계기가 되었다. 그러나 자원봉사 참여인구가 영, 미, 일이 50%에 육박하는 것에 비해 우리나라는 2005년 이래 20%로 침체기에 있다. 자원봉사가 자발적으로 참여한다는 점은 분명하지만 자발성을 적절하게 자극하는 정부의 활동 및 시민참여가 중요하다.

1) 영국의 자원봉사활동

영국은 유럽에서 자원봉사가 가장 활발한 국가이다. 영국의 자원봉사활동은 18세기 시민의식의 성장에 따른 자원봉사 정신과 민주주의 철학을 토대로 하여 전통적 기독교의 자선활동에서 비롯되었다고 할 수 있다(양점도 외, 2010).

---

1) 삼성중공업 기름유출 사고임에도 지역 이름으로 태안 원유 유출사고라 하여 지역주민이 피해를 입음. 삼성의 사회적 책임론이 제기되기도 함. 자원봉사자 200만 명이 다녀감

(1) 기초기(비조직화 시기: 16~18세기 말)

영국은 1647년(스튜어트 왕조) 명예혁명 시기에 혼란했던 사회상황을 스스로 지키기 위하여 스스로 마을을 지키고자 결성된 자경단을 볼런티어(volunteer)라고 지칭하면서 자원봉사자라는 용어가 처음으로 등장했다. 자경단의 당시 의미는 마을을 지키기 위해 스스로 싸우는 단체를 의미하는 것으로, 나라를 지키려는 순수한 마음으로 자원해서 군대에 입소한 지원병을 자원봉사자라고 칭하였다.

이 시기에 국민복지에 대한 국가의 책임을 부분적으로 수행하기 시작하였다.

(2) 형성기(민간차원의 조직화 시기: 19세기~1900년)

이 시기는 빅토리아 황금시대로 경제적·정치적 자유주의와 국가에 의한 자유방임주의 사상이 만연했다. 영국은 산업혁명 이후 대량 빈곤층의 출현과 빈부의 격차가 심화 되면서 19세기 후반에 이르러서는 빈곤의 책임에 대하여 개인의 책임보다는 사회체제 그 자체의 모순에서 기인한다는 점에서 사회적 책임을 강조하게 되었고, 이와 같은 빈곤 문제의 해결을 위하여 다양한 자선활동이 교구를 중심으로 전개되었으나 조직적인 활동을 벌이지 못한 결과 무질서와 비능률의 문제를 제기하였다.

이와 같은 사회봉사활동의 운영상의 문제를 해결하기 위하여 1870년대에 이르러 자선활동의 조직화와 조직적인 사회봉사활동을 벌이기 위한 자선조직협회(Charity Organization Society)와 인보관운동(Settlement House Movement)이 전개되었다(김근조, 1997: 46). 19세기 산업혁명 이후에 나타난 사회개량주의는 그 실천의 하나로서 인보관사업활동을 전개하게 되었고, 오늘날의 지역복지센터로 발전하게 되었다. 런던시에 결성된 자선조직협회(Charity Organization Society)는 런던시를 지구로 나눠 구빈 위원회를 두고 우호 방문을 시작하였다. 자원봉사활동이 사회문제를 근본적으로 해결할 수는 없었지만 오늘날 영국의 사회복지제도와 사회적 자산은 자원봉사의 공로가 크게 작용했다. 우애 조합은 사회보험을 창안하였고, 자선조직협회(COS)와 인보관운동은 사회복지의 과업이 성취되는 데 많은 노력을 하였다.

구체적으로 자선조직협회와 인보관운동의 배경에 대해 알아보도록 하자. 자선조직협회(Charity Organization Society)는 민간 사회복지활동이 행해졌음에도 불구하고 빈곤자의 수가 줄어들지 않는 것에 대한 비판의 대안으로 1869년 런던에 러스킨(John Ruskin)이 창설하였으며 영국의 자선조직협회 활동가들은 빈민에 대한 도덕적 우월감을 갖고 있었다. 빈민구제가 그 목적으로, 우애방문원(friendly visiter)을 통해 등장하였으며 우애방문원은 독지가, 종교인, 상류층, 상류층에 가까운 귀부인들로 구성되었다.

자선조직협회는 우애방문원을 통해 등장하였으며 인보관운동을 통해 현대적 의미의 자원봉사가 활성화되었다. 자선조직협회 활동가들은 빈민에 대한 도덕적 우월감을 갖고 있었으며, 빈곤을 개인의 도덕적 결함으로 인식, 빈곤의 문제를 개인의 문제로 생각하여 자립을 강조하였고, 사회 구조적 문제에 대해서는 냉소적 태도를 보여 인보관운동의 계기가 되었다. 인보관운동(Settlement House Movement)의 효시는 1884년 토인비 홀(Toynbee Hall)이다. 토인비 홀의 창시자인 사무엘 바넷(Samuel Barnett)은 런던 빈민가에 거주하였다.

자원봉사활동이 지역사회 내에 서서히 뿌리를 내리기 시작한 것은 1884년 인보관이 건립된 이후이다. 인보관운동은 각 나라의 지역 특성에 알맞게 변화되어 지역주민 교육, 민족의 융합과 발전, 사회운동의 거점이 되었다.

(3) 확대기(정부 주도하의 육성 시기: 1905~1978년)

이 시기에는 복지국가로서의 성숙으로 사회복지서비스에 대한 국가책임이 강화되고 민간 사회복지기관의 역할이 새롭게 전환되었다.

1924년 전국자원봉사 단체협의회가 결성되었으며 1939년 2차 세계대전(1935-1945)의 발발은 복지국가 지향 시기로 민간활동을 더욱더 촉진시키게 되었다. 매캐덤은 이 시기를 새로운 박애주의 시대라고 일컬을 정도로 민간 활동의 규모가 커졌다.

1942년 '요람에서 무덤까지'라는 복지국가의 방향을 제시한 영국의 베버리지보고서가 국회에 제출되었다. 베버리지 보고서2)에는 사회보장을 위한 세 가지 조건이 제시되었다. 완전 고용, 포괄적 보건 서비스 그리고 아동수당이다.

1945년 2차 대전 후 사회보험 및 정부의 사업과 모든 민간의 사회사업 활동에 있어서 자원봉사의 경험을 존중하면서 그 속에서 국가가 져야 할 책임의 범위를 설정하고 복지국가를 구상하게 만든 것이다. 자원봉사활동은 사회발전의 원동력이 되었을 뿐만 아니라 그 유산을 계승함으로써 복지국가의 구상이 정착된 것이다. 오늘날 영국의 자원봉사활동은 그 사회 환경의 변화에 의해 과거에 자원봉사활동의 초점이었던 빈민문제 해결로부터 새로운 목적을 가진 조직이 만들어졌고, 기존의 조직도 그 역할을 시대에 맞게 바꾸어 가고 있다. 현재 영국에는 자원봉사활동에 16세 이상 전 인구 중 25%가 참여하고 있다.

1948년에는 볼런터리액션(voluntary action)3)이라는 사회보장체제에 대한 보고서를 통해 사회보장체제를 갖추게 된다. 이 보고서 서문은 볼런터리액션의 정의와 주요한 동기에 대해 기술되어 있으며, 본서의 내용과 베버리지의 중요한 생각이 기술되어 있다.

볼런터리액션의 주요한 동기로서 상호부조(mutual aid) 동기와 박애(philanthropy) 동기, 개인적 검약(personal thrift)과 기업 동기(business motive)가 있다.

영국의 자원봉사활동의 발달에 전환점을 마련한 것은 1968년 Aves의 보고서 발표다. 이를 통하여 전문직원의 서비스를 보완하고 사회서비스의 제공을 통합하기 위하여 자원봉사자의 참가가 절대적으로 필요하며, 이를 위

---

2) 빈곤, 무지, 질병, 나태, 불결을 사회 5대 악(惡)으로 제시함. 이의 해결을 위해 국가가 적극적으로 나서야 함을 주장 → 복지국가의 기초가 됨

3) A Report on Methods of social Advance 1948.

해 자원봉사자의 증가에 따른 훈련, 원조에 관한 실천적 전문가의 필요성과 자원봉사참여에 대한 필요성을 강조하였다. 1970년대는 정부의 자원봉사에 대한 지원과 역할이 보다 확대되어 모든 분야의 사회복지 서비스국은 지역 내의 자원봉사활동을 포함하는 모든 서비스에 대해 조정 및 지원의 역할을 수행하였다. 1970년 영국에서 가장 큰 조직인 전국자원봉사센터 연합회가 결성되었다. 1972년 지방차원에서 자원봉사활동을 지원하기 위한 「지방정부 사회복지 서비스 법(LSSA)」이 제정되었으며 자원봉사활동에 대한 정부의 지원도 적극적이어서 1972년 보건사회부에 자원봉사국이 설립되었다. 1973년 9월 설립된 자원봉사센터는 250개의 산하단체가 있으며 대부분이 정부(내무부) 지원을 받으며 다양한 기능을 발휘하고 있다.

1973년 유류파동은 경제 불황을 야기하여 정부는 공공지출을 삭감하게 하였으며, 이러한 사회복지재정의 축소는 자원봉사활동에도 변혁을 가져왔다. 특히 유급자원봉사자의 지위가 불안정해짐에 따라 1975년에는 자원봉사자와 유급 사회복지사 간의 관계를 규정한 드레인 지침(Drain Guidline)을 마련하여 자원봉사활동의 한계선을 설정하여 유급사회복지사와 자원봉사자 간의 관계를 명확히 하고자 하였다. 국가 주도의 사회복지서비스가 비정부기구(NGO)로 대체되는 계기가 되었다.

(4) 재정립기(공·사 협력 시기: 1979년~현재)

1979년 보수당이 집권하면서 자원봉사활동의 육성을 강조하였다. 대처 이후 자원봉사에 대한 관심이 증폭한 것이다. 이것은 드레인 지침과는 근본적으로 반대되는 것으로 노동조합의 경우 자원봉사자에 대해 더 많은 의심을 갖도록 하는 계기가 되었다. 보수당의 적극적인 자원봉사활동 캠페인은 실제 자원봉사분야에 종사하는 사람들에게는 환영받지 못하였다. 이른바 신자유주의 기조 아래 공공부문의 축소로 자연스럽게 민간 부문에 대한 관심이 높아졌다.

오늘날의 복지 다원주의는 1970년 말 복지국가 위기 이후 복지국가 재편이 진행되는 과정에서 신자유주의의 정책 조류에 의거 본격적으로 추진된 것으로 복지다원주의(welfare pluralism)가 강조되는 전환 시기이다. 복지 다원주의의 기원은 영국의 1978년의 「울펜덴보고서」(wolfenden report)로 민간 볼런터리활동의 계기가 되었다.

1980년대 정부에서는 당시 자원봉사활동과 실업문제를 연결하려고 했으나, 별 소득이 없었다.

1988년에는 NACVS 등 민간전국단체들과 협약을 체결하며 자원봉사를 위한 기반을 조성하였다. 자원봉사조직이 20세기에 와서도 계속 증가하였고 역할도 확대되고 있는 것이다.

영국에는 직접적으로 자원봉사 관련법은 존재하지 않으나 인권법, 자선법 등의 개별법이 간접적으로 그 근거가 되고 있다. 1992년에 제정된 자선법은 민간사회사업기관 및 단체의 보호와 육성을 목적으로 자선위원회에 등록된 단체에 대한 감독과 모급승인 및 조세감면을 규정하고 있다. 또한 2014년 「자원봉사증진법」을 개정하여 자선법과 연동해서 시행하고 있다(송민경, 2015). 1998년 토니 블레어 집권 후 인권법이 제정되었으며 특수전문가는 손해보험까지 가입할 수 있도록 하였다. 전통적으로 영국의 자원봉사활동은 민간단체가 중심이 된 체제였다. 정부주도의 자원봉사 프로그램이 만들어진 것은 미국보다 다소 늦은 1998년으로 밀레니엄 자원봉사단이란 프로그램이었다. 밀레니엄 봉사단은 잉글랜드 지역뿐 아니라 영국 전역에서 추진되는 운동으로 16~24세 영국인의 자원봉사활동 참여를 유도, 지원한다.

청소년 학생의 자원봉사의 경우 2005년 내무부가 발표한 관대한 사회라는 정책이 있다. 이 정책은 중고등학교 학생에게 500파운드의 정부보조금이 따르는 자선계좌를 개설하게 하고 각자 이 계좌에 돈을 넣어 기부 습관을 기르도록 하는 것을 목적으로 한다(임은희 외, 2010).

2) 미국의 자원봉사활동

(1) 기초기(1600년대~18세기 말)

미국은 17세기 청교도 이민 초기부터 공동체를 위한 '자원봉사 정신'이 높다. 미국은 소위 자원봉사의 나라이다. '미국의 정신(American spirit)은 자원봉사정신(volunteerism)'이라고 미국 사람들은 믿고 있다.

17세기 초부터 주로 유럽에서 온 이민자들의 자립을 위해 서로 돕기 시작한 상부상조 정신에서 자원봉사활동이 출발하였다. 미국에 있어서 자원봉사는 대부분 기독교 정신에 바탕을 두고 있으며 부유층이나 중산층의 사람들이 가난한 사람들을 자선적 형식으로 돕는 것이 주를 이루었다. 그러나 사회문제의 확대와 함께 자선활동이 활기를 띠게 되고, 사회복지시설 및 조직이 다양하고 복잡해짐에 따라 자원봉사활동도 주는 자와 받는 자가 명확했던 초기의 특징을 벗어나 인간 공동체 의식에서 서로 돕는 상부상조의 개념으로 발전하였다.

(2) 형성기: 민간차원의 조직화 시기(19세기~1950년 말)

미국의 자원봉사는 1870년대에 Buffalo에서 자선협회(COS: Charity Organization Society)가 조직된 것이 효시로 보고 있으며, 주로 민간부문에서의 자원봉사활동을 전개해 왔다. 그런데 1935년 사회보장법의 제정과 함께 미국의 사회봉사는 민간부문뿐만 아니라 공공부문의 봉사에도 발전하기 시작했다. 민간부문의 자원봉사는 영국과 마찬가지로 기독교적 자선에 영향받은 바 크다(김근조, 1997: 50).

1820년을 시작으로 많은 민간 기관들이 설립되기 시작하였다. 1877년 뉴욕주 Buffalo에서 최초의 자선조직협회(COS)가 설립되었으며, 1886년 코이트(Stanton Coit), 뉴욕시 근린길드, 1887년엔 시카고, 헐 하우스(Hull House)가 설립되었고 헐 하우스는 1891년 대학 인보사업 협회로 개칭되었다.

또한 단순한 개인적 차원의 봉사에서 단체적, 조직적 봉사체계가 이루어지는 추세를 보여 활동이 조직화되는 단계로 넘어가게 되었다. YMCA, YWCA, 적십자, 평화봉사단(Peace Corps), VISTA 등이 대표적인 기관이다.

1926년 세워진 최초의 자원봉사사무국은 수요를 조사하고 모든 시민을 계층에 상관없이 모집·훈련해서 배치하고 각 분야에 따른 자원봉사자의 업무에 대해 검토하기 시작했다. 그전까지의 부유한 사람만이 자원봉사자가 된다는 경향이 사라지게 되었고, 각지에 사무국이 설치되었다.

1932년에는 전국자원봉사자위원회(National Committee on Volunteers)가 설립되었으며, 1933년에는 전국 28개 도시에 자원봉사국이 설치되어 지방사회복지기관협의회(Council of Social Service Agencies)가 구성되었는데, 이 협의회는 자원봉사자들이 지역사회의 여러 사회복지관에서 봉사활동을 할 수 있도록 개방 및 조정되었다.

1929년 경제 대공황은 대량실업을 발생시키고 미국경제는 휘청거렸다. 당시의 미국은 공황에 대처할 수 있는 법률이 없어 실업자들은 정부로부터 어떤 도움도 받을 수 없었다. 그때 미국은 선진국 중에서 유일하게 국가 차원의 실업보험이 없었다.

루즈벨트는 뉴딜정책을 통해 미국 역사상 처음으로 국민의 삶 전 과정에서 안전망을 제공하겠다는 사회보장법(1935)을 만들었다.

제2차 세계대전 중 시민방위청이 조직되어 1,100만의 자원봉사자가 탁아소, 레크리에이션, 보건위생, 모금, 사회조사 등 일부 복지를 위해 활동하였다. 이것이 1941년에 미국 연방정부의 민방위국(Office of Civil Defense)에 통합되면서 전국에 4,300여 개 민간방위 자원봉사사무소를 중심으로 자원봉사자들의 활동이 활발히 전개되었다. 또한 이전까지 개별적으로 행해지던 자원봉사활동이 1943년 초 전국 사회사업 자원봉사자위원회(The National Committee on Volunteers in Social Work)라는 하나의 조직으로 연합되면서, 자원봉사자를 조정하는 조직과 자원봉사활동에 대한 기준을 설정할 필요가 있다는 인식을 갖게 되었다.

오늘날 미국은 아주 조직적이고 전국적인 규모로 자원봉사활동을 활발히 전개하고 있다. 미국이 이처럼 전국적으로 자원봉사활동이 활발하게 된 것은 1939~1945년 제2차 세계대전과 연관이 있다.

1945년에는 시민협력자문위원회가 세워져 자원봉사자사무국의 운영을 돕고 자원봉사자를 모집·배치·지도하여 표창하는 등의 방법개선에 주력하고 봉사활동에 대한 제 원칙을 결정하고 기타 간행물을 발행하기도 하였다.

미국은 민간활동의 전성기 전후 사회적 혼란기에 사회적 공백을 메우기 위한 다양한 민간단체의 활발한 활동 및 이들 단체를 조직화하는 민간기관들이 급격히 증가하였으며 자선조직협회의 우애방문원, 인보관운동 등을 필두로 하여 자원봉사센터 및 이를 조정하는 협의회 등이 생성되었으며 공동모금 등 지원단체 등이 나타났다.

(3) 확대기: 정부 주도하의 육성 시기(1950~1979년)

제2차 세계대전 후 자유진영의 대표적인 강대국으로 부상하였지만 냉전시기에 학생들의 반전운동, 흑인 민권운동, 소수인종들의 빈곤문제 등 사회문제가 등장하여 사회문제에 대한 해결책으로 자원봉사활동을 적극 추진하기 시작하였다(양점모 외, 2010).

1950년에는 자원봉사자사무국협회(Volunteer Bureau Association)가 조직되어 빈민 단체의 기능 강화를 위해 활동해왔으며 또 두 달에 한 번씩 간행물을 내기도 했다. 이로 인해 1940년, 50년대에 있어 자원봉사활동은 역사적인 자원봉사의 원천을 이루었다고 볼 수 있다.

1960대 이후 자원봉사를 확대하는 것이 공공정책의 목표가 되었다.

1961년 존 에프 케네디 대통령은 평화 봉사단법(Peace Corps Art)을 창설하였다. 이는 후진국 경제 및 사회개발은 해외의 오지·벽지·미개발된 지역의 사회개발을 위해 미국의 청년들을 동원하여 봉사토록 한 것이다. 또한 미국 내의 빈곤퇴치, 인간봉사 및 지역사회개발을 위한 미국의 청년들을 동원하여 봉사토록 하였다.

1963년 존슨 대통령은 미국 내 빈곤퇴치를 위해 위대한 사회 프로그램 정책을 실시하고, 비스타(VISTA: Volunteers in Service to America)를 창설하였다. 비스타(VISTA)는 현재 미국 인디언 지역, 대도시의 빈민가, 산악지대 등 미개발 지역에서 활동하고 있다.

미국의 자원봉사에 대한 정부의 지원은 1969년 공화당 닉슨이 집권하면서 보다 강화되고 정비되었다.

1970년 캘리포니아주는 미 연방 프로그램을 가진 최초의 주로 청소년 봉사단을 창설하였다. 1971년 닉슨 대통령은 민간 자원봉사 프로그램을 지원하기 위해서 정부 내의 독립기관인 액션을 창설하였다.

1979년에는 전국자원봉사활동 정보센터와 NCVA[4)]가 통합되어 전국시민참여센터인 volunteer(현대적 의미의 자원봉사)센터의 개념을 확립하는데, 특히 촛불재단과 통합하기 이전까지 50여 개의 자원봉사센터와 자원봉사자 활동센터를 기초로 하여 400개나 되는 자원봉사센터를 네트워크화하였다.

(4) 재정립기(1980~현재)

1980년에 미국은 연방정부의 복지비 부담이 점점 커질 뿐 아니라, 신연방주의운동이 일어 이러한 결과로 공공서비스 전달에 있어 효과적인 자원봉사자 참여에 대해 정부가 다시 관심을 가지게 되었다. 대통령이 바뀔 때마다 정책과 프로그램의 변화가 있었다. 중앙정부에서 지방정부, 민간의 책임이 강조되었다.

1990년대는 전국지역사회봉사법(National and Community Service Act)이 제정되어 자원봉사활동을 위한 법적 지위가 강화되었다.

1991년 부시 대통령은 촛불재단(POLP: Point of Light Foundation)을 창설하였다. 이웃을 위한 봉사활동은 천 개의 촛불과 같다는 의미로 이는 자원봉사

4) 전국자원봉사협회: National Center of Voluntary Action: NCVA, 1970.

에 정부와 교육계와 힘을 합친 단체이다. 1993년 클린턴 대통령은 전국자원봉사 신탁 기금법이라는 자원봉사를 위한 별도예산 기구로 설치하였다. 1993년에는 클린턴 행정부가 전국자원봉사 트러스트 법을 새로이 제정하였다. 정부 내 자원봉사활동 전담기구 설치 및 공공과 민간의 협력이 강화되었다. 공공서비스 분야에서 자원봉사기관의 활동이 활성화되고 기업 및 개인, 민간활동이 강조되었다.

3) 일본의 자원봉사활동

(1) 자원봉사 태동기(1950년대 이전)

일본은 메이지유신(1853) 후 신분제도의 폐지, 교육의 보급 등에 의해 자원봉사를 할 수 있는 인적자원들이 성숙할 수 있는 사회적 기반이 이루어졌다.

1896년에 빈민 자선구호 협회가 조직되어 빈민구제에 대한 자원봉사활동을 조직하였으나 활성화되기는 전후 복구사업과 더불어 혼란한 사회를 바로 잡고자 자발적인 지역활동이 일어난 1940년대이다.

전쟁 이전에 있었던 구제위원 제도를 1948년 민생위원 법으로 제정하여 민생위원을 두었다. 1949년 태풍의 피해로 동경대학을 중심으로 인보사업 운동이 전개되기도 했다.

일본의 자원봉사는 민생위원이나 공동모금은 순수한 민간의 자원봉사로 보기 어렵고 그 외에 빈민 자선 구호 협회나 학생의 인보활동이 있었으나 조직화되지 않은 형태를 보여주고 있다.

(2) 자원봉사 구축기(1950~1970)

패전 후의 혼란을 수습하면서 자원봉사에 대한 국민의 관심이 증대되면서 자원봉사활동 및 조직화를 위한 전국 차원에서의 노력이 행해지면서 구축되기 시작하였다.

1952년에 청년사회사업가 자원봉사조직에 의해서 최초로 자원봉사라는 말이 사용되었다. 시민운동, 공해반대 운동, 소비자운동 등에 자원봉사자들이 참여하기 시작 민간단체 중심의 자원봉사가 주축을 이루는 시기로 1950년 정부에 의해 민생위원제도가 만들어지고 1951년에 사회복지에의 시민참가조직으로서 사회복지협의회가 전국 지역에 창설되어 자원봉사활동의 적극적 추진을 위한 토대가 마련되었다.

1950년 이전부터 설립되기 시작한 사회복지시설, 기관의 발달, 사회보장제도의 확장, 노인복지법, 아동복지법에 따른 요보호자에 대한 제도 정비, 1951년 사회복지사업법이 제정되고 그에 따라 사회복지사무소가 개설되는 등 사회복지가 전문화되면서 사회복지 영역 중심의 자원봉사가 발전하였다.

1960년대는 자원봉사활동이 급속히 확장되었다. 1962년 이후 사회복지협의회에 선의 은행의 설치, 오사카자원봉사협회, 후지 자원봉사협회, 일본 청년봉사협회 등 민간 주도의 자원봉사사무국이 활발히 개설되어 운영되기 시작하면서 자원봉사활동 추진기관의 시대가 열리게 되었다.

1965년에 설립된 오사카자원봉사협회는 최초의 민간자원봉사협회로 교육·훈련에 주력하기 시작했는데, 이것은 일본자원봉사학교의 전형이 되었으며 자원봉사의 운영관리체계가 정비되었다고 볼 수 있다.

(3) 자원봉사 활성화기(1970~1990)

1970년 이전까지 대부분의 자원봉사활동자들이 대학생이었으나 그 이후 주부·취업여성·남자근로자 계층에까지 확대되어 모든 연령층에서 자원봉사자를 찾아볼 수 있게 되었다. 그뿐만 아니라 시민단체 그리고 기업들도 여가 시간에는 자원봉사활동에 참여하도록 권장하고 있다(양창삼, 1995).

1977년도부터는 자원봉사보험제도와 아동자원봉사사업으로 '복지협력교' 제도가, 1975년 일본의 사회복지 방향은 시설 중심의 복지에서 지역사회 중심의 복지시책을 추진하려고 하는 방향으로 변화되었다.

1979년은 서구형의 고복지, 고부담이라는 복지국가의 폐해를 방지하고 '일본형 복지사회'에 대한 구상이 실현되어 가는 시기이다.

'임시행정 조사회 행정개혁'에 의해 재택복지를 기본으로 한 지역복지의 활성화 및 복지의 유료화 및 상품화, 적극적인 자원봉사활동 실시 등으로 구체화 되므로 자원봉사 영역이 크게 확대되었다.

1986년도부터 후생노동성에 의한 '복지마을 만들기 사업'이 시작되어 각 단계의 자원봉사센터 조직을 강화함과 동시에 인력 확보를 위한 다양한 주민참여 형태가 나타나게 되었다(행정기관의 위촉을 받은 '유급 담당자'나 '유급 자원봉사'의 출현). 복지 서비스의 종류, 형태의 다양화, 공급 주체의 다원화, 실시권한의 분권화 등이 시도되고, 자원봉사활동을 생활 전반에 관계되는 활동으로 파악하여 자원봉사정책 영역이 확대되었다.

일본의 자원봉사활동의 시작으로는, 1989년 로마프리터지진[5]이 있다. 이때, NGO의 지원을 받아 대학생을 중심으로 38명의 자원봉사자가 미국 현지에서 활약했다. 이는 대학의 강연회 후에 강사가 자원봉사를 호소하자, 대학 측의 예상과는 반대로 그 자리에서 30명 이상의 참가신청이 나와 실현된 것이다. 현지에서는 먼 일본에서 자원봉사자가 왔다며 감사를 받았으며, 현지신문이 이를 큰 사진으로 넣어 다뤘으며, "구호는 돈밖에 내지 않는다"고 알려졌던 일본이 돈이 아니라 인적활동을 했다는 평을 받았다. 이는 일본의 국제적인 재해 원조활동으로서 큰 의미를 주고 있다(서울시 자원봉사센터, 2015).

(4) 재정립기(1991~현재)

1995년 한신·아와지 대지진(고베 대지진) 이전까지는 자원봉사자의 재난 재해 투입은 적었다. 사망자가 5,500명이 넘는 한신·아와지 대지진(고베 대지진)으로 인한 피해는 고베시 반경 100㎞ 안에서 집중적으로 발생하였으며 오

---

5) Loma PrietaEarthquake, 1989년 10월 17일, 미국 캘리포니아 북부에서 일어난 지진

사카(大阪)와 교토(京都)까지 확대되었다. 고베시의 피해가 가장 커서 흔히 고베 대지진이라고도 부른다.

출처: https://www.huffingtonpost.kr/2014/12/11/story

사진 4-1 고베 대지진

대지진 사건을 계기로 자원봉사활동을 둘러싼 사회적 지원의 바람직한 방향은 급속하게 정책과제가 되었고, 지원의 필요성은 사회적 합의가 계속되었다. 이 시기 일본은 자원봉사활동이 복지 분야에 한정되지 않고 생활 전반에 걸쳐 광범위한 분야에서 이루어졌다. 대부분 문헌은 이때를 일본 자원봉사의 기원으로 본다.

단체협의회(민간기관) 및 대학의 사회복지학과가 협력하여 각 분야별 볼런티어 전문지도자를 육성하였으며 자원봉사 조정자를 하나의 직업으로 여기게 되었다. 1980년대 후반부터 중앙정부에 의해 복지개혁이 추진되었으며, 1990년대에 들어가면서 40년 만에 복지관계 8법이 대폭 개정되었다.

1990년대 초부터 기업들이 회사 내의 자원봉사를 위하여 인적·물적 자원을 지원하는 등 태도의 변화를 가져왔다(자원봉사자 시상제도, 자원봉사활동을 위한 휴가제도, 포상제도).

일본은 1993년 5월 후생성(현재 후생노동성)은 전국사회복지협의회(전사협)로 하여금 '제1차 볼런티어 활동추진 7개년 계획'을 수립하도록 하였으며, 2001년 8월 2차 자원봉사·시민활동추진 5개년 계획이 수행되었다. 이러한 두 가지 중장기계획은 코디네이터의 확충, 폭넓은 볼런티어 네트워크 형성 등을 통해 야심 찬 '볼런티어 이상 국가(voluntopia) 건설을 목표로 한다. 자원봉사활동의 영역이 다양화되면서 장애인, 노인들의 참여가 증가되자, 안정된 서비스를 확보하기 위한 유상자원봉사자에 관해서 논의가 제기되기 시작하였으며, 시민 측에서는 비영리 조직(NGO)에 대한 관심이 증가하여, 자원봉사활동을 포함한 시민 공익활동을 지원한 사회기반 정비를 위한 연구, 제언이 많이 행해지면서 면세조치, 법인인가의 규제 완화 등의 문제가 제기되고 있다.

2 한국의 자원봉사 역사와 현황

우리나라에 현대적 의미의 자원봉사활동이 도입된 계기는 기독교 사상을 바탕으로 한 대한 YMCA 연맹(1903)과 인도주의 정신에 입각한 대한적십자사(1905) 등 각종 사회단체의 설립이다. 1980년대 들어 아시안 게임과 올림픽 게임의 개최로 자원봉사활동이 비약적인 발전을 했다. 그러나 아직도 전체적인 참여도는 선진국에 비해 상당히 낮은 수준이며, 자원봉사활동에 대한 교육과 훈련 그리고 관리가 제대로 이루어지고 있지 못하고 있다.

그 후 지역사회 개발 운동, 새마을운동이 전개되며 자원봉사활동이 활성화되었으며, 커다란 국제적 행사나 대형사고, 자연재해를 통해 자원봉사에 대한 전 국민적 인식이 높아졌다. 자원봉사의 활동 영역으로는 사회복지 분야와 지역사회개발, 보건 의료서비스 분야, 환경보전 및 자연보호, 교육, 범죄예방, 청소년 선도, 교통 및 기초질서, 재해 재난관리 및 구조, 문화예술, 체육, 소비자 보호 등 지역복지 증진에 필요한 봉사활동으로 다양하다.

자원봉사에 대한 개념은 시대변화나 사회문화적 배경에 따라 다양하게 이루어지고 있다. 과거에는 사회복지활동에 관련된 조직이나 기관에서 무상으로 서비스를 제공하는 활동으로 정의하는 것이 일반적이었으나, 최근에는 사회복지 영역 위주의 활동만이 아닌 지역사회 전체의 복지수준 향상에 기여하는 시민활동으로 인식하는 경향이 지배적이다. 최근 지방자치의 실시로 자원봉사에 대한 관심은 더욱 고조되어 있다.

1) 자원봉사활동의 발달과정

삼한시대 두레, 품앗이, 공굴 등은 전통적인 지역사회 봉사활동이며, 이는 고려시대 의창, 조선시대 고지로 이어졌다.

조선시대의 서민 중심으로 했던 계(契)와 중산층 사회의 향약(鄕約)도 전통적 지역사회봉사의 배경이다. 두레는 촌락 단위로 조직된 성인 남자들의 작업 공동체로 협동과 공동 오락, 사회적 약자에 대한 노동력을 제공한 것에서 자원봉사의 뿌리를 엿볼 수 있다. 특히, 사회적 약자(과부, 병자, 노인 등)와 같이 노동력을 상실한 사람들의 농지에 대해서는 작업 공동체의 목적에 부합되게 무상으로 노동력을 제공했고, 가진 자와 못 가진 자가 서로 어울려 평등한 관계를 형성해 가는 등 오늘날의 자원봉사가 지닌 궁극적 목표를 구체적으로 실천했던 대표적인 역사적 활동이다.

표 4-1 전통적 자원봉사활동 내용

구분	내용
두레	촌락 단위 조직이며, 성인 남자들의 직업공동체
부근	집을 신축하거나 10세 이하의 아이가 죽었을 때 도와줌
향도	마을에 흉사가 있을 때만 무보수로 봉사하는 일종의 장의 봉사
부조	과부, 홀아비, 노인, 화재를 당한 집을 고치거나 정리
향약	친화 친목으로 한 자발적 협동조직
고지	궁핍한 사람들이 형성한 공동체
품앗이	노동력을 주고받는 마을공동체로 기본 나눔 형태
계	상부상조의 관행. 목적에 따라 다양

출처: 이종복 외(2008: 309) 재인용.

(1) 도입기(1900~1950)

우리나라 자원봉사활동의 역사는 미국이나 영국에 비해 비교적 짧은 편이다. 우리나라에 자원봉사활동이 도입된 것은 1903년 한국기독교청년회(YMCA)의 창립을 계기로 비롯되었다고 할 수 있다. 그 후 인도주의 정신에 입각한 대한적십자사(1905) 등 각종 사회단체가 창립되어 자선적 박애활동을 벌였다. 이들 단체들은 당시 교육받은 청년, 여성들을 중심으로 하여 농촌계몽활동, 야학, 여성교육 등 각종 사회운동을 피도록 자원하였다.

1921년에는 마이어스(M. D. Myers) 선교사에 의하여 태화 기독교사회관이 설립되었다. 우리나라 최초의 인보관을 태화기독교 사회관으로 보는 경우가 있는데, 1906년 감리교 선교사인 메리 놀스(Mary Knowles)가 설립한 원산의 반열방이 우리나라의 최초의 인보관으로 보고되고 있다(사회복지용어사전, 2013).

인보사업은 점차 전국적으로 퍼져 원주 사회관(1926), 동부인보관(1928), 유린 사회관(1930), 마포 인보관(1936), 인천사회관(1947) 등이 속속 설립되었다. 그러나 조선총독부에 의하여 설립된 인보관들은 1945년 일본 패망과 함께 1954년에 일제히 폐관하게 되었고, 순수한 종교적 동기에 의하여 설립된 사회관만이 그 명맥을 유지하였다. 이들 인보관들은 이후 대한적십자사를 비롯한 사회단체들과 함께 자원봉사자들을 모집하여 불우이웃 돕기, 환경개선, 민중교육을 위해 앞장섰으며, 인본주의자와 자원봉사 정신을 육성하는 데 크게 기여하였다.

1950년대와 1960년대에 이르러 종전까지 산발적으로 전개되었던 자원봉사활동이 YMCA, YWCA활동으로 활발히 전개되었고, 인도주의 차원의 적십자운동을 중심으로 보다 조직적으로 활성화 되었다(류기형 외, 2009: 82).

(2) 발전기(1960~1980)

전쟁 복구가 끝나면서 1960년대에는 그동안 산발적으로 전개되어 왔던 민간 사회단체의 자원봉사활동이 보다 체계적으로 재구성되기 시작했다. 21개의 사회복지 관계 법령과 전쟁 중에 들어온 외국 원조단체들의 활동은 자원봉사활동의 제도화·체계화 작업에 큰 영향을 미쳤다. 국내사회봉사단체나 복지시설에서 단체의 활동사업에 자원봉사인력을 본격적으로 동원·활용하기 시작한 것은 대체로 1970년 이후인 것이다. 이를테면 지역사회학교후원회(1969), 사회복지법인 생명의 전화(1976), 한국 사회복지 협의회(1978) 등에서 자원봉사자를 위한 교육과 훈련을 실시함으로써 자원봉사활동의 양적 확대 및 질적 향상을 도모하였다. 또한 1978년부터 한국사회복지협의회는 전국 5개 지역에 사회봉사안내소를 개설하여 자원봉사자 모집 및 교육을 통한 양성, 배치, 사후지도 등 자원봉사활동의 조정 기능을 수행하였다.

1970년대 농촌계몽 운동, 새마을운동으로 사회봉사활동의 영역이 확대되었으며 1979년 2학기부터 강남대학교 사회사업학과에서는 처음으로 자원봉사론이라는 과목을 개설하여 교과목에 배정하면서 사회복지학과가 설립된

다른 대학에서도 점차 자원봉사론을 개설하여 강의하기 시작하였다.

1978년에는 전국 5개 지역의 사회봉사 안내소가 설치되었고, 자원봉사활동에 대한 관심이 높아지기 시작한 것은 1980년대에 들어오면서부터이다. 1980년에 이르러서는 경제성장이 급속히 진행되고 국민들의 의식구조가 변화하게 되면서 많은 사람이 자원봉사활동에 관심을 갖게 되었다. 1984년에는 한국 여성 개발원에 자원봉사 인력은행이 설치되었으며, 1985년에는 올림픽 조직위원회에 의해 자원봉사단이 구성됨보다 조직적으로 자원봉사활동이 전개되었다. 특히, 1986년 아시안 게임과 1988년 올림픽 개최는 자원봉사를 인식시키고 확산시키는 데 기여하였다.

(3) 확대기(1990~현재)

1990년대에 접어들면서 우리나라의 자원봉사활동은 도약기를 맞이하였다. 한국자원봉사단체 협의회(1991)가 결성되었고, 1992년 보건복지부는 한국사회복지관 협회에 전국 사회복지관부설 재가복지봉사센터의 관리업무를 위탁했다. 1994년에는 자원봉사 관련으로 전산정보 체계 구축, 자원봉사 지도자 교육, 자원봉사활동 조사 연구 및 교재 발간, 홍보 정책 건의를 목적으로 하는 사회복지협의회 부설 사회복지 자원봉사정보안내센터가 설립되었다.

대학 가운데에서는 한양대학교가 사회봉사단(1994)을 결성하여 사회봉사를 과목으로 개설하였으며, 이어 덕성여대, 한남대, 계명대, 동덕여대, 건국대 등에서도 자원봉사과목을 신설하였다. 그리고 기업체 중에서는 삼성그룹이 그룹차원에서 '삼성봉사단'(1994)을 만들고 사원들의 자원봉사를 인사고가에 반영하고 향후 2천억 원을 조성하였다. 언론기관으로는 중앙일보사에서 '봉사로 기쁨 찾기'라는 캠페인을 전개시켜 자원봉사의 중요성을 인식하게 하고 이를 활성화하는 데 큰 기여를 하였다. 중앙일보사의 자원봉사 캠페인은 1995년 교육부에서 실시한 5·31 교육계획안에서 중고등학생을 자원봉사활동에 의무적으로 참여시키는 결과를 가져왔다. 정부도 공익자원봉사진흥법을 확정하고 '5·31 교육개혁안'에 중고등학생의 자원봉사활동에 관한 사항을 '종합생활기록부'에 기록하도록 함으로써 청소년 자원봉사활동에 대한 제도적 기반을 마련하였다. 한편 서울시 교육청에서는 1995년부터 중학교 1학년 학생들에게 연간 40시간의 자원봉사활동을 의무화하고 공항고등학교, 북서울중학교, 개원중학교 등 3개교를 자원학교 시범학교로 지정하여 운영하였다.

이후 자원봉사활동은 우리 사회 전반으로 확산되어 보건복지부 지원 아래 자원봉사정보 안내센터가, 여성 특위 지원 아래 여성 자원활동 센터가, 행정자치부 지원 아래 종합자원봉사센터 등이 전국에 설치되었다. 또한 사설 기관으로 한국자원봉사포럼, 볼런티어21, V-타운운동 등 자원봉사 전문 단체들이 등장하였다.

자원봉사에 대한 시민참여가 확산됨에 따라 자원봉사를 체계적으로 지원하고 자원봉사자를 보호하기 위한 법적 근거를 마련코자 '자원봉사진흥법안'을 추진하였고, 2004년 6월 자원봉사활동 기본법이 제정되고 2006년 자원봉사활동 기본법 시행령이 제정되어 자원봉사의 법적 기반을 정비하게 되었다.

2002년 월드컵, 2007년 '삼성중공업 원유 유출사고'[6] 등 국가적 중대 사건들을 계기로 국민의 자발적인 자원봉사 참여운동이 확대되었다. 특히 인터넷의 급속한 이용으로 많은 젊은 층이 동호회나 친목회를 통해 자원봉사에 동참하게 되었다. 자원봉사활동은 이제 범사회적 운동이며, 남녀노소 구분 없이 모든 계층이 고루 참여하고 있는 국민운동으로 자원봉사활동 발전은 이루었으나 시민들의 적극적인 참여는 활성화되지 못하였다.

6) 강금실 위원은 태안이라는 지역으로 인한 주민들 피해를 고려해 삼성중공업 기름유출사고라 명해야 한다고 함(http://news.khan.co.kr/kh_news/khan).

2) 자원봉사활동의 현황 및 추세

아직까지 우리나라는 자원봉사자의 실태도 정확히 파악되지 않는 초보적인 단계이다. 보건복지부에서는 순수 사회복지분야 자원봉사자를 전체 시민의 약 1% 수준인 40만 명으로 추산하고 있다. 그중 여성이 70%이고 여러 가지 이유로 인해 탈락되는 사람이 많다고 한다. 그리하여 1년 미만에 탈락하는 사람은 전체의 58%나 된다고 한다. 우리나라 자원활동자의 특성을 살펴보면, 주로 20대층이 절대적인 비율을 차지하고 있으며, 교육수준은 98% 이상이 대학 재학 중이거나 대학 이상의 졸업자로 교육수준은 상당히 높은 편이다. 직업분포를 보면 학생이 89%로 가장 많고, 가정주부가 5% 전문직이 3% 미만으로 나타났다. 종교인이 53.3% 비종교인은 46.2%로 종교인이 더 높은 비율을 차지하고 있다.

한편 대부분의 자원봉사 기관에서 교육, 훈련을 실시하고 있으나 시간, 내용 및 시설에 있어서 다소 부족한 점이 있는 것으로 드러났다. 또한 자원활동 지망자에 대한 교육시간은 10시간 미만이 다수였으며, 교육내용은 봉사활동과 관련된 전문지식, 일반지식 및 교양으로 비교적 충실하게 구성되어 있으나 아직도 30% 정도의 기관에서는 이를 제대로 실시하고 있지 못하고 있다. 이 밖에 교육 이수 후 시험 등의 자체평가를 하거나 자격증 교부 등의 사회적 공인체제를 갖추고 있는 기관은 그다지 많지 않은 것이다. 또한 대부분의 자원봉사기관은 재정적인 영세성을 면치 못하고 있으며, 전체 예산 중 자원봉사활동에 할당된 예산은 미미한 정도에 불과하다. 따라서 대부분의 기관이 재정문제로 인한 어려움을 겪고 있는 실정이다.

3) 자원봉사활동의 정부의 지원체계

최근 자원봉사활동에 대한 국민적 관심이 커지고 정부도 자원봉사활동의 중요성을 인식하면서 이에 대한 다각적인 활성화 방안을 검토하고 있으며,

일부는 이미 실행 중에 있다. 자원활동과 관련된 중앙행정부서는 행정안전부, 보건복지부, 여성가족부, 문화체육부가 있다. 보건복지부에서는 1987년 한국사회복지협의회 부설 '사회봉사안내소'를 설치하여 자원봉사자 교육사업을 실시하고 각 사회복지시설기관에 자원활동자를 배치한 것을 필두로 1991년에는 자원봉사자 육성사업을 위해 사회복지협의회 내에 '지역 복지봉사센터'를 설치하였다. 1994년에는 자원봉사 관련 전산정보체계 구축, 자원봉사 지원자 및 지도자 교육, 자원봉사활동 조사연구와 교재 발간, 홍보, 정책 건의를 목적으로 하는 사회복지협의회 부설 사회복지 자원봉사 정보안내 센터를 설립하였다. 여성문제를 담당하는 여성가족부에서는 여성 유휴인력의 활용과 여성의 사회참여 확대 및 지역사회복지증진을 목적으로 1984년 '여성자원봉사 인력은행'을 설치, 운영하면서 자원봉사자의 교육, 배치사업을 수행하고 있다. 또 1995년에 한국 청소년협의회에 '청소년 자원봉사센트'를 부설하여 예산을 지원하고 있다. 최근에는 자원봉사진흥원이 체계적으로 국가계획수립을 수행하고 있어 정부의 지원체계도 급속도로 팽창하고 있다. 그러나 너무 짧은 시일에 정부의 지원활동이 늘어나다 보니 지원인지 주도인지 불분명하며, 각 부처 간의 갈등과 대립이 이루어져 행정체계 간의 혼란이 있다. 앞으로 자원봉사에 대한 다양한 부처의 활동들이 연구 및 협력체계로 구축해 나간다면 정부 차원의 지원 또한 적절한 지원과 인력지원이 이루어질 것으로 기대한다.

Chapter **05**

우리나라 자원봉사활동현황

학습목차

1. 자원봉사활동현황
2. 자원봉사의 인구학적 특성
3. 사회복지와 자원봉사활동
4. 자원봉사활동의 지원체계

1 자원봉사활동현황

자원봉사는 하는 사람이 따로 있는 것처럼 생각하기 쉽다. 그래서 자원봉사를 그렇게 하는 사람들만의 관심으로 외면하는 경우가 많다. 그러나 자원봉사는 남녀노소, 각계각층이 고루 참여해서 작고 쉬운 일부터 크고 어려운 일까지 해내는 사회적 운동으로 발전되고 있다. 최근의 동향은 단순노동에서 전문봉사활동으로 두드러진 변화가 진행됨에 따라 자신의 재능과 특기를 봉사활동으로 활용하려는 전문봉사자의 확대는 자원봉사 참여의 새로운 동기가 되고 있다. 그럼에도 학력이나 재능이 부족한 사람들, 특히 소외층의 참여에 대해서는 부정적인 동기로 작용되고 있다. '노블리스 오블리주'도 중요하지만 계층 구분 없이 고루 참여하는 '참여의 평등'문제도 중요하다고 볼 수 있다.

1) 우리나라 자원봉사활동의 현황

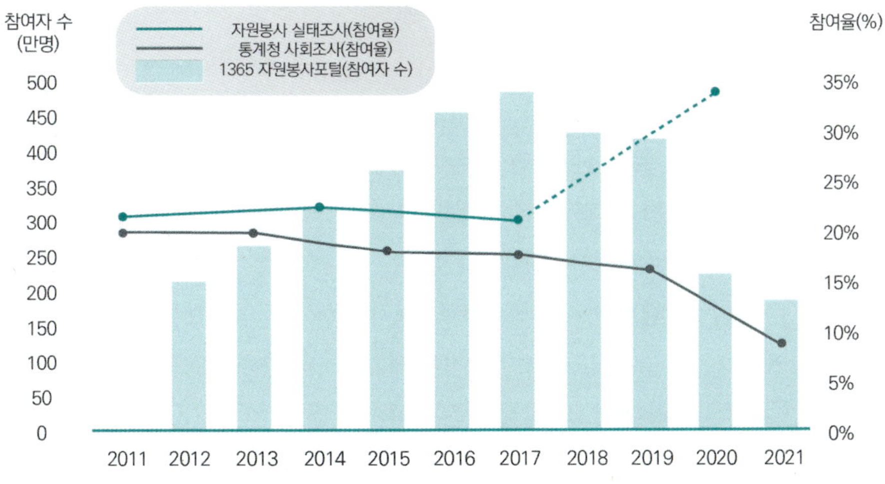

출처: 국가기본계획4차

그림 5-1 자원봉사 참여 수 (1365포털 참여자 수)

자원봉사진흥국가4차 기본계획안을 보면 지난 10년간 자원봉사 참여율은 감소추세이다. 코로나19에 따른 사회적 거리두기 강화로 인한 제한적인 원인이 있었으나 교육제도 변화 또한 학생자원봉사자의 대폭 감소가 있었다.

자원봉사센터에 등록한 자원봉사자는 1,495만 명(전체 인구 5,143만 명의 29%)이다. 그러나 실질적으로 활동한 인원은 190만 명(등록 인원 1,495만 명)으로 등록인구의 12.7%만이 실질적으로 활동하고 있는 것으로 나타났다. 이는 민간단체에 의한 봉사활동을 제외한 숫자로 실제 자원봉사 활동 참여인구는 이보다 크게 상회할 것으로 예상된다.

자원봉사진흥 제3차 국가기본계획(2018-2022) 시 수립한 자원봉사 진흥정책을 통해 우리 상황에 맞는 사회적·행정적 지원체계를 구축해 왔으나 자원봉사 활동이 더 확대되고 정착되는 데는 여전히 한계가 있는 것이 현실이다.

우리나라 자원봉사활동은 공동체 의식의 재발견과 시민의식의 향상에 따라 빠른 속도로 성장하고 있다. 20세 이상 성인을 대상으로 한 전국 조사에서 1999년에는 14%였던 자원봉사자의 비율이 2005년 이후 20% 이상을 꾸준히 유지하고 있으며, 2014년에는 22.5%로 성인 5명 중 1명은 자원봉사활동에 참여하고 있다.

그러나 이를 지원하고 정착시켜 나갈 제도적 장치가 미비해 자원봉사 참여자들의 중도 탈락, 효과성 측면에서 다양한 문제점을 드러내고 있다. 자원봉사자를 육성, 지지하는 각종 자원봉사센터의 역할과 정부 지원의 미흡 등 효율성 측면에서도 문제가 나타나고 있다.

이러한 문제를 해결하기 위해 2005년 자원봉사활동 기본법을 제정하여 우리 상황에 맞는 사회적·행정적 지원체계를 구축해 오고 있다. 그러나 자원봉사활동이 더 확대되고 정착되는 데는 여전히 한계가 있는 것이 현실이다.

표 5-1 주요자원봉사센터활동에 대한 기본적인 사항

센터명	자원봉사센터	여성 자원활동센터	사회복지 자원봉사센터	청소년 활동진흥센터	학생봉사활동 정보안내센터
설치근거	자원봉사활동 기본법	여설발전기본법	사회복지사업법	청소년기본법	지침
설치단위	시 · 군 · 구	시 · 군 · 구	시 · 도	시 · 도	198개 대학
담당부서	행정안전부	여성가족부	보건복지부	보건복지부	교육부

출처: 행정안전부(2021).

표 5-1은 주요자원봉사센터의 현황을 보여준다. 행정안전부의 비영리 민간단체 등록현황에 따르면 행정안전부(137), 보건복지부(140), 환경부(100), 문화체육관광부(96), 외교통상부(770) 등 총 33개 중앙부처에 845개 비영리 민간단체가 등록되어 활동하고 있으며, 전국적으로 자원봉사센터에 등록하지 않고 자원봉사활동을 하는 종교 단체와 민간단체를 포함할 경우 4만여 개가 될 것으로 추정하고 있다.

자원봉사진흥 제3차 국가기본계획에는 여러 자원봉사 정보시스템 내에 축적된 활동실적을 연계하여 중복 없이 관리하는 통합실적 DB 구축을 추진하여 자원봉사포털 간 로그인이 연동되어 관리되고 있다.

2) 자원봉사 발전지수

자원봉사활동의 '질적' 수준은 어떻게 측정될 수 있는가? 질적 수준의 지수로 무엇을 꼽을 수 있는가? 자원봉사활동의 양적, 질적 수준을 종합한 것을 '자원봉사발전지수(volunteering development index)'라 한다. 자원봉사 발전지수는 기본적으로 자원봉사자의 수, 활동시간뿐 아니라 다양한 계층의 고른 참여, 그리고 자원봉사의 철학적 기초가 되는 자발성과 무급성 등을 우선 꼽을 수 있다.

우선적으로 행정안전부의 1999~2017년 기간의 비교 가능한 자료들로 자원봉사 발전지수를 구성해보면, 아래와 같이 1) 참여율, 2) 활동시간, 3) 만족도, 4) 자발성, 5) 균등참여 등 다섯 가지를 제시할 수 있다. '무급성'도 발전지수에 포함되어야 하지만, 시계열 자료가 부족해 제외되었다(행정안전부, 2017).

① 참여율은 가장 많이 활용하는 지표로 양적 성장의 핵심 지표[1)]이다.

② 활동시간은 자원봉사가 '소중한 시간을 투자하는 활동'이라는 질적 수준의 핵심 지표로, 지난 1년간 자원봉사자의 전체 활동시간을 활용한다.

③ 만족도는 자원봉사자의 주관적인 활동 만족도 지표로, 지난 1년간의 자원봉사활동에 만족하는지에 대한 평가점수이다.

④ 자발성은 자유의지의 지표로, 자원봉사자 중에서 어느 정도가 '자신이 원해서 활동'을 했는지 설문을 통해 조사한 비율을 보여준다.

⑤ 균등 참여는 저학력 층의 참여율로, 계층 간 고른 참여의 균등화를 지향하는 지표로, 중졸 이하 학력의 자원봉사자 참여율을 활용한다.

3) 자원봉사센터 운영현황

한국중앙자원봉사센터 확대·개편 등을 포함한 다양한 운영형태의 자원봉사 전담지원기구를 운영하여 전국적인 인프라를 구축하여 지역사회 환경변화 및 사회적 요구에 부응하기 위하여 자원봉사 직영 운영 및 법인 운영 등 운영처의 설립을 확대하여 재정안정을 추진하였다(그림 5-2).

---

1) 햄버거(Hamburger)는 사회지표를 '기초욕구를 얼마나 충족시키고 있는지, 즉 삶의 질을 측정하는 척도'라고 정의함. 지표는 지수의 분포도를 말함

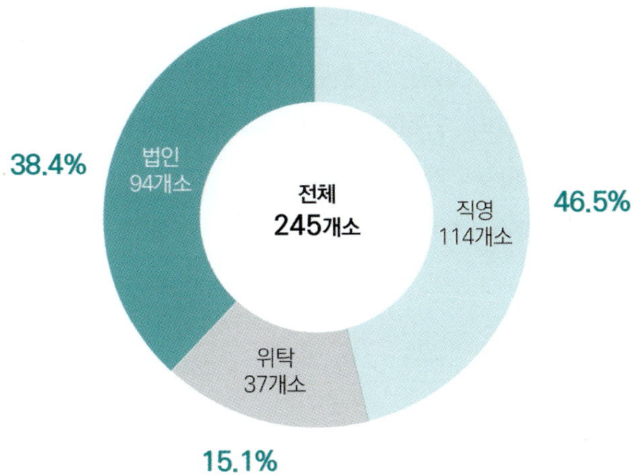

출처: 자원봉사현황(2023).

그림 5-2 자원봉사운영형태

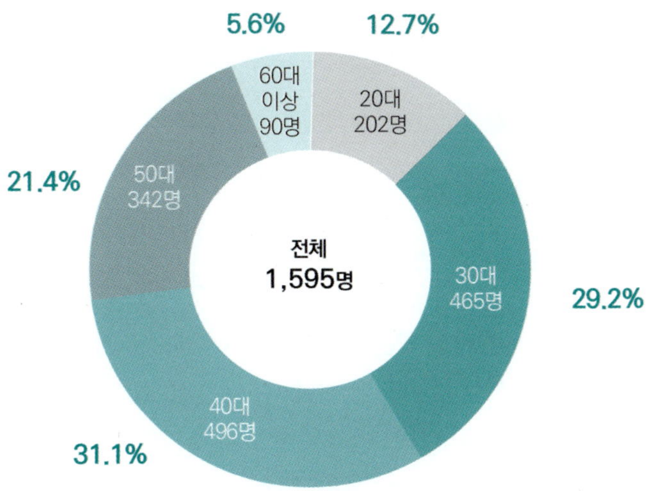

출처: 자원봉사현황(2023).

그림 5-3 인구 규모별 근무인력 현황

'자원봉사진흥 3차 기본계획에서는 베이비 부머·신중년층(5060)에 특화된 활동프로그램을 확대하기 위한 신중년 봉사단체를 지원하였다. 그림 5-3의 인구 규모별 자원봉사센터 인력을 보면 제4차 자원봉사 진흥계획에서도 신중년층의 봉사발굴이 활동 및 운영지원이 자원봉사활동의 큰 역할을 한 것으로 분석된다(자원봉사현황, 2023).

4) 자원봉사 참여율

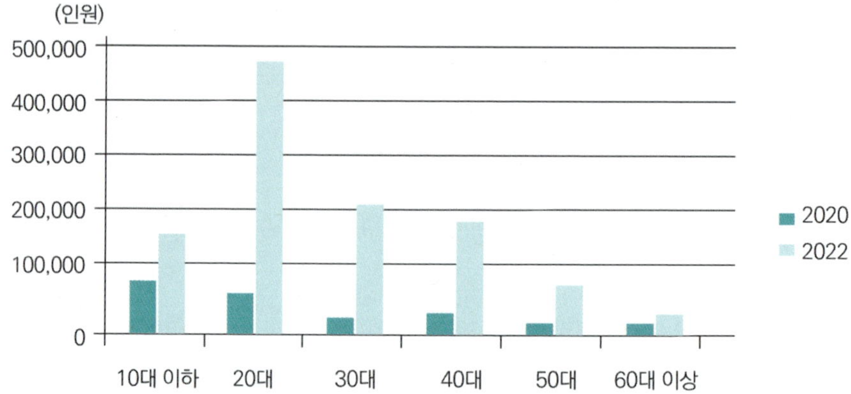

출처: 자원봉사현황(2023).

그림 5-4 연령별 자원봉사 현황 변화 (2020 vs 2023)

행정안전부가 1999년부터 3년에 한 번 시행하는 자원봉사 참여에 관한 시계열 조사를 보면 코로나19가 유행하기 시작한 2020년엔 223만3767명으로 반토막이 났다. 2020년 연령대별 자원봉사 현황표 그림 5-4를 보면 10대에서 20대의 자원봉사자가 가장 많이 줄었다. 코로나19 사회적 거리두기가 완화되기 시작한 2022년 다시 5%가량 늘었지만 2020년 대비 2022년 모든 연령층에서 자원봉사의 참여도가 줄어들었다는 것은 사람들의 삶에서 여유가 사라지고 있다는 방증이라는 지적도 나온다.

2 자원봉사자의 인구학적 특성

1) 성별

2023년 자원봉사 등록현황 현황을 보면 남성이 43.2%, 여성이 56.8%로 여전히 여성의 자원봉사 등록비율이 높다. 남성은 직장 생활, 생계 활동으로 자원봉사 참여가 다소 위축되었다고는 하지만 여성 또한 등록현황 그림 5-5 만큼 참여비율은 높지 않다.

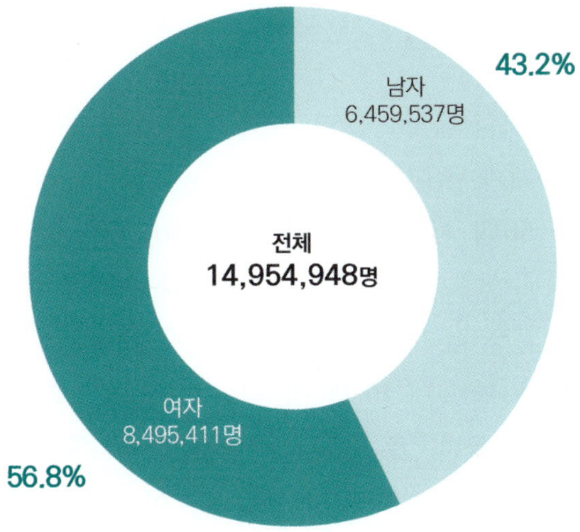

출처: 자원봉사현황(2023).

그림 5-5 남녀 자원봉사 등록비율(2023)

2) 연령

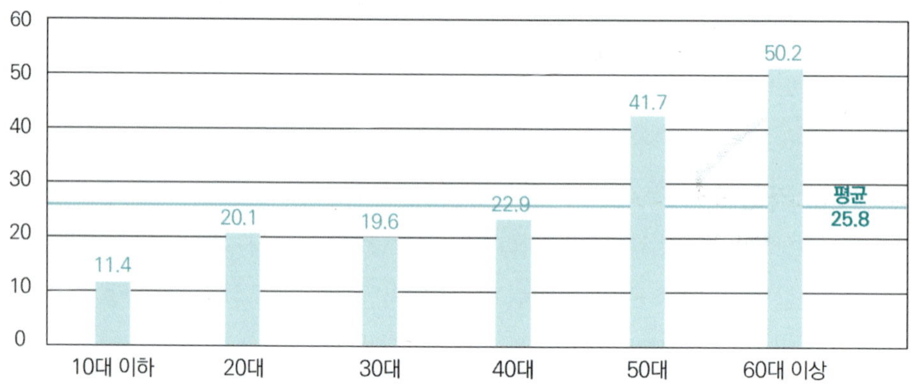

출처: 자원봉사현황(2023).

그림 5-6 연령별 연간 평균 봉사 시간(연령별)

연령별 봉사활동 시간을 보면 50~60대의 참여가 가장 높다. 가장 높은 비율을 차지했던 20대가 줄어들었고 30대는 여전히 낮은 비율을 차지한다는 것이다. 무엇보다 50대 이상의 자원봉사활동이 높은 것은 자원봉사 3차 기획안을 통해 자원봉사에 참여하는 등 직업이나 취미를 자원봉사에 관련시켜 활동하는 경우가 가장 높기 때문인 것으로 나타난다.

60세 이상 노인층 참여는 50.2%이다[2]. 이중 의료보건 참여가 여전히 많은 부분을 차지하고 있다. 보건업무는 병원 간병·위문공연 등 실내에서 할 수 있는 일이 대부분이다. 최근 병원에서는 아픈 어린이에게 책 읽어주기 프로그램을 진행한다. 어르신들의 목소리는 아이들에게 편안함과 안정감을 제공해 주고 아이들의 지루함을 달래주는 데 좋다. 이들 토대로 4% 증가하여 21.2%로 전 연령층 평균에 근접한 것은 긍정적인 변화이다.

2) 1365 포털 사이트(2023).

3) 성–연령

성-연령을 연도별 분석한 결과를 주목해 볼 만하다. 분석결과 30대가 가장 낮고 50~60대 가장 활동적이라는 것은 **그림 5–7**을 통해 알 수 있다.

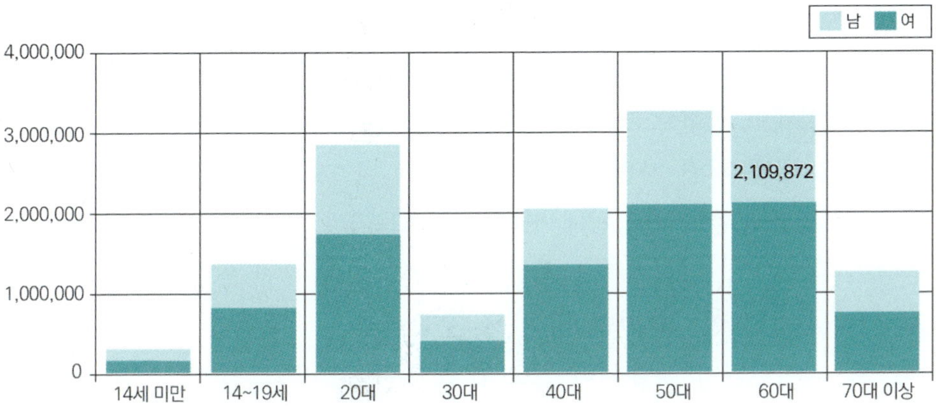

출처: https://www.1365.go.kr/

그림 5–7 2022년 성–연령별 자원봉사 활동현황(2022)

자원봉사 실태조사를 통해 분석된 자원봉사 참여 참여율에 대한 세부결과를 보면 30대의 남자 자원봉사 참여는 낮지만 남자 자원봉사자들의 생활편의지원이 여성보다 높게 나타난다. 이는 기업에서 사회공헌 프로그램을 많이 진행하면서 임직원들의 자원봉사 참여[3)]와 사내동아리 차원에서의 활동이 높았기 때문이라는 결과가 있다. 남성들도 기회가 주어지면 사회참여활동이 높음을 알 수 있는 것으로 30대의 사회참여를 높이기 위해서는 기업 차원의 노력이 필요하다고 생각된다. 기업의 자원봉사활동은 기업의 사회적 경제적 목적을 달성하게 도와주고 근로자의 욕구를 충족시키는 역할을 하고 있어 기업 차원에서 전략적인 개입은 매우 중요하다.

3) 아젠다형 기업자원봉사컨설팅워크숍교재: 기업 57.2% 임직원 자원봉사 참여

4) 소득수준

소득에서도 고소득층 참여가 높고 저소득층 참여는 낮은 추이가 지속되고 있다. 2011년과 2014년에 이어 2017년에도 고소득층이 가장 높은 참여율을 보여주지만, 월 소득 400만 원 이상 고소득층의 참여는 다소 줄었다.

2014년에 비교하면 월 소득 199만 원 이하 저소득층 참여는 계속 줄고, 중저소득층의 참여는 늘었지만, 300~399만 원 중소득층 참여는 크게 줄었다. 경기침체의 영향으로 자원봉사 참여가 위축된 것으로 보여진다. 2022년 코로나19 대응 관련 자원봉사의 경우 실외 마스크 착용 및 거리두기 해제 등 코로나19 상황이 안정됨에 따라 방역소독이나 공공장소 검역 지원 등의 활동이 감소하고, 일상회복을 위한 지역사회 회복 관련 활동이 늘어난 것으로 나타났다. 또한, 2020년 12만 명 수준이었던 기후위기 대응 활동은 큰 폭으로 참여인원이 확대되어 2021년 359,449명, 2022년에는 576,408명이 참여한 것으로 조사되었다. 참여율은 소득수준이 낮을수록 줄고, 소득수준이 높을수록 늘고 있는 추세를 보여준다. 월 소득 199만 원 이하의 저소득층 참여는 줄고, 월 500만 원 이상 고소득층 참여도 줄고 있는 추이를 엿볼 수 있다. 소득계층별 참여 불균형이 지속되고 있다.

교육을 많이 받은 사람들, 소득수준이 높은 사람들이 더 많이 참여하고 있다는 것은 대부분의 국가들에서 경험적으로 확인되고 있다. 유럽 대부분의 국가들, 미국과 일본에도 거의 일치하고 있다. 그러나 한국의 상황은 '노블리스 오블리주'에 대한 실천이 다소 낮은 것으로 나타난다.

표 5-2 2023년 직업별 자원봉사 활동현황

구분	계	초중고생	대학(원)생	사무직	자영업	전문직	공무원	농수산업	주부	군인	서비스직	무직	기타
실인원	1,906,936	354,049	122,942	43,993	30,693	39,854	33,129	4,799	95,635	4,228	23,914	13,337	1,140,363
연인원	14,879,841	1,559,073	701,543	282,811	449,872	392,922	165,589	62,377	1,262,114	28,159	278,551	160,100	9,536,730
1인당 참여 횟수	8	4	6	6	15	10	5	13	13	7	12	12	8

출처: 자원봉사현황(2023).

직업별 자원봉사 활동현황을 보면 전문직과 자영업, 관리직의 참여가 가장 높고, 반면에 사무직, 판매·서비스직, 생산직의 참여는 늘지 않고 줄어든 특징이 엿보인다.

농어민의 참여는 조사대상자 샘플 수가 작아서 비율이 높게 나오지만 계층 간 참여의 불균등이 심화된 추세는 앞서 분석한 교육과 소득수준별 계층 사이의 불균등 추세와 일치한다.

5) 분야별 자원봉사 현황

2023년 기준 1365 포털사이트의 분야별 자원봉사현황을 보면 가장 많은 참여율을 차지하는 봉사활동은 생활편의(26.6%), 문화행사(14.2%), 환경보호(10.9%), 안전·방범(8.1%)의 순이다. 여가 시간의 비중이 커지고 있는 만큼 봉사활동에 대한 참여율도 매년 상승하고 있지만 국제화 주류에 맞는 시민단체들의 활동은 낮은 것을 알 수 있다. 봉사에 대한 사람들의 관심을 끌기 위해서는 더 많은 노력이 필요하며 각 연령대의 특징을 분석하여 그들의 관심을 자극할 수 있는 프로그램을 마련하면 더 높은 참여율을 기대할 것으로 보인다.

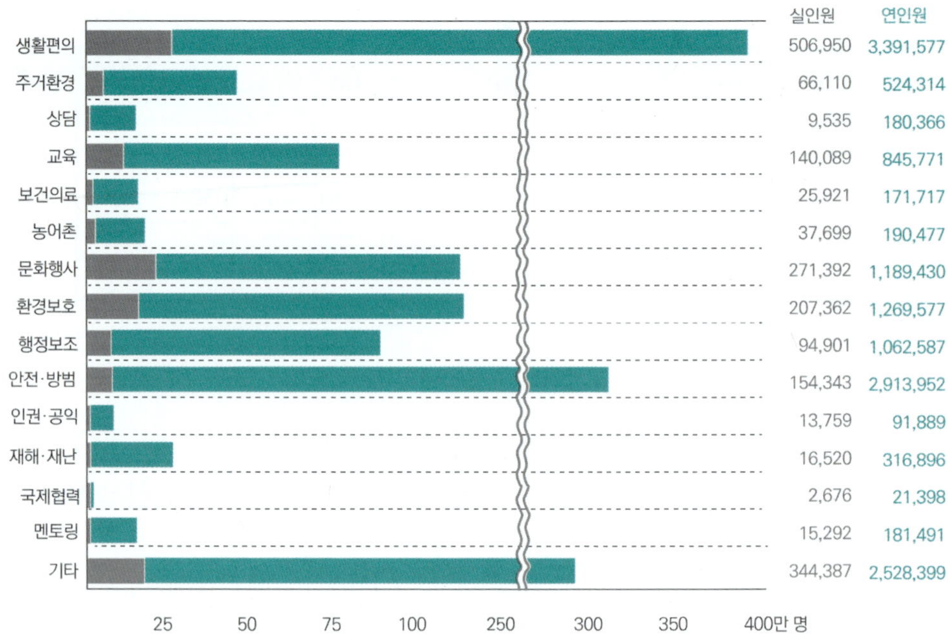

출처: 자원봉사현황(2023).

그림 5-8 분야별 자원봉사현황(2022)

3 사회복지와 자원봉사활동

사회복지는 인간의 안녕을 추구하는 사회적 인간적 노력의 총칭이다. 즉, 국민들의 인간다운 삶을 보장하기 위해 사회생활의 곤란과 문제를 개인적, 집단적, 지역사회 수준에서 예방하고 보호하며 치료, 회복하기 위한 총체적 체계이다.

사회복지와 자원봉사의 관계는 한마디로 인간의 생존과 정상의 정신과 실천이라고 할 수 있다. 즉, 사회복지는 정신이고 자원봉사는 실천이다.

그러므로 자원봉사는 사회복지의 이상과 철학을 실천하는 것이다. 결국

사회복지는 인간 사랑의 학문 영역이며 자원봉사는 사랑의 실천이다.

1) 자원봉사활동의 가치

한국사회가 자원봉사를 필요로 하는 이유도 역사와 전통뿐 아니라 복잡다양한 현실에서 제기되는 여러 근거들에서 찾을 수 있다. 그 중에서 '심각한 사회문제'를 해결하기 위한 대안으로 자원봉사활동이 활성화된 것은 보편적인 근거로 꼽을 수 있다.

나아가 자원봉사는 보다 원대한 목표로서 시민들 사이의 신뢰, 유대, 네트워킹에 기초하는 사회자본의 생산을 위해 필요하다는 '사회자본' 시각도 강한 이론적 설득력을 보여준다. 또 자원봉사는 신뢰로 구축되는 시민의 자율적인 공론의 장인 공동체를 건설하고 민주주의의 질적 발전에 기여하므로 시민사회의 건설과 민주주의의 발전을 위해서도 반드시 필요하다(행정안전부, 2017).

국제노동기구(ILO, 2011)에 따르면 자원봉사자의 '시간'의 기여 가치는 보수적으로 계산해도 기부(giving)에 의한 금전적 가치보다 적어도 50% 이상으로 추산된다. 또 국제 자원봉사 연구진(Salamon et al., 2007)이 조사한 7개국의 국가통계 자료에서 자원봉사활동의 기여도(시간 기여)는 기부 활동의 기여도(금전기여)보다 훨씬 높아, 양자의 비율이 60% 대 40%로 나타났다.

한국에서도 (사)한국자원봉사문화(前 볼런티어21)는 1999년부터 자원봉사의 경제적 가치를 추산해왔는데, 2017년 조사에서는 2011년 대비 경제적 가치가 늘지 않고 줄어드는 추세이다. 자원봉사활동 인구가 약간 줄면서 활동시간도 줄게 되어 시간당 임금 계산 방정식에서 2011에 비해 활동시간이 절반 수준으로 줄어들고, 이는 경제적 가치의 감소로 나타났다.

2) 자원봉사 참여 동기

한국은 예로부터 이웃끼리 서로 돕고 협조하는 상부상조의 정신이 이어져 왔으나 자원봉사에 대한 개념이 대중에게 정립된 것은 1980년대 말 두 개의 커다란 스포츠 대회를 개최한 이후부터이다. 1988년 서울올림픽대회와 1986년 서울아시안게임을 통해 자원봉사활동이 어려운 사람을 돕는 사회복지의 의미에만 국한된 것이 아니고 다양한 영역에서 참여 가능한 활동임을 알리는 계기가 되었다고 볼 수 있겠다. 이때를 전후해서 자원봉사에 대한 시민의 관심이 높아지기 시작하여 지역 단위의 자원봉사활동을 전문적으로 지원하는 자원봉사센터가 설립되었으며, 2005년에는 자원봉사활동기본법이 제정되었다(윤정경, 2019).

서울시 자원봉사센터는 2018년 평창올림픽을 준비하면서 자원봉사자에 대한 동기 및 인정에 대한 설문조사를 하였다. 2017년 4월 7일부터 5월 23일까지 4,183명에게 자원봉사 참여 동기를 5점 척도로 물었더니 '가치 있는 봉사활동이기 때문에'라는 답변이 4.58점으로 총점이 가장 높았다. 이어 '내 일생에 특별한 이벤트가 될 것 같아서'(4.51점), '훌륭한 봉사활동으로 생각되기 때문에'(4.38점), '재미있는 일이라고 생각해서'(4.29점), '생활의 활력과 자극을 얻기 위해'(4.00점) 순이었다.

앞서 열린 2010 밴쿠버 동계올림픽과 2012 런던올림픽과 비교하면 어떨까? 서울시 자원봉사센터는 이들 올림픽 자원봉사자의 참여 동기를 분석한 해외 논문과 비교하기 위해 2017년 5월 27일부터 30일까지 903명을 상대로 2차 조사를 진행했다. 해당 논문 문항으로 바꿔 물었지만 시민들은 여전히 '가치 있는 일을 하고 싶어서' 항목에 가장 높은 4.61점을 줬다. 밴쿠버 올림픽과 런던올림픽 자원봉사자들은 이 항목을 4위와 5위로 꼽은 것과 달랐다. 대신 두 올림픽 자원봉사자들 모두 '일생일대의 기회이기 때문에'라는 참여 동기를 1순위로 선정했다. 서울시 자원봉사자센터 관계자는 "평창올림픽 자원봉사자들은 봉사를 자기 계발의 수단보다는 나눔의 목적으로 이해하고 있는 것으로 해석할 수 있다"고 분석했다.

이 차이는 사회 인구학적 특성에서도 확인됐다. 1·2차 설문조사 중 성별을 밝힌 응답자 5,076명 중 75.7%(3,844명)는 여성이었다. 남성(1,232명)보다 3배 많은 수치다. 비율로 따지면 여성과 남성이 8대 2인데, 4대 6 정도였던 밴쿠버·런던올림픽과 다른 결과다.

연령과 사회활동 지위 부문에서도 밴쿠버·런던올림픽은 25~64세가 약 80%, 직장인이 약 70%로 나타난 반면 평창은 24세 이하가 90.87%, 고등학생·대학생이 90.13%로 대부분의 참여자가 학생이다. 65세 이상이 약 30%, 은퇴자가 약 20%였던 앞선 올림픽들과 달리 평창올림픽의 65세 이상과 은퇴자 참여비율은 0.33%, 0.89%에 그쳤다.

향후 또 다른 메가 스포츠 이벤트의 성공적 개최를 위해서는 외국의 사례와 같이 직장인 및 은퇴자들의 참여를 높이고 누구나 언제든지 함께하는 자원봉사 문화를 만들어가는 것이 중요하다는 관계자들의 의견에 귀를 기울여야 한다.

평창올림픽의 경우 자원봉사자들이 인정·보상 경험 가운데 '새로운 경험과 업무 기회 제공', '개인적·정서적 감사 표시' 등을 중요하게 여긴 점을 고려해 보면 앞으로 자원봉사 프로그램개발 시 자원봉사에 대한 자긍심을 주는 프로그램을 개발하는 것이 지속적인 참여와 더불어 참여자들의 갈등이나 중도탈락을 예방할 것으로 생각된다.

출처: http://www.sorokdo.go.kr/

사진 5-1 자원봉사활동(환경)

3) 노블리스 오블리주Noblesse Oblige

인간의 도덕의식은 계층 간 대립을 해결할 수 있는 최고의 수단으로 여겨져 왔다. 특히 전쟁과 같은 총체적 국난을 맞이하여 국민을 통합하고 역량을 극대화하기 위해서는 무엇보다 기득권층의 솔선하는 자세가 필요하다. 실제로 제1차 세계대전과 제2차 세계대전에서는 영국의 고위층 자제가 다니던 이튼칼리지 출신 중 2,000여 명이 전사했고, 포클랜드전쟁 때는 영국 여왕의 둘째 아들 앤드루가 전투 헬기 조종사로 참전하였다. 6·25전쟁 때에도 미군 장성의 아들이 142명이나 참전해 35명이 목숨을 잃거나 부상을 입었다. 당시 미8군 사령관 밴플리트의 아들은 야간폭격 임무수행 중 전사했으며, 대통령 드와이트 아이젠하워의 아들도 육군 소령으로 참전했다. 중국 지도자 마오쩌둥이 6·25전쟁에 참전한 아들의 전사 소식을 듣고 시신 수습을 포기하도록 지시했다는 일화도 유명하다.4)

노블리스 오블리주(noblesse oblige, IPA: 영어: nobility obliges)는 높은 사회적 신분에 상응하는 도덕적 의무를 뜻하는 말이다. 초기 로마시대에 왕과 귀족들이 보여 준 투철한 도덕의식과 솔선수범하는 공공정신에서 비롯되었다.

초기 로마 사회에서는 사회 고위층의 공공봉사와 기부·헌납 등의 전통이 강하였고, 이러한 행위는 의무인 동시에 명예로 인식되면서 자발적이고 경쟁적으로 이루어졌다. 특히 귀족 등의 고위층이 전쟁에 참여하는 전통은 더욱 확고했는데, 로마 건국 이후 500년 동안 원로원에서 귀족이 차지하는 비중이 15분의 1로 급격히 줄어든 것도 계속되는 전투 속에서 귀족들이 많이 희생되었기 때문인 것으로 알려져 있다. 이러한 귀족층의 솔선수범과 희생에 힘입어 로마는 고대 세계의 맹주로 자리할 수 있었으나, 제정(帝政) 이후 권력이 개인에게 집중되고 도덕적으로 해이해지면서 발전의 역동성이 급속히 쇠퇴한 것으로 역사학자들은 평가하고 있다.

'노블리스 오블리주'의 정신을 자원봉사에 적용할 때 '롤스의 정의론5)'을

4) https://blog.naver.com/tascorp21/110021178539

적용하는 것이 시사하는 바가 있을 수 있다. '롤스의 정의론'은 매우 이상적인 사고로 노력조차 혜택받은 가정환경의 산물이라고 주장함으로써 진정 원초적인 상태의 평등을 끌어내려 한다.

재능 있는 자가 더 큰 보상을 받을 수 있더라도 그 재능이 전적으로 노력의 결과는 아니라는 것이다. 특정한 시기에 사회가 가치를 두는 자질 역시 도덕적으로 임의성을 띤다. 그럼에도 불구하고 그의 정의론이 시사하는 바를 자원봉사활동에 적용시키자면

첫째, 사회적으로 우월한 위치에 있게 된 사람들에게 일종의 배분의 도리를 제공할 수 있을 것이라는 생각이 든다. 좋은 환경으로 인하여 또는 타고난 재능으로 또는 남다른 노력으로 어떤 위치에 올라 경제적으로 사회적으로 영향력을 행사할 수 있는 사람이라면 그것을 그렇게 못한 사람들에게 나누어 줄 수 있어야 한다.

즉, '노블리스 오블리주'의 정신을 실천할 수 있는 이론적 바탕을 제공할 수 있다.

둘째, '시대가 영웅을 만든다'라는 말처럼 어느 시기에 큰 업적을 이룬 사람들에게 겸손의 도리를 제공할 수 있다고 생각한다. 미국과 유럽에서는 '노블리스 오블리주'와 함께 참여의 불평등 문제를 심각하게 논의하고 있다.

---

5) 미국의 사회철학자 롤스(J.Rawls)가 그의 저서 「정의론」(A Theory of Justice; 1971)을 통해 제시한 공정한 사회를 이룩하는 데 있어서 선행되어야 할 기본 원칙론.

4 자원봉사활동의 지원체계

1) 자원봉사 진흥위원회

「자원봉사활동기본법」 제9조 및 시행령 제5조에는 행정안전부장관은 관계중앙행정기관의 장과 협의하여 자원봉사활동의 진흥을 위한 국가기본계획을 5년마다 수립하여야 한다고 되어있다.

자원봉사활동에 관한 주요정책을 심의하기 위하여 「자원봉사활동기본법」에 의해 설치된 기구로 국무총리 소속하에 관계 중앙행정기관 및 민간 전문가로 구성된 자원봉사 진흥위원회를 둔다.

자원봉사 진흥위원회는 다음 각 호의 사항을 심의한다.

(1) 자원봉사활동의 정책 방향설정 및 협력·조정

(2) 자원봉사진흥을 위한 국가 기본계획6)과 연도별 시행 계획에 관한 사항

(3) 자원봉사활동의 진흥을 위한 제도개선에 관한 사항

(4) 그 밖에 자원봉사활동의 진흥에 필요한 사항

진흥위원회와 실무위원회로 구성되며 진흥위원회는 민간위원이 과반수가 되도록 함으로써 민·관 협력체계를 구축하도록 하고 있다. 자원봉사 진흥위원회 및 실무위원회의 구성·조직 및 운영에 필요한 사항은 대통령령으로 정한다.

자원봉사진흥위원회는 5년마다 수립하고 매년 1년 단위의 시행계획을 수립·심의한다.

---

6) 제3차 국가기본계획('18~'22)에 따라 시행계획 수립, 자원봉사활동 기본법 제9조 및 같은 법 시행령 제5조

진흥위원회는 민간위원이 과반수가 되도록 함으로써 민·관 협력체계를 구축하도록 하고 있다. 국무총리, 주요 정부 부처의 장, 민간위원 등 30인 이내로 구성하여 주요계획을 심의하는 기능을 수행한다.

실무위원회는 행정자치부 제2차관, 주요 정부 부처의 국장, 민간위원 등 25인 이내로 구성하여 자원봉사진흥위원회의 심의사항에 대한 실무적 검토를 수행한다. 따라서 우리나라 자원봉사와 관련된 실질적인 흐름을 정하는 기구라 할 수 있다.

2024년 '자원봉사진흥 4차 국가기본계획(2023-2027)'에는 5개년간 국가적 자원봉사정책을 포괄하는 중장기종합계획을 수립하였다. 제1차에서 3차에서 확립된 제도적 기틀을 고도화하고 변화하는 사회 패러다임에 대응하는 자원봉사진흥정책수립을 수립하였다. 향후 5년간의 자원봉사 진흥정책의 청사진으로 집단·대면 위주가 아닌 비대면·1대1 방식의 자원봉사 활성화, 지역자원봉사센터의 민영화와 투명성 및 재정자립도 제고, 자원봉사포털 시스템 고도화, 재난 대응 자원봉사관계자에 대한 교육 강화 등 제3차 국가기본계획의 연장선에서 확장된 정책과제를 담았다.

2) 한국자원봉사협의회http://www.vkorea.or.k

한국자원봉사협의회는 대한민국을 대표하는 자원봉사 민간대표기구이자 법정 단체이다. 1994년 36개의 자원봉사단체가 모여 결성한 전국적인 자원봉사단체다. 이 단체는 자원봉사자를 훈련하고 자원봉사 프로그램을 개발하며, UN의 자원봉사활동에 참여하는 것을 목표로 하고 있다. 전국의 크고 작은 자원봉사단체들이 각 단체의 이념과 특징을 살리면서 동시에 단체 간의 횡적 유대로 힘을 모아 자원봉사 정신을 전 국민에게 파급하고, 나아가 지역사회발전에 이바지할 수 있는 전국적인 자원봉사 전략을 모색하기 위해 창립되었다.

이후 「자원봉사활동기본법」 제17조에 의한 법정 민간단체로서 전국자원봉사단체들의 총괄대표기구로 성장하였다. 125개 회원단체(시민단체, 재계, 교육계, 종교계, 의료계 등)와 250여 개의 협력단체로 구성된 대정부 자원봉사 민간파트너이다.

한국자원봉사협의회는 정관을 작성하여 행정안전부 장관의 인가를 받아 등기함으로써 설립된다.

자원봉사단체는 전국단위의 자원봉사활동을 진흥·촉진하기 위한 다음 각 호의 활동을 하기 위하여 한국자원봉사협의회를 설립할 수 있다.

(1) 회원단체 간의 협력 및 사업 지원
(2) 자원봉사활동의 진흥을 위한 대국민 홍보 및 국제교류
(3) 자원봉사활동과 관련된 정책의 개발 및 조사·연구
(4) 자원봉사활동과 관련된 정책의 건의
(5) 자원봉사활동과 관련된 정보의 연계 및 지원
(6) 그 밖에 자원봉사활동의 진흥과 관련하여 국가 및 지방자치단체로부터 위탁받은 사업 자원봉사진흥을 위한 전문사업을 수행하고 다양한 분야의 실천가, 전문가 등이 홍보, 교류, 조사, 연구, 정책 건의 위탁 사업을 수행하고 있다.

3) 사회복지 자원봉사 정보안내센터https://www.vms.or.kr

사회복지 자원봉사 정보안내 센터는 1994년에 체계적이고 효율적인 자원봉사를 위한 정보관리 체계의 구축 및 전문성 향상을 도모하고 자원봉사단체의 교류협력과 자원봉사활동의 홍보 및 교육 체계화에 이바지할 목적으로 한국사회복지협의회 부설로 만들어졌다.

이 기관은 설립 당시 보건복지부의 사회복지사업기금에서 1억 1천만 원을 삼성복지재단에서 7천만 원을 지원받아 사회복지 분야의 자원봉사활동만을 전담 관리하는 기관으로서 전국 1천여 개의 사회복지시설·기관을 연결한 자원봉사 전산망 시스템의 개발을 추진하였다.

주요사업으로는 자원봉사자 관리업무 전산화 소프트웨어 개발, 자원봉사 전산망(VT-NET) 구축, 자원봉사 관련 각종 자료수집 및 정보제공, 각종 안내 상담교육 훈련 및 교육교재개발, 조사·연구 및 프로그램 개발, 시·도 자원봉사 정보안내센터 운영 등이 있다.

특히 자원봉사 전산망(VT-NET)은 한국사회복지협의회와 삼성복지재단이 공동운영하는 것으로서, 자원봉사활동을 원하는 사람과 자원봉사자를 필요로 하는 기관을 신속 적절하게 연결하고 자원봉사 및 사회복지 관련 각종 정보를 가장 빠르고 쉽게 전달할 목적으로 1995년 전국적으로 개통되었다. 그러나 이 센터는 다양한 사업구상에도 불구하고 운영기금의 부족과 유사한 타 자원봉사센터의 설립 등으로 많이 위축되었다.

보건복지부에서는 이 센터의 성과를 바탕으로 하여 사회복지 분야의 자원봉사활성화와 체계적인 관리를 위해 2001년 '사회복지 봉사활동 인정관리 사업' 제도를 도입하였다. 이는 사회복지 분야의 자원봉사 활성화를 위해 전국에 있는 자원봉사단체와 기관 사이에 네트워크를 구축하여 자원봉사자의 봉사실적을 체계적으로 누적 관리하고 나아가 봉사실적에 대한 인센티브 제공의 기반을 마련하기 위한 사업이다. 인증을 받은 기관에 소속된 정기 자원봉사자는 상해보험에 가입할 수 있도록 보험금을 납부해 주고 있다(김동배, 2005).

4) 재가복지 봉사센터

재가복지 봉사센터는 1980년대에 노인 분야와 장애인 복지의 민간 분야에서 처음으로 시도하여 한국 노인복지회에서 노인결연사업과 상담사업을 가정봉사원 파견사업으로 확대 실시하였고, 장애인 재활협회, 서울장애인종합복지관 등을 중심으로 지역사회 중심 재활을 실시하였다.

1990년대에 재가복지는 정부 지원을 방아 종합적인 프로그램으로 발전하여 1992년부터 재가복지 봉사센터를 설치 운영하고 있고, 기존의 사회복지관 장애인 복지관 노인복지관 등에 전담인력 및 장비 등 사업비를 추가하여 복지관의 부설형태로 설치·운영하고 있다(이만식 외, 2017).

재가복지봉사센터는 요보호 대상자에게 필요한 복지서비스를 제공하기 곤란한 경우 복지서비스체계 및 행정기관과 연계하여 대상자가 적절한 복지서비스를 제공받을 수 있도록 하고 있다.

5) 자원봉사센터

자원봉사센터는 행정구역상의 거주자 주거지역에서, 지역 중심의 자원봉사단체를 대표할 수 있는 조직이다. 자원봉사의 활성화와 내실화는 자원봉사센터를 어떻게 잘 조직해서 잘 운영하는가에 달려 있다고 볼 수 있을 정도로 이 센터는 지역주민과 가장 가까이 접촉하는 조직이다. 지역주민에게 자원봉사 정보를 제공하고 홍보하며 프로그램을 개발하고 자원봉사자를 모집 교육 훈련하여 지역사회 현장에 배치하고, 활동과정을 관리하며 평가하는 역할을 자원봉사센터가 담당한다. 자원봉사를 희망하는 사람들이 거주지역에서 가장 먼저 정보를 입수해서 찾아갈 수 있는 곳이라고 할 수 있다(김범수, 2015).

한국에 서구와 같은 유형의 지역 단위 자원봉사센터가 들어선 것은 최근의 일이며, 자원봉사센터는 민간전달체계로 조직된 것이 아니라 정부전달체계로 조직되었다는 특징이 있다. 전국의 시·도, 시·군·구에 자원봉사센터가 설치·운영되고 있다.

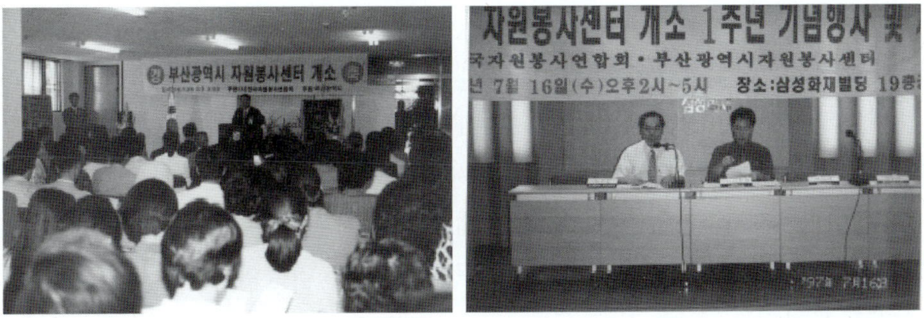

(좌) 1996년 정부지원으로써는 전국 최초로 부산센터 개소 (우) 부산센터 개소 1주년 기념 세미나(사진제공: 부산시자원봉사센터)

출처: https://vc1365.tistory.com/875

사진 5-2 부산시 자원봉사센터(민간위탁운영사례)

한국자원봉사연합회7)에서 1996년부터 위탁 운영하는 부산시 자원봉사센터는 민간운영의 좋은 사례가 되고 있다.

6) 여성자원활동센터

여성자원 활동센터는 1991년에 여성자원봉사의 분산된 창구를 지역 단위로 통합·운영하여 자원봉사 희망자의 이용 편의를 도모하고 정부의 공공서비스 분야에 여성들의 자발적인 참여와 봉사의 기회를 적극 제공함으로써 자원봉사활동의 전 사회적 확산기반을 다지고자 하는 목적으로 설치되었다 (이만식 외, 2017).

이 센터는 1998년에는 263개소였으나 점점 그 수가 줄어들어 2002년에는 159개소가 운영되고 있다. 운영형태를 보면 지방자치 단체의 담당부서 내에 설치되어 있다. 그럼에도 불구하고 프로그램의 부족, 전산화 미비 등의 문제로 인해 타 센터에 비해 발전 가능성이 부족한 실정이며 현재 설치되어 있는 센터조차 답보상태에 있는 실정이다. 여성자원 활동센터의 운영형태는 직영이 55.7%, 여성회관8) 등에 설치되어 혼합 직영하는 곳이 25.2%, 민간

7) 한국자원봉사연합회 1991년 부산에 설립. http://www.volunteer.or.kr/

단체에 위탁 운영되는 곳이 13%이다. 그런데 정규직이 한 명도 없는 곳 이 34개소(29.6%)이며 정규직 1명이 54개소(54.7%)로 정규직 인력 통계량이 평균 0.92명으로 현재 우리나라 여성 자원활동 센터의 인력문제가 가장 취약한 것으로 지적되고 있다(여성가족부, 2002).

반면 제주 여성 자원 활동센터는 제주 여성자원봉사 센터로 명칭이 변경되어 활동하고 있다. 여성회관과 자원봉사센터의 역할이 중복되어 자원봉사센터로 통합되는 곳이 점차 증가하고 있다.

여성 자원 활동센터는 양성평등기본법을 기본 법령으로 하고 있으며 경력단절 여성들이 취업알선에 더 관심이 높아 현재는 여성인력개발원(새로 일하기 센터)[9]과 같은 취업알선 역할을 하고 있어 여성 자원봉사 센터로서의 역할이 모호하다는 것도 문제점으로 드러난다.

현재는 기후위기 대응을 위한 환경보호 생활화 실천을 위한 플로깅 활동을 통해 지역 여성의 사회참여 및 역할 증대에 많은 기여를 하고 있다.

7) 자원봉사아카이브 한국자원봉사포럼

출처: https://archives.v1365.or.kr

사진 5-3 한국자원봉사포럼

사단법인 한국자원봉사포럼은 1995년 창립 이후 우리나라 자원봉사활동의 내실 있는 확대를 위하여 포럼 개최사업, 교육훈련사업, 연구조사 사

8) http://www.daegu.go.kr/woman(여성의 능력개발과 잠재력 개발, 저소득층 여성의 자립기반조성)

9) https://saeil.mogef.go.kr/hom/HOM_Main.do. 여성일하기센터: 여성가족부, 취업성공패키지(고용노동부)

업, 홍보출판사업, 국제교류 및 특별사업을 지속적으로 추진하고 있다 (http://www.kvf.or.kr).

자원봉사 관련 전문학자 및 각 계 각 층의 중견급 관리자들이 모여 자원봉사운동에 대한 전략과 사회적 이슈들의 올바른 방향을 수립하고 대안을 제시하기 위하여. 더 나아가 우리 사회에서 자원봉사를 활성화하고 정착시키기 위한 관련 사업을 실천에 옮기고 있다.

이 포럼은 우리나라 자원봉사활동의 내실 있는 확대를 위해 매회 시급한 사회적 이슈를 선택하여 실천가와 학자 및 정부 관계자들이 참여하는 대중포럼을 연 6회 개최하고 있다. 또한 전문가초청포럼, 지방순회포럼, 자원봉사저널, 뉴스레터 제작 등 자원봉사계의 학자 관리자, 자원봉사자 그리고 정책당국자들에게 현안 이슈 및 정책제언 등의 유용한 정보를 제공하고 있다 (이만식 외, 2017).

Chapter 06

자원봉사환경의 변화

학습목차

1. 시민단체
2. 초고령화
3. 온라인 자원봉사
4. 국제 자원봉사활동
5. 제4차 산업혁명

최근의 시민 영역은 국가와 시장이 가진 기능을 비판하고 감시하는 기능뿐만 아니라 정부와 공공부문을 대신하여 공공의 이익을 위한 공익사업의 기능을 수행하면서 정치, 경제, 사회, 환경 등 우리 사회 전 영역에서 중요한 역할을 담당하고 있다.

최근에는 정보통신 기술의 발달을 통해 공적 영역에 대한 시민의 의사 표현이 보다 용이하게 되었고 이에 따라 다양한 형태의 시민참여 역시 급증하고 있다.

자원봉사를 둘러싼 외적 환경의 변화 중에서도 특별히 주목해야 하는 것은 시민이 참여하는 4차 산업혁명의 변화이다. 4차 산업혁명에 대한 정의는 아직 불명확하지만, 확실한 것은 ICT 관련 기술 및 기기의 발전뿐만 아니라 이를 인간적인 방식으로 추동하는 새로운 사회유대 방식의 발명까지를 포함한다고 볼 수 있다.

1 시민단체[1)]

'시민단체'는 언론, 군, 대기업, 노동조합, 경찰, 법원, 정부, 정당보다도 상위의 신뢰를 받는 기관으로 평가받고 있다(기획예산처, 2006).

시민단체는 다양한 사회적 맥락 속에서 작동하기 때문에 통일된 개념 규정이 없는 상황이지만, 공익성, 자발성, 독립성, 연대성, 비영리성 등의 속성을 가진다고 할 수 있다. 시민은 보다 중요한 행위자로 자리매김하게 되었고 시민단체에 대해서도 하나의 고정된 개념보다는 다양한 맥락으로 정의하고 있다. 시민단체에는 '비영리민간단체지원법에서 정의하고 있는 비영리민

1) 시민이란, '정치공동체의 구성원으로서 공동체의 유지, 발전을 위해 노력하는 구성원'(이승종 외, 2011 : 2)인데, 범위를 넓혀보면 정치적·사회적 결정에 영향을 미치는 각종 사회단체 참여 및 활동까지 포함할 수 있다(박희봉, 2006 : 3).

간단체(Non-Profit Organization : NPO)'가 포함된다. 이 장에서의 시민단체는 비정부조직(NGO)과 비영리 민간단체(NPO)를 포함한다. 비영리 단체들은 NPO, NGO, 제3섹터, CSO(Civil Society Organization), VO(Voluntary Organization) 등 여러 가지 용어로 불린다. 이러한 용어들의 차이는 비영리 단체가 갖는 여러 가지 특징 중 어느 것을 중요한 요소로 보느냐에 따라 조금씩 차이를 나타낸다.

한국에서 '비영리' 용어를 사용하게 된 배경은 미국과 일본의 영향으로 볼 수 있는데, 미국은 NGO보다는 NPO를 공식적으로 사용하고 있는 국가이며, 일본은 1998년 미국의 영향을 받아 특정 비영리활동 촉진법안(NPO법)을 채택했다. 한국, 일본, 미국 모두가 이들 비영리단체들에게 세금 혜택을 주거나 재정을 지원하기 위한 근거법으로 법을 채택했다는 공통점을 갖고 있다.

1) 비정부조직: NGO Non-Governmental-Organization

NGO는 '비정부성'을 강조한 개념이다. NGO란 용어는 제2차 세계대전 이후 사용하기 시작했지만 1990년에 들어서야 널리 알려지기 시작했다. UN에 의해 공식적으로 사용되었던 NGO의 개념은 UN에서 국가기구와 관계를 맺고 협의하는 조직, 곧 정부 이외의 기구로서 국가 주권의 범위를 벗어나 사회적 연대와 공공목적을 실현하기 위한 자발적인 공식 조직을 의미한다. 초창기 NGO는 주권국가나 국제기구가 해결하지 못하는 각종 국제적 공동 문제를 해결하기 위하여 자문 역할을 한다는 소극적인 개념이었다. 하지만 오늘날 NGO는 시민들의 자발적인 참여와 연대를 통하여 국제적인 영역뿐만 아니라 주권국가 내의 문제나 지역사회 문제를 해결하는 단체로서, 국가 권력을 견제하고 시민권리를 옹호하는 단체로서 그 범위와 역할이 확대되고 있다.

NGO란 인간의 고통 경감, 빈곤층의 이해증진, 환경보존, 기초 사회서비스 제공, 지역사회개발 등의 활용을 추구하는 사적 조직이다. 넓은 의미에서 NGO는 정부로부터 독립적인 모든 비영리조직(non-profit organization)에 적용될 수 있다.

전형적인 NGO는 전적으로 혹은 부분적으로 자선적 기부와 자발적 봉사에 의존하는 가치에 기초한 조직들이다. 이렇게 볼 때 좁은 의미의 시민단체란 NGO로서 비영리조직이라고 볼 수 있고, 넓은 의미의 시민단체란 인간의 고통 경감에서 기초 사회서비스의 제공에 이르기까지 다양한 사회적 목적 활동을 수행하는 비정부조직을 통칭하고 있다고 볼 수 있다.

국제연합(UN)의 비정부조직(NGO)의 정의는 "개발문제나 인권문제, 환경문제, 평화문제 등 지구 차원의 여러 문제 해결에 비정부·비영리의 입장에서 접근하는 시민주도의 국제조직 및 국내조직"이다. 이러한 제반 정의의 특징을 보면 시민단체는 비정부·비영리적이면서 자발적으로 형성된 조직으로서 사회변화를 의도하고 있는 조직이라고 할 수 있다. NGO는 입법·사법·행정·언론에 이어 '제5부(제5권력)'로 불리며, 정부와 기업에 대응하는 '제3섹터'라는 용어로도 쓰인다. 자율·참여·연대 등을 주요이념으로 하며, 활동영역에 따라 인권·사회·정치·환경·경제 등의 분야로 나눌 수 있다.

2) NGO의 활동분야[2)]

대표적인 NGO로 세계자연 보호기금, 그린피스, 국제 엠네스티 등이 있다. 국내에서는 1903년 설립된 YMCA와 1913년 안창호가 설립한 흥사단[2)]이 NGO의 효시며, 1999년 10월 서울에서 NGO 세계대회가 개최되었다.

1997년 창립된 우리나라의 한국자원봉사문화[3)]는 자원봉사 NGO로서 구 볼런티어 211[4)]을 시작으로 현재까지 우리나라 자원봉사의 발전역사와 그

2) 1913년 5월 13일 도산(島山) 안창호(安昌浩)가 미국 샌프란시스코에서 창립한 민족운동단체
3) http://volunteeringculture.or.kr/mission
4) (www.volunteer21.org) 2015년 홈페이지 종료-이전

맥을 함께 해왔다.

한국자원봉사문화는 대표적인 자원봉사 국제 NGO인 IAVE(International Association of Volunteer Effort)의 한국 협력 단체로서 지난 1998년부터 IAVE가 주최하는 자원봉사 국제 컨퍼런스에 한국 참가단을 조직하여 참가·인솔하고 있다.

한국자원봉사문화는 자원봉사로 일상에서 변화를 만드는 시민분들과 함께 자원봉사의 가치를 선도하고, 참여를 촉진하여, 더불어 사는 문화를 만드는 민간차원의 대대적인 자원봉사 문화운동을 전개하고자 자원봉사로 일상에서 변화를 만드는 시민상이라는 가치를 세우고 있다.

월드프렌즈(KCOC) NGO봉사단은 국제개발협력 기관, KOICA와 협력하여, 지구촌 곳곳에서 활동하는 한국 국제개발협력 기관의 사업현장으로 봉사단원을 파견한다. 2004년 33명 파견을 시작으로 2022년 기준 3700여 명에 이르는 단원들이 다양한 분야와 직종에서 현지 지역사회의 지속가능한 발전과 변화를 위해 활동하고 있다. 월드프렌즈(KCOC)는 봉사단원이 세계시민이자 자원활동가로서 사회적 가치를 실현하고 변화를 촉진한다고 믿는다. 더불어 봉사단원은 현지에서 활동하는 NGO의 지역개발활동과 프로젝트 실행을 지원하는 든든한 인재이기도 하다. 월드프렌즈 NGO봉사단은 한국 NGO의 주 활동 분야인 교육(SDGs 4번)과 보건(SDGs 3번)에서 가장 많이 활동하고 있다. 또한 다양한 파트너십에 기반하여 운영하는 KCOC 월드프렌즈 NGO봉사단 프로그램은 글로벌파트너십(SDGs 17번)[5] 달성에도 기여한다.

---

5) https://www.unesco.or.kr/data/unesco_news/view/782/1303/page/0?

미얀마 원조활동

한국자원봉사문화는 지난 2005년 자원봉사 NGO로서 UN의 새천년 개발목표(Millennium Development Goais)를 달성하기 위해 세계 시민사회와 공동의 노력을 기울이며, 세계시민사회의 일원으로서 사회적 책임을 다하고자 UN이 정한 최빈국가 중 하나인 미얀마의 고아원을 지원하고 있습니다. 지속적인 지원활동을 통해 생활공간이 부족한 고아원에 새 건물을 증축하였으며, 한글교육, 컴퓨터교육 등 지속가능한 삶을 살 수 있는 발판을 마련하도록 도와주고 있습니다.

출처: http://volunteeringculture.or.kr/

사진 6-1 한국자원봉사문화의 미얀마 원조활동

3) NPO: 비영리 민간단체

비영리조직(Non Profit Organization)의 영문 머리글자를 딴 말로, 비영리 단체, 비영리 민간단체, 비영리기관, 비영리집단 등으로 다양하게 불린다. 제3섹터[6] 또는 시민사회조직이라고도 한다. NPO는 국가와 시장 영역에서 분리된 제3영역의 조직과 단체를 통칭하는 포괄적 개념을 가진 말로, 이윤을 추구하지 않는 영역에서 주로 활동하는 준공공(semi-public) 및 민간조직을 가리킨다.

6) 제3섹터(The Third Sector): 주로 미국에서 사용되는 용어로 국가와 시장 영역을 제외한 나머지 영역, 즉 비영리 영역을 말한다. 사회에서 재화와 용역의 배분에 관여하는 국가와 시장이 아닌, 제3의 영역을 말하는 것으로 독립섹터라고 한다. '비영리'라는 말이 부정적인 의미를 담고 있어 '비영리단체'보다는 '제3섹터'라고 부르는 것이 적당하다고 주장하는 학자들도 있다.

표 6-1 한국 비영리 민간단체(NPO)의 분류

구 분			주요단체
목적	조직유형	활동 분야/기능	
공익	기관조직	의료/보건	종합병원, 정신병원, 요양원
		교육	초등 · 중등 · 고등 사립학교, 직업학교, 연구소
		복지서비스	양로원, 탁아소, 직업훈련소, 복지관, 모자보호소, 청소년수련원
		예술문화	박물관, 미술관, 극장, 오케스트라, 레크단체
	회원조직	시민단체	환경단체, 소비자단체, 여성단체, 장애인단체 자원봉사단체, 국제원조단체, 모금단체
		종교단체	불교, 천주교, 기독교 등 각종 종교단체
집단이익	조직	직능단체	상공회의소, 전경련, 변호사협회, 의사협회
		친목단체	컨트리클럽, 동창회, 향우회, 화수회, 상조회

출처: 시민의 신문 재구성.

4) 내셔널 트러스트운동

내셔널 트러스트운동은 1895년 영국에서 시행보존 가치가 있는 문화유산이나 자연환경을 영구적으로 보전하기 위한 시민운동을 말한다.

내셔널 트러스트는 영어로 National Trust를 발음 나는 대로 한글로 표기한 말로서 약칭은 NT이다. 내셔널 트러스트운동은 시민들의 자발적인 모금이나 기부·증여를 통해 후손들에게 물려줄 만한 보존가치가 있는 자연자원과 문화자산을 확보하여 차세대에게 물려주기 위한 목적으로 시민 주도로 영구히 보전·관리하는 시민문화운동이며 환경운동이다.

이 운동이 기존의 환경운동이나 시민운동과 다른 점은 기존에는 대부분의 환경운동이 개발 현장에서 이를 저지하기 위한 시위를 통한 반대운동에 주력 한 소극적 방식의 운동이었던 데 반해 내셔널 트러스트운동은 개발이 일

어나기 전에 보전대상 토지나 건물 등을 미리 매입하거나 기증을 받아 영구 보전하는 적극적인 방식의 운동이기 때문에 새로운 대안적 시민운동이라 할 수 있다.

또한 일본 내셔널 트러스트운동에서 많이 시도되는 방식으로 시민과 정부가 손잡고 같이하는 운동으로 발전되고 있고, 우리나라에서도 일부 지역에서 시도를 하고 있는 바와 같이 정부와 시민이 협력하여 전개하는 대안적 시민운동이다.

표 6-2 우리나라의 내셔널 트러스트운동

구 분	내셔널 트러스트운동
광주	무등산 국유화운동
녹색연합	태백의 변전소부지 매입운동
오정골을 지키는 사람들	대전의 오정동 선교사 집 및 부지 매입운동
환경정의시민연대	용인의 대 지산 살리기운동
자연유산 보존 대상지	강화 매화마름 군락지
	동강 문화마을, 태안 신두리 해안사구
직영대상 지역	광명시 오리 정승 유적지
	서울 안국동 윤보선가
	서울 성북구 최순우 고택
연계지역	강화갯벌, 고양시 고봉산 습지, 광주 무등산
	부산 100만 평 문화공원, 부산 해운대 달맞이 언덕, 북제주 선흘곶(동백동산)
	서울 둔촌동 습지, 성남 맹산 반딧불이 자연학교, 시흥 갯벌
	안양 만안구 도심공원, 해남 당두리 철새 도래지, 천리포 수목원

출처: 양병이[7](2003).

7) 한국내셔널트러스트 공동대표

우리나라는 아직도 기부문화가 정착되지 않아 자기 소유의 건물이나 토지를 기증한다는 것이 매우 드문 일이고 기부금을 기부하는 일도 뜻있는 소수의 시민들만이 참여하는 일이기 때문에 내셔널 트러스트가 확산되는 데 어려움을 겪고 있다.

정부와 시민단체가 공동으로 내셔널 트러스트 운동을 전개하는 제3섹터 방식의 시민운동을 전개하는 방향은 새로운 시도이며 앞으로 내셔널 트러스트 운동을 전개하는 데 활용할 수 있는 새로운 모델이 되고 있다.

2 초고령화[8)]

초고령화 사회는 유엔 기준에 따라 전체 인구 중 65세 이상 고령인구 비율이 20% 이상인 사회를, 고령사회는 14% 이상인 사회를, 고령화 사회는 7% 이상인 사회를 가리킨다.

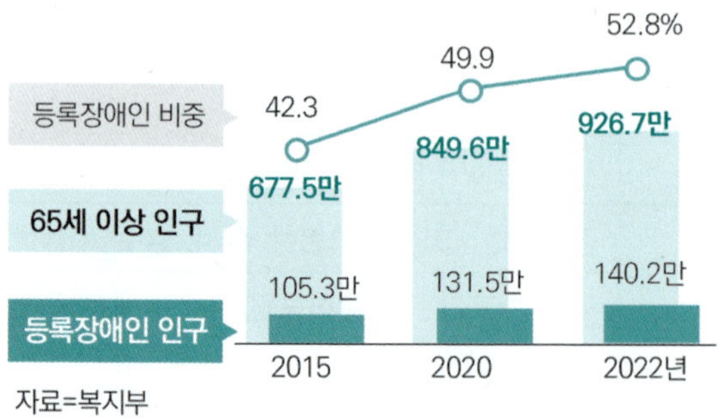

출처: 보건복지부, 등록장애인현황(2022).

그림 6-1 65세 이상 등록장애인 추이

8) UN 65세 노인인구비율이 14% 이상 고령사회, 20% 이상 초고령사회(2025년 예상)

초고령화가 진행될수록 장애는 특수계층의 문제가 아니라 노인과 비슷한 성격의 특성을 갖고 있다. 장애가 우리 모두의 문제이며 노인문제와 함께 풀어야 할 과제라는 인식의 전환이 필요하다. 그림 6-1을 보면 노년층이 늘면서 등록장애인 2명 중 1명은 65세 이상인 것으로 나타났다(http://www.100ssd.co.kr).

이처럼 장애인의 고령자 비중이 전체 인구와 비교해서 훨씬 높은 이유 중 하나는 중·고령기에 장애발생이 증가하고 있기 때문이다. 평균수명의 증가로 노년기가 길어지면서 만성퇴행성 질환이나 노화의 과정으로 발생하는 노년기 장애위험이 증가하고 있다. 정신적 장애와 뇌전증을 제외한 모든 장애유형에서 50세 이후 장애가 발생한 비중이 50% 이상을 차지한다.

현대사회는 산업화·도시화·첨단과학화되면서 인간생활의 신체적·정신적·사회적 안녕감이 증대되고 삶의 질의 향상과 생명의 연장이 가능하게 됨에 따라 노인인구가 증가되는 고령화 사회로 진입하게 되었다. 고령화 사회로의 진전은 건강하고 활기찬 생활을 영위할 수 있는 노인이 증가하고, 연장된 노년기를 보람 있게 보내기 위해 여가 활동 및 자원봉사활동의 욕구가 증대된다. 특히 노인의 자원봉사활동 및 사회참여는 고독감·소외감을 경험하고 건강을 유지하며, 삶의 활력과 만족감을 갖게 하는 데 매우 중요한 역할을 한다. 자원봉사활동은 불우한 이웃을 돕는 이타적 행동으로 봉사활동 과정을 통해 봉사자 자신은 사회에 대한 안목을 넓히고, 경험을 축적함으로써 보다 성숙한 자아를 실현하게 된다.

우리나라 속담에 '구슬이 서 말이라도 꿰어야 보배'란 말이 있듯이 자원봉사의 의지와 능력이 있는 노인들이 아무리 많이 있다 해도 이들의 생각을 묶어서 구체적인 프로그램으로 전환하는 전문가적 기술이 없다면 별 소용이 없다.

노인도 제대로 된 학습과 훈련의 기회가 주어지면 얼마든지 정상적인 기능을 발휘할 수 있으며 오히려 어떤 측면에서는 노인이기 때문에 더 잘 해낼 수 있는 영역이 있다. 사회든 조직체가 그런 기회를 제공해야 한다.

그러나 아무리 전문가적 기술이 확보된다 한들 노인들 자신이 이것을 능동적인 자세로 받아들여 노인집단 안에 스스로 지도력을 육성하지 않는다면 그 활동은 얼마 가지 못하여 축소되거나 소멸될 것이다.

자원봉사는 우리가 처한 세상을 좀 더 나은 곳으로 만드는 데 우리가 갖고 있는 것 들을 활용하는 것이다. 노인이 갖고 있는 시간 경험 경륜 지식 지혜는 젊은 사람이 갖지 못하는 귀한 자원이다. 우리나라 노인들은 여가시간을 개인적인 취미나 오락으로 보내는 경향이 높다. 노인회관이나 노인종합복지관 같은 노인 단체에서 개발하는 프로그램에 참여하는 경향은 아직 낮은 편이다. 봉사활동이라고 해 봐야 교통정리나 거리청소 또는 실효성이 별로 없는 청소년 선도 등 사회적 위세도가 낮은 활동에 기력이 없어 보이는 할아버지 할머니들이 참여하고 있는 정도이다.

정부는 노인자원봉사에 관한 사회교육기관의 교육비 보조. 다양한 유급봉사 영역의 개발 전문 자원봉사 영역의 개발 나아가 자원봉사와 관련된 상해 보험제도의 도입 등을 통해 노인자원봉사를 활성화시킬 수 있을 것이다.

최근 노인 기준의 변화는 사회학적 관점의 활동적 노후에 대한 이론을 보면 알 수 있다. 노인의 사회적 참여를 강조하는 활동적 노후는 현재와 미래를 통합하는 과정으로 인식된다(Vallant, 1994).

자원봉사활동 분야의 주된 영역이었던 사회복지 분야, 의료 분야, 교육 분야의 대부분이 사회서비스 일자리 영역으로의 변환되면서 각 지역의 자원봉사단체나 센터에서는 상당한 갈등의 소지를 내포하고 있다는 실무자들의 의견에 귀를 기울여야 한다.

정부 등 공공기관들이 수당을 지급하는 일자리 사업을 확대하면서 수당을 받는 자원봉사활동이 확대되는 문제가 이어지고 있다. 노인층과 저소득층의 자원봉사 참여가 확대된 내용을 분석한 결과도 이처럼 '자원봉사'를 내세워 활동에 수당을 지급하는 사업이나 프로그램들이 늘어난 것으로 나타난다. 생계 곤란 문제가 없는 퇴직자들도 순수 자원봉사활동에서 수당 지급의 자원봉사활동으로 옮겨가는 추세도 전국적인 유행이 되고 있다(행정안전부, 2017).

이런 문제를 국가 차원에서 모니터링하고, 자원봉사전문가들과의 연석 회를 통해 바로 잡는 정책이 뒷받침되어야 한다. 자원봉사활동 기본법에는 자원봉사진흥위원회가 이런 역할을 해야 하지만, 위원회 활동이 정체된 상태라 크게 기대하지도 못하고 있다. 법 개정을 통해 위원회가 자원봉사의 수당 지급, 학력이나 연령차별을 하는 자원봉사 운영 등 심각한 자원봉사 현안들에 대한심의와 정책결정을 할 것을 제안한다.

사회서비스란 '삶의 질' 향상을 위해 사회적으로는 꼭 필요하지만 민간 기업들이 저(低)수익성 때문에 참여하지 않는 복지서비스를 뜻한다. 이때 정부·지자체·비영리단체 등이 이때 사람을 고용하면서 생기는 게 '사회서비스' 일자리다.

과거 무보수 활동으로 자원봉사영역이었던 의료분야(간병, 간호, 노인수발)와 교육 분야(외국인 주부·저소득가정 아동·장애인 등에 대한 교육 서비스)의 일부가 사회서비스 일자리로 전환되어 유급 사회서비스 일자리로 변환되면서 생긴 변화이다. 최근 노인 일자리 개발을 위한 사업을 지속적으로 벌이고 있는데 노인의 인구 사회학적 특성에 따라 소득에 연연하지 않고 봉사활동을 원하는 노인들에게 약간의 임금을 제공하고 봉사 처를 연결해주는 사업도 병행할 필요가 있다.

그러므로 다양한 자원봉사대상자와 영역, 서비스의 개발이 그 어느 때보다도 필요하다. 그뿐만 아니라 과거 자원봉사자로 활동하던 여성이나 노인들이 사회서비스 일자리로 취업을 하게 됨에 따라 전통적 사회서비스에 참여하던 자원봉사자의 수가 줄어들고 있다는 점도 자원봉사 관련 기관을 운영하는 입장에서는 상당한 어려움이 되고 있다.

노인자원봉사활동의 많은 영역 중 문화영역이 의미를 갖는 이유는 이러한 형태의 자원봉사는 노인의 유산을 남기고 싶어 하는 심리와 잘 부합하기 때문이며 또한 사회적으로 노인의 이미지를 좋게 만드는 효과가 있기 때문이다.

예술과 문화 부문에 종사하는 자원봉사자들을 보통 문화 자원봉사자라 부르는데 이는 집 없는 사람, 굶주리는 사람 또는 병든 사람들을 돕는 서비스 자원봉사자들에 비해 숫자는 적은 편이다. 그러나 이들은 사람의 정신을 돕는 역할을 한다는 자부심이 있다(Carroll, 1994). 특히 박물관 자원봉사자는 전통적인 문화예술을 즐기면서 봉사한다는 것 이외에도 민족이나 국가 나아가 인류의 뿌리를 간직하고 이를 계승, 발전시키는 데 관여한다는 자부심을 갖는다.

3 온라인 자원봉사

앞에서 마이크로 볼런터링(Micro Volunteering)에 대해 설명한 바 있다. 짧은 시간의 자원봉사활동으로 이러한 작업은 종종 연구, 자선단체 또는 비정부 조직에 도움이 된다. 자원봉사자가 장기적인 헌신을 하지 않기 때문에 정상적인 자원봉사와는 다르다. 이는 온라인 자원봉사의 한 형태로, 작업은 일반적으로 스마트폰을 포함하여 인터넷에 연결된 장치를 통해 온라인으로 배포되고 완료된다. 일반적으로 신청 절차, 선별 또는 교육 기간이 필요하지 않으며 완료하는 데 몇 분 또는 몇 시간이 걸리며 자원봉사자의 지속적인 노력이 필요하지 않다. 가상 자원봉사(Virtual Volunteering)란 인터넷과 가정, 학교, 텔레센터[9] 또는 업무용 컴퓨터 또는 스마트폰(인터넷 기능이 있는 휴대폰)과 같은 기타 인터넷 연결 장치를 사용하여 전체 또는 일부를 통해 수행되는 자원봉사활동을 말한다. 가상 자원봉사는 온라인 자원봉사, 원격 자원봉사 또는 전자 자원봉사로도 알려져 있다.

온라인 자원봉사의 독특한 특징은 멀리서도 가능하다는 것이다. 이동성이 제한되거나 기타 특별한 요구가 있는 사람들은 전통적인 대면 자원봉사에서

9) 컴퓨터, 인터넷, 디지털 기기 등을 사용할 수 있는 공공장소

는 불가능한 방식으로 참여한다. 마찬가지로 온라인 자원봉사를 통해 사람들이 특히 장애 관련 표시 또는 고정 관념을 경험할 경우 사회적 억제 및 사회적 불안을 극복할 수 있다. 이것은 그렇지 않으면 자원봉사를 하지 않는 사람들에게 힘을 실어준다. 기술을 향상시키고 네트워크와 사회적 유대를 확장하면서 자신감과 자부심을 키울 수 있다. 온라인 자원봉사를 통해 참가자는 자신의 고유한 기술과 열정에 자원봉사 프로그램을 조정할 수 있다.

온라인 자원봉사의 특성은 개인의 집, 직장, 공공장소 등 인터넷이 가능한 모든 장소에서 수행하며 자원봉사의 일반적 가치요소인 공식성, 이타성과 공익성, 자발성, 무보수성 유지 등 봉사활동 수행의 다양한 방식 중 하나로 전통적 봉사활동을 대체하는 것이 아닌 상호보완적인 관계를 말한다.

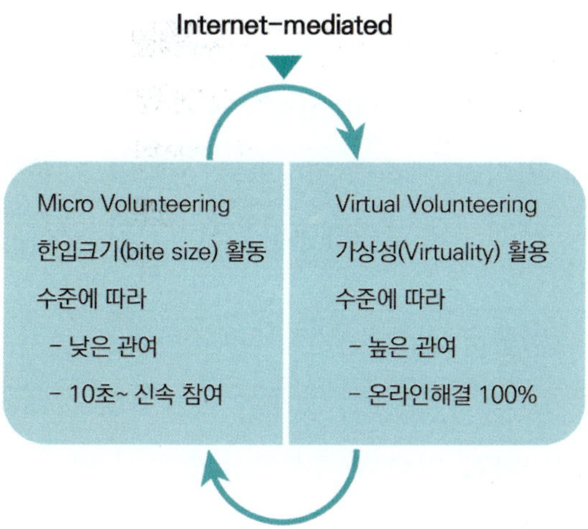

출처: 한국사회복지협의회(2018).

그림 6-2 온라인 자원봉사의 특성

UN의 온라인 자원봉사 서비스는 개발도상국에서 일하는 조직과 온라인 자원봉사자를 연결한다. 플랫폼을 통해 온라인으로 협력하는 많은 온라인 자원봉사자 및 관련 단체에 관한 통계가 있다. 온라인 자원봉사는 인터넷을 부분적으로 수행하는 마이크로 자원봉사(Micro Volunteering)와 전적으로 온라인에서 통합되는 가상 자원봉사(Virtual Volunteering)에 기반하여 수행되는 자원봉사활동의 방식으로 정의한다(이민영, 2018).

수천 개의 비영리 단체(예: NGO, 기타 시민 사회 단체, 정부 또는 기타 공공기관, 유엔 기관 또는 기타 정부 간 기관)들은 이행과제로 온라인 자원봉사를 채택한다.

가상 자원봉사에 종사하는 사람들은 다음과 같은 컴퓨터 또는 기타 인터넷 연결 장치를 통해 원격 위치에서 조직 또는 그들이 돕고 있는 사람들로부터 다양한 활동을 수행한다. 한 연구에서, 온라인 자원봉사자의 70% 이상이 일주일에 1~5시간이 필요한 과제를 선택했으며, 어떤 조직은 10분에서 1시간까지 지속되는 온라인 자원봉사 기회를 제공한다.

현재 미국 또는 전 세계 온라인 자원봉사의 모범 사례를 추적하는 조직, 온라인 자원봉사에 참여하는 사람 수 또는 온라인 자원봉사자를 사용하는 조직 수 및 미국의 자원봉사 동향에 대한 보고서와 같은 자원봉사 관련 연구는 거의 없다.

온라인 자원봉사는 온라인상에서의 신뢰가 기반이 되어야 한다. 자원봉사자들 간 비영리조직과 봉사자 간의 유대가 약해지면 실제 봉사자가 직접 봉사하는지 눈으로 확인하기 어려워 봉사자들이 조직 안에서 정체성 발전시키기가 어려울 수 있다.

즉, 전통적인 자원봉사관리 기술 적용이 어렵다는 단점이 있다.

그러나 온라인 자원봉사의 장점을 부각시키는 것이 필요하다. 비영리조직의 입장에서 보면 봉사자가 기관보다 더 훌륭한 장비를 갖고 있어 일을 더 효율적으로 할 수 있다. 기관입장에서는 갖기 어려웠던 자원 확보가 가능하여 비용절감 차원에서 좋고, 이메일 등 온라인상이라 빠른 의사소통이 가능하다. 자원봉사자의 입장에서 장점은 봉사현장에서의 활동이 어려운 상황에 있는 사람들도 참여가 가능하다는 것이다. 온라인 자원봉사는 현장경험에서 배울 수 있는 학습기회가 없다는 단점이 있지만 온 오프라인 통합 활동을 통해 윈-윈 할 수 있는 적합한 프로그램 개발이 있다면, 시간 및 장소에 구애받지 않고 봉사자들이 의미 있는 사회참여와 실천을 할 가능성은 높아질 것이다.

해외 온라인 자원봉사 플랫폼의 특징을 유형화하고, 온라인 자원봉사 프로그램의 개발과정, 전략을 체계화하고 관리방안을 제시하여 시간에 따른 활동내용, 기간, 효과, 비율 등 관리방안(정기적 의사소통, 매일 이메일 체크, 명확한 피드백, 상호작용 및 관계형성)이 필요하다. 앞으로는 정책에도 온라인 자원봉사에 관한 정보를 포함시켜야 한다.

4 국제 자원봉사활동

국제 자원봉사활동(International Voluntary Service)은 국제적인 봉사활동에 자발적으로 참여하는 활동을 말한다. 즉, 자원봉사활동은 언어, 종교, 정치, 사회경제적 장애를 뛰어넘어 자신의 시간, 능력, 에너지를 사용하여 사회변화, 경제발전, 환경보존 등을 실천하는 것을 말한다.

표 6-3 국제자원봉사의 유형

구 분		주요단체
유형	활동 분야/기능	
국내 체류	인권운동	국제엠네스티(1961)
	환경	그린피스(1971)
	아프리카 어린이 모금행사	컴패션, 컴패션 밴드10)
1년 이상 체류 장기개발협력	지역사회발전	한국국제개발협의회(kcoc) (현지생활비와 항공료를 받음)
국제파견	지역사회개발 복지시설활동 환경보호활동 문화재복원활동	워크캠프 (사) 더 나은 세상 → 워크캠프에 파견
긴급원조	태풍, 지진 테러, 기후변화	긴급원조 국제지원
단기 국제자원봉사	자연보호 야생동물보호	서울여자대학교-honors-program 현대자동차-해피무브 세계자연보호기금
정기방문	의료	로터스월드&김안과 (캄보디아의료봉사)

출처: 이만식 외(2017). 뉴패러다임시대의 자원봉사론 재구성.

일반적으로 국제 자원봉사활동이라고 하면 외국에서의 활동을 우선적으로 생각하게 되는데, 활동장소가 국내일 경우, 국제적 문제나 프로젝트에 참여하는 것도 국제 자원봉사활동이라 한다. 한국에서도 한국 국제협력단(Korea International Cooperation Agency: KOICA)에서 파견하는 '해외봉사단(Korea

10) 2006.4 배우 차인표 후원자를 비롯 6명으로 그 시작은 미약했으나 현재 많은 사람들이 참여하여 확장된 재능기부 봉사활동(컴패션밴드: https://www.compassion.or.kr/advocate/about/band/)

Overseas Volunteers)'이나 여러 민간단체에서 파견하는 다양한 형태의 해외 자원봉사단 프로그램이 있다.

또한, 한국장애인개발원이 아·태지역 개도국 장애인들에게 희망과 용기를 주고 장애인에 대한 사회적 인식을 새롭게 하기 위한 장애인 해외 봉사단 '보다(VODA, Volunteers for Disability Awareness)'[11]가 창단했다. '보다'는 비장애인을 중심으로 실시됐던 기존 해외 봉사단 패러다임에서 장애인으로 구성된 봉사단의 역량을 증명하는 데 의의가 있다.

Q & A 질문있어요

Q: KOICA(한국국제협력단) 봉사활동에 대해서 알고 싶어요.

A: 정부지원 해외자원봉사활동 KOICA–World Friend Korea
(WFK: 월드 프렌드 코리아)

World Friend Korea(WFK: 월드프렌드 코리아): 회원가입 후 신청서 다운:
https://kiv.nia.or.kr/front/main/main.do

1차 KOICA 서류전형

지원자들은
① 인적사항 ② 어학 능력 및 경력 ③ 지원기관 및 국가 (3지망까지)
④ 자기소개서로 구성된 지원서를 국문으로 작성한 KOICA에 온라인으로 제출하게 된다.

2차 전형: (UNV 로스터 등록 및 최종 면접)
3차 신체검사 및 파견준비
4차 국내 교육 후 파견

〈모집 가이드〉

– 나이 제한: 18세~29세(남자는 군 필이나 군 면제). 대학생(대학원생)
– 어학성적: 높은 어학 점수(토익 900점 이상–신청자에 따라 달라질 수 있음, 화상 면접)

---

11) 2019.9.27.일 '보다' 창단-첫 장애인 해외봉사단 보다(VODA)' 출범;
*출처: http://world.kbs.co.kr/service/news

5 제4차 산업혁명(Fourth Industrial Revolution, 4IR)

4차 혁명 등 새로운 기술에 의한 사회변화도 자원봉사 환경에 큰 영향을 줄 것으로 보인다. 기존참여방식(대면성, 집단성, 공식성, 정규성)에서 온라인 자원봉사와 같은 비대면성, 비공식성, 비정규성, 개인적 일대일 접근방식으로 전환하였다. 이미 사회 제반에서 4차 산업혁명시대를 대비하는 다양한 정책들이 준비되는 것처럼 자원봉사 영역에서도 사전준비가 필요하다고 볼 수 있다. 다음의 표 6-4는 미래 환경의 변화가 자원봉사환경에 미치는 영향 및 핵심역량을 설명하고 있다.

표 6-4 미래 환경의 변화가 자원봉사환경에 미치는 영향 및 핵심역량

환경변화	자원봉사 환경에 미치는 영향	자원봉사 핵심역량
고령화	• 빈곤한 노인의 증가 • 외로운 노인의 증가 • 건강한 노인의 증가	• 원 플러스 원 • 대인휴먼서비스 봉사일감 개발 • 노노 케어
가족구조의 다양화	• 1-2인 가족의 증가 • 다양한 가족형태의 증가 • 열악한 주거환경의 1인 가족 • 고립된 가족	• 사회적 가족의 개념도입 • 가족기능대행 봉사서비스 • 공유주거 지원봉사프로그램 • 제2의 가족 맺기
다문화 사회	• 다문화 수용성 증가 • 한국문화의 전수 • 다문화 대상국가에 대한 존중	• 글로벌 시티즌 십 육성 • 다문화 국가의 문화이해 • 한국어 및 한국문화제공봉사서비스
고용 없는 성장	• 사회서비스 영역의 확대 • 사회적 기업의 확대 • 자원봉사자 참여자수의 정체	• 틈새 사회서비스 봉사일감 개발 • 사회적 기업의 사회공헌 일감개발 • 자원봉사 참여율증가
4차 산업혁명	• 대인관계 축소 및 인간성 상실 • 소득의 불평등의 심화 • 첨단기기 세대갈등의 심화	• 감성형 대인서비스 봉사일감개발 • 공동체 의식 강화 봉사일감개발 • 소통형 문화행사 및 세대통합 일감

글로벌 환경	• 기업이미지와 환경보호 자원봉사활동과의 연계 • 지구보호의 아젠다 • 지속 가능한 사회생활	• 다양한 지구보호 사회공헌일감 • 국제적인 환경보호활동일감 • 미래 환경까지 고민하는 지구촌 나눔
ODA	• ODA 관련 예산 및 인력의 증가 • ODA 분절화 개혁 • 수혜국가 욕구에 맞는 ODA 요청	• 퇴직인력을 활용한 전문자원봉사 일감 • 다양한 부처 및 기관에서 필요로 하는 해외봉사프로그램의 POOL마련 • 수혜국가 맞춤형 ODA 사업추진
SNS 전달	• 비대면 SNS 시장의 발전 • 가짜 정보 및 뉴스의 양산 • 악플 및 비방댓글 양산	• 온라인 패트롤 자원봉사활동 • 선플달기 운동

출처: 구혜영(2019).

자원봉사 환경의 변화 중 제4차 혁명은 기술과 문화의 새로운 패러다임이다. 3차 혁명은 인터넷 환경의 정보화 혁명을 말한다. 4차 혁명의 핵심 6대 분야는 인공지능, 로봇공학, 사물인터넷, 무인운송수단(무인항공기, 무인자동차), 3차원 인쇄, 나노 기술(차세대 메모리) 등(구혜영, 2019)을 말한다. 여러 가지 기술이 융합해 하나의 새로운 기술을 만드는 컨버전스 시대라 할 수 있다. 4차 산업혁명의 시대에는 개인화와 함께 시티즌 십(citizenship)이 위기를 직면하고 있다. 시티즌 십은 동료 시민의 권리 실현에 대한 상호 의무, 즉 약한 이웃(사회적 약자 집단)이 보다 나은 삶을 사는 것에 대한 나의 의무를 인식하는 것에 기반을 두고 있다. 그런데, 개인화와 함께 동료 시민에 대한 의무감이 급속히 약화되고 모든 삶을 선택의 결과로 생각하려는 경향이 강해지면서 의무에 기반을 둔 시티즌 십은 한계에 직면하고 있다. 하지만, 이러한 시티즌십의 위기를 '타인과 함께 살고 싶어 하는 욕구의 종말'이라고 보기는 이르다.

오히려 역설적으로 개인화가 진전될수록 타인과 함께 살면서 공동체를 이루고 그 안에서 자신의 안전을 확보하려는 욕구는 더 커질 것이다. 중요한 것은 이러한 욕구가 더 이상 의무적 시티즌 십의 제도와 문화 안에서 만족될 수 없다는 사실이다.

개인화된 사회에서 '우리 – 의식'은 점차 약화 될 수밖에 없다. 이러한 문제점을 해결하기 위해서는 '우리 – 의식'과 '나' 자신 간의 균형이 필요하고 '우리 – 의식'의 강화를 위한 의도적인 사회적 노력이 필요하다고 생각한다.

새로운 시티즌 십을 위해선 자기표현에서 나아가 자기실현의 욕구를 가진 개인이 급증하는 시대적 흐름을 고려해야 할 것이다. 이는 4차 산업혁명 및 개인화로 인해 거스를 수 없는 현실이다. 새로운 시티즌 십은 자기표현 혹은 자기실현의 욕구를 가진 개인이 타인과 공동체에 대한 관심과 기여를 나타내는 방식을 제도화하고 문화로 만든 것이다.

4차 산업혁명과 개인화 시대에서 자원봉사는 사라져야 할 과거의 유물이 아니다. 오히려 새로운 시티즌 십 강화를 위한 개인에게 자기실현적 시민성을 훈련하는 장으로 기능해야 한다.

개인화 시대와 함께 일상생활영역에서 자기표현과 자기실현에 집중하는 개인이 증가하는 거대한 사회변동 속에 있다. 이에 우리는 이들이 잠재적으로 가지고 있는 타인과 공동체에 대한 관심과 기여에 대한 욕구를 실현할 수 있도록 돕는 제도와 문화적 개입이 필요한 시기를 맞고 있다.

앞으로의 자원봉사자는 과거 자원봉사자와는 달리 자기목적 지향적이고 자기표현과 자기실현을 중시하는 개인이 될 것이다. 의무와 선행의식으로 무장한 과거 자원봉사자를 기준으로 이들을 이기적, 개인주의적이라고 비난하는 것은 현실적이지 못하다. 비록 전통적 시민사회에서 기대했던 '의무적 시민성'의 형태는 아니더라도 자기실현적인 개인 자원봉사자가 증가할수록 타인과의 협력 경험에 대한 잠재적 욕구가 증가할 것으로 생각한다.

Chapter **07**

참여자별 자원봉사활동

학습목차

1. 청소년의 자원봉사와 봉사학습
2. 대학생의 자원봉사
3. 청년세대의 자원봉사활동
4. 여성과 자원봉사활동
5. 1 · 2차 베이비붐 세대의 자원봉사활동
6. 기업의 자원봉사활동

1 청소년의 자원봉사와 봉사학습

1) 청소년의 자원봉사

청소년기의 자원봉사활동은 체험과 학습이 동시에 이루어져 인격도야의 바람직한 성장에 크게 작용하므로 매우 중요하다. 청소년 자원봉사활동은 체험학습을 통하여 개인적 만족감을 증진 시킬 뿐 아니라 사회참여의 기회와 사회적 책임을 실천할 기회가 된다는 두 가지 의미를 갖고 있다. 또한 청소년은 학교에서 배우는 교과 학습을 통하여 얻은 지식과 기술을 지역사회에서 실천함으로써 그 지식과 기술을 보다 실제적인 것으로 만들 수 있다는 것이 청소년 자원봉사활동의 중요한 의의이다.

2) 청소년 봉사학습

청소년 봉사학습을 위해서는 학교, 지역사회, 자원봉사지도자가 연계망을 구축하고 유기적인 활동으로 봉사학습에 대한 지원이 적극 필요하다.

학교에서는 교내 봉사학습 프로그램을 제공하여 학교 내에서 청소년들이 활발하게 봉사활동을 할 수 있는 장을 마련해주어야 하며 지역사회와의 연계를 통하여 전문적인 봉사학습 프로그램 및 자원봉사교육 등을 지원받는 노력이 필요하다.

또한 전문 봉사학습 프로그램들을 학교 실정에 맞게 교내에서 이루어질 수 있도록 자원봉사지도자는 학교 교사, 지역사회 내 청소년 지도자 등과의 긴밀한 협조체계 구축으로 다양한 영역의 봉사학습 프로그램을 개발하고 봉사학습 자원을 발굴, 개발하여야 한다.

청소년활동 진흥법 제6조에 의한 한국청소년 활동 진흥원은 청소년 수련원이 통합된 개념으로 청소년의 균형있는 성장에 필요한 활동을 종합적으로 지원함으로써 궁극적으로 청소년의 삶의 질 향상에 기여함을 목적으로 설립되었다.

청소년이 미래사회를 이끌 핵심역량임을 강조하며 청소년 전문 프로그램 활성화를 위해 앞장서고 있다. 홈페이지를 보면 청소년 봉사학습에 대한 개념을 동영상을 통해 설명해 주고 있다(그림 7-1).

현재 서울시에는 30여 개의 청소년 수련관, 문화의 집들이 운영 중이며 이러한 기관들은 시, 구, 등에서 지원을 받아 운영하는 기관으로 전문적인 프로그램 또는 기관 협약 등 협조체계 구축으로 공동으로 봉사학습 프로그램을 개발, 운영할 수 있다.

청소년기는 가치관과 인성이 형성되는 시기인 만큼 봉사활동을 통한 인성교육이 가능하다. 청소년 사회봉사활동의 의무화는 아직도 봉사의식이 부족한 상황에서 제도가 실시되어 상당한 문제점을 가지고 있다. 2012년 주5일제 수업 이후 자원봉사활동이 매우 중요한 의미를 가지며 평생교육으로서 활성화되었다.

출처: https://youtu.be/한국청소년활동진흥원

그림 7-1 청소년 봉사학습안내(동영상)

청소년들의 봉사활동은 그 활동에 대한 효과성 여부를 떠나 미래의 성숙한 사회인을 양성한다는 의미의 장기적인 안목이 필요하며, 단순 소비의 개념을 떠나 투자의 개념으로 보아야 한다.

자원봉사활동을 통한 리더십과 추진력, 사회성을 계발할 수도 있으며 의사결정과정에의 참여를 통한 민주성을 함양할 수 있다.

청소년들의 봉사활동은 봉사에 대한 가치 인식이 중요함으로 봉사교육에 초점을 두어야 하며 청소년기의 특성과 청소년 봉사활동의 특성을 살린 다양한 프로그램을 개발하여 청소년의 참여를 독려할 필요가 있다.

3) 청소년 봉사활동 흐름도

청소년의 봉사활동은 자원봉사자로 성장할 수 있는 절차이다. 우리는 청소년 봉사활동의 신청과 활동기록 등 관리적 시스템의 편리성을 통해 전국적인 봉사활동 터전을 구축하는 데 중점을 두고 있다. 반면 영국은 청소년 봉사활동의 신청·관리의 편리성보다는 내부적인 조직망과 청소년들이 열정과 목표의식을 갖고 활동할 수 있는 포상 제도를 도입해 봉사활동을 통한 청소년들의 성장과 성취목표달성에 주력하고 있다는 점이다.

(1) 청소년 자원봉사시간 인정기준

청소년 봉사활동 시간 인정은 1일 8시간 이내 인정이 원칙이며 노인 대상 봉사활동을 학생 1인당 봉사활동 시수의 20% 이상 실시를 권장하고 있다(교육부 고시 제2015-74호).

국가 인정 봉사활동 기관과 연계한 학생 봉사활동의 지도 및 관리는 자원봉사센터(행자부), 사회복지협의회(복지부), 청소년활동진흥센터(여가부) 등에서 인정하는 기관(단체)에서 수행하고 있다.

표 7-1 자원봉사 인정기관 기준

공공부문	행정기관, 공공기관, 공공시설
민간부문	공익 목적으로 활동하고 있는 비영리기관 및 단체, 법인

표 7-2는 학생들이 자주 활용하는 자원봉사활동기관이다. 자원봉사활동 전에 인정에 대한 부분을 학교와 논의한 후 수행하는 것이 필요하다.

표 7-2 어린이집, 요양원, 병원 등에 대한 봉사활동 인정 기준

봉사기관	인정 기준
어린이집	사회복지법인 및 국·공립 기관 인정
노인요양병원	사회복지법인 또는 의료법인 등은 인정 가능. 개인병원은 인정 불가
노인요양원	노인복지법 상 노인복지시설 설치신고 시설은 인정 가능. 노인장기요양보험법에만 신고 된 시설은 인정 불가 (예 > 방문요양시설) (노인복지법인가 시설이어야 함)
병원	개인병원은 인정되지 않음. 법인이 운영하는 의료 기관 중 사회사업실 또는 자원봉사활동. 조직을 구성하여 운영 중인 사업장(병원 내 사회복지사, 사회공헌 팀, 사회사업실(팀) 등이 관리 하는 병원).
기타	예시나 기준이 없는 봉사활동의 경우는 「학교봉사활동 추진위원회」 협의를 통하여 학교장 결재를 받은 후 시행함.

(2) 개인 봉사활동 흐름도

봉사활동실적 연계사이트(포털 1365포털, VMS, DOVOL)를 이용하는 경우 봉사활동실적 연계사이트(포털 1365, VMS, DOVOL)를 이용하지 않는 경우 표 7-3의 절차를 이용한다.

학교는 청소년과 지역 공동체를 이어주는 중심 거점의 역할을 하며, 교사는 학생들이 전 과정의 프로젝트를 잘 진행할 수 있도록 돕고 지지하는 역

할을 한다(www.welfarenews.net).

표 7-3 개인 봉사활동 흐름도

가. 봉사활동 실적 연계사이트를 이용하지 않을 경우

[학생]		[학교]		[학생]		[학교]		[학교]
봉사활동 계획서 제출 (담임, 담당교사의 지도 및 상담 등)	➡	봉사활동 계획 승인	➡	계획에 따른 실행 후 확인서 제출	➡	봉사활동 확인서 평가	➡	학교생활 기록부 기재

나. 봉사활동 실적 연계사이트를 이용할 경우

[학생]		[학생]		[학교]		[학교]
1365자원봉사포털, VMS, DOVOL에서 봉사활동 검색 후 신청	➡	봉사활동 실행 후 1365자원봉사포털에서 봉사활동확인서 나이스로 전송	➡	나이스에서 1365자원봉사포털로 부터 전송된 실적 자료 확인 후 승인	➡	학교생활 기록부 기재

출처: 교육청 자원봉사활동지침(2020).

(3) 봉사학습 운영사례

청소년 봉사활동은 제대로 봉사할 수 있는 기관이 적은 데 비해 학생 수가 너무 많고 학생들 또한 시간을 채운다는 의식 속에서 봉사활동에 참여하고 있다. 또한 입시위주의 교육환경에서 의무적 형식적 활동으로 치우치는 경향이 점점 더 강해지고 있어, 청소년 봉사활동의 효과성 여부를 떠나 청소년 봉사활동에 대한 봉사학습의 중요성을 통해 봉사활동의 실적과 결과만을 중시하는 현 풍토에서 벗어나 계획과 활동과정을 중시하는 사회적 인식의 변화가 요구된다.

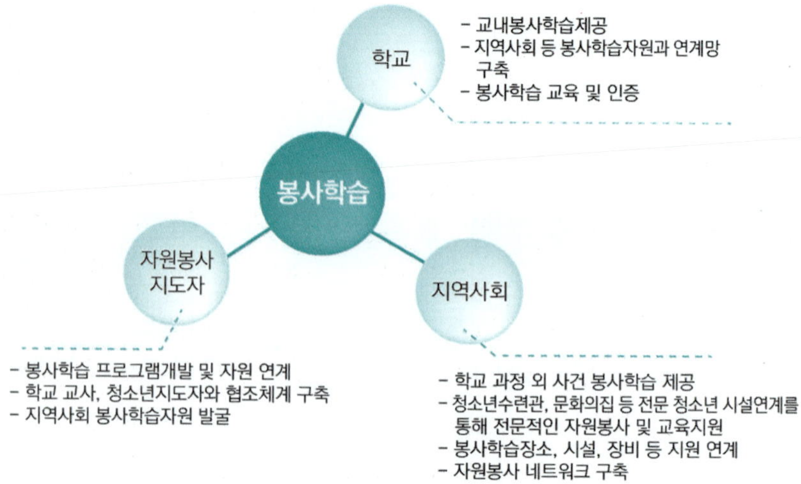

출처: 청소년지원봉사센터 흐름도 활용 한사회성장연구원봉사연계도(2023).

그림 7-2 청소년 프로그램 연계 및 활용방안

청소년 자원봉사활동을 활성화하기 위한 다양한 대비책들이 마련되어야 할 것이다. 이를 위하여 앞서 제시한 대로 **그림 7-2**처럼 학교와 지역사회 자원봉사지도자의 유기적인 협력과 지원, 평생교육으로서의 청소년 프로그램 운영은 청소년 지원봉사활동을 활성화시키고 참다운 나눔의 의미를 일깨우는 중요한 과제이며 노력이 되어야 한다.

표 7-4 청소년 봉사학습 운영사례

<table>
<tr><th colspan="2">프로그램</th><th colspan="5">청소년 공공미술 봉사활동</th></tr>
<tr><td colspan="2">봉사활동
영 역</td><td colspan="5">□ 캠페인활동 □ 자선구호활동 ☑ 환경·시설보전활동 ☑ 온라인 활동
□ 위문활동 ☑ 멘토링활동 ☑ 지역사회개발활동 □ 기타활동</td></tr>
<tr><td colspan="2">창제활동
영 역</td><td>□ 자율 ☑ 동아리 ☑ 진로 ☑ 봉사</td><td>관련
교과</td><td colspan="3">미술</td></tr>
<tr><td colspan="2">활동규모</td><td colspan="5">□ 개인 ☑ 동아리 ☑ 학습 □ 학년 □ 학교</td></tr>
<tr><td colspan="2">활동시기</td><td colspan="2">연중, 주말, 방학중</td><td>소요시간</td><td colspan="2">30시간, 12차시</td></tr>
<tr><td colspan="2" rowspan="2">활동목표</td><td colspan="5">• 메타버스에 대한 교육을 통해 NFT아트에 대한 자신감과 특기를 개발한다.</td></tr>
<tr><td colspan="5">• 멘토링 봉사활동을 이끌어 자신감과 성취감을 증진시킨다.</td></tr>
<tr><td colspan="2">단계</td><td colspan="2">활동 내용</td><td>소요
시간</td><td>장소</td><td>준비물</td></tr>
<tr><td>도입</td><td>사전
활동</td><td colspan="2">• 활동 과정 소개
프로그램목표 안내 → 제페토 앱 설치
제페토 '닉네임' 정하기 → 자기소개하기 → 팀명 짓기
친구 팔로우 하기 → 팔로우한 친구와 사진찍기
사진 뒤 배경설정(배경은 자신의 작품으로)
제페토월드 방문하기(인증샷(과제)
– 제페토 선물받기 이해하기 → 선물 받은 옷 인증샷</td><td>3</td><td>센터
및
온라인</td><td>PPT
학생:
필기도구
채색 도구
스케치북스
마트폰</td></tr>
<tr><td>전개</td><td>주요
활동</td><td colspan="2">– 단체 톡방 과제 점검(틱톡, 인스타 홍보)
#해시태그 홍보
– 메타버스 용어 이해 (PPT)
제페토 포즈 익히기 (미션에 따라 사람 수정하기)
제페토 템플릿 이해하기
팀과 제페토 단체복 입고 활동하는 영상 작업
제페토월드 방문하기
(우리강산 푸르게 푸르게)–인증샷</td><td>6</td><td>센터
및
온라인</td><td>노트북
(태블릿
PC)
스마트폰</td></tr>
<tr><td>마
무
리</td><td>사후
활동</td><td colspan="2">• 온라인 전시회–나만의 메타버스–작품영상
나의 NFT ART
• 소감 나누기</td><td>3</td><td>센터
및
온라인</td><td>노트북
스마트폰
설문지</td></tr>
</table>

출처: 한사회성장연구원(2023).

자원봉사 패러다임 변화 중 청소년 중심의 자원봉사활동은 디지털 세대의 새로운 참여방식으로 부상하였다. 급변하는 4차 산업혁명 시대에 청소년이 스스로 행동하고 학습할 수 있는 환경을 만들고, 미래사회에 필요한 역량을 갖춘 핵심인재로 성장하기 위해서는 청소년들의 자기 주도적 자원봉사 활동이 활발하게 전개되어야 한다(표 7-4).

청소년 봉사활동에 참여하는 학생은 세 부류로 나눌 수 있다.

첫째, 종합생활기록부에 기입되어야 하는 그래서 봉사시간 확인증이 필요한 다소 강제적 청소년

둘째, 고입 혹은 대입(입학사정관제)에 필요한 일종의 스펙을 쌓는 데 봉사활동이 필요한 청소년

셋째, 봉사활동에 대한 관심과 이타적인 욕구를 가지고 적극적으로 참여하는 청소년

청소년 봉사활동에는 부모들의 관심이 무엇보다 필요하며 청소년 봉사활동 지원 전문 인력을 배치하여 전문적으로 봉사활동을 계획, 안내, 지원할 수 있는 전담 요원이 확보되어야 한다.

청소년 자원봉사의 의미는

첫째, 청소년의 자기 존중감과 자신감 증대

둘째, 다양한 경험을 통해 직업, 진로 교육의 효과

셋째, 사회성 및 공동체 의식의 함양

넷째, 건전한 취미 및 여가 능력의 함양

다섯째, 사회참여를 통해 청소년의 사회적 지위 향상

표 7-5 자기주도적 봉사활동 예

분류	자기 주도적 봉사활동
간접봉사	저소득 및 이재민, 국제구호를 위한 모금 및 생활용품 지원
	바자회 및 벼룩시장 운영, 도서수집, 위문 편지쓰기, 온라인 봉사
	시민참여: 캠페인, 연구조사 및 모니터링, 시정요구 및 고발

청소년이 창의융합 인재로 성장하기 위해서는 청소년에게 주도적으로 생각하고 활동할 수 있는 기회가 주어져야 한다. 자기 주도형 봉사활동이란 기존봉사시설 및 기관에서 기획 운영하는 봉사활동이 아닌 지역의 문제를 확인하고 해결과제들을 청소년이 직접 기획하고 실천하는 봉사활동이다(한국청소년활동진흥원-e 홈페이지).

잠깐 쉬어가기 **홈페이지를 방문해 보세요.**

시군구 청소년 활동 진흥센터
한국청소년활동진흥원(한국청소년진흥센터와 한국청소년수련원 통합)
영국 'V'(Vinspired.com) 프로젝트
http://www.youth.go.kr/yworker/usr/index.do#
https://nyc.kywa.or.kr/intro/greeting01.jsp

2 대학생의 자원봉사

1) 대학생 자원봉사활동의 필요성

오늘날의 대학생들은 진보적이며 실리적이고 현실주의적인 의식 구조를 갖고 있고 자기중심적인 개인주의 성향이 강하며 전문적인 지식을 소유하고 있는 세대이다. 또한 이 세대는 전문적 지식 이외에도 왕성한 체력과 시간적, 정서적 여유를 갖추어 자원봉사활동에 가장 적합한 때이다. 대학생들이 봉사활동에 참여하는 동기는 다양하다. 동기의 순수성을 논하기보다 직접적인 봉사활동 참여로 자신의 이기적 동기(자신의 발전, 학점, 신앙 등)들이 어떻게 이타적 동기로 전환될 수 있는 가이다. 그러기 위해서는 봉사활동과정에 대한 명확한 이해가 필요하며 그 속에서 올바른 봉사자로서의 자세를 갖추는 것이 필요하다.

대학생 자원봉사의 필요성을 다섯 가지로 정리하면 다음과 같다(배기효 외 2007: 306-307).

(1) 사회지도자로서의 자질함양
(2) 전문지식 및 기술의 적용과 연마
(3) 사회문제에 대한 새로운 인식과 공동체 의식의 획득
(4) 인간의 존엄성과 가치, 국가관에 대한 올바른 인식
(5) 성숙한 자아의 형성

2) 대학생 자원봉사활동을 통한 기대

대학생 자원봉사활동을 통해서 기대할 수 있는 구체적인 교육 효과는 다음과 같다.

(1) 타인과 협력하고 인간관계를 유지하게 함으로써 자기발전과 성숙에

기반이 되는 사회성을 기르고 자아를 실현할 수 있다(김덕준 외, 1983).
(2) 취미향상을 도모하고 여가를 활용할 수 있다.
(3) 자신의 적성을 발견할 수 있는 기회를 제공하며, 새로운 기술을 학습할 수 있게 하고 이미 가진 기술을 더욱 발전시킨다(김상균 외, 1986).
(4) 신체적, 정신적, 정서적 건강을 지닌 전인적인 인간으로 성장할 수 있다.
(5) 자신감을 갖게 하고 잠재적인 지도력을 개발하여 학습경험을 보다 풍부하게 한다.
(6) 민주주의 정신을 함양한다.
(7) 사회적으로 필요하고 유익한 행위의 만족한 체험을 통해 사회를 올바로 이해하고 불건전한 이탈 행동을 예방한다(권해조, 1987).

3 청년세대의 자원봉사활동

청년기는 30~40세 전후의 직장인 개념으로 현재 상황에 충실하며 합리적인 판단과 자신의 관심과 능력에 관심을 갖는다.

30~40대 대부분은 가장이며 생계를 책임지는 생활인이고 직장에서는 중추세력의 몫을 하고 있다. 효율적인 인적네트워크의 교류가 가장 활발한 연령층으로 가족의 생계유지, 사회적 관계의 유지, 자신의 생활 전반을 책임진다.

이 시기는 직업적 성취도가 최고조 직업전환을 해야 하는 가능성 또한 함께 공존하는 시기이다(구혜영, 2019).

따라서 전문성을 강조하거나 합리성을 원하는 이들을 자원봉사활동으로 끌어들이는 것이 매우 어려운 일처럼 보이나 각종 제도적인 유인책을 통하여 자원봉사활동을 수행할 수 있는 길을 열어준다면 합리적으로 대응할 것이다.

4 여성과 자원봉사활동

여성은 동·서양의 자원봉사활동 역사에서 중심적인 역할을 해왔으며 오늘날에도 영향력이 있는 자원봉사자로 활동하고 있다. 여성은 현대사회의 변화와 함께 가족 주기의 변화, 교육수준의 향상 등으로 시간적 여유 및 의식이 향상되었고 경제활동과 사회활동 참여율도 높아졌다. 이러한 다양한 경험을 통하여 여성들은 융통성과 다양성, 개방성 등을 습득하였고, 사회 및 지역사회 문제 등 생활 각 분야에 대한 관심도 제고되었다. 이는 자원봉사활동에서도 적극적인 자세와 태도로 나타나고 있다.

자원봉사활동은 사회에 참여하는 이타적인 시민활동으로서 그 중요성이 크게 부각되고 봉사를 통한 기술의 습득, 자기계발, 사회와 소통하는 경험의 장으로 인식되고 있다.

이러한 실천의 장에서 여성의 자원봉사활동은 공적 서비스를 보완한다는 측면에서 국가적 차원의 인적자원 활용방안이 되어왔고, 여성에게 자기발견, 자아실현의 기회 및 적합한 일자리를 제공해 준다는 평가를 받고 있다.

근대적 의미의 국내 여성 자원봉사활동은 1993년에 창립된 YWCA 기독교 단체에서 교육과 아동의 보건사업 등이 여성 계몽운동으로 실시되었다. 이는 조직을 통한 최초의 여성 자원봉사활동으로 평가되고 있다. 그 이후 1947년에 적십자 부녀봉사대는 인도주의와 서비스 분야의 자원봉사활동을 광범위하게 담당하며 여성자원봉사의 중요한 기틀을 갖추었다.

또한 1970년대의 새마을부녀회도 농촌사회를 중심으로 활동한 여성 자원봉사활동으로 평가되고 있다.

국내 여성 자원봉사활동은 1988년 올림픽대회 이후 급격히 확산되기 시작하였으며 이후 여성의 자원봉사활동에 대한 사회적 관심이 증가하였다. 1991년에는 여성자원활동센터가 전국적으로 설립되었고 정부의 지원과 관심이 증가하면서 여성 자원봉사활동이 활기를 띠기 시작하였다. 전국 시·군·구에 조직된 여성자원활동센터를 중심으로 지역사회의 자원봉사가 활성화되었으나 여성자원활동센터가 자원봉사센터로 흡수되면서 여성자원활동센터의 기능이 축소되는 경향을 보이고 있다.

국내 여성 자원봉사활동의 중심적인 주체는 중년여성이다. 40-50대의 중년 여성들의 참여율이 높다. 중년기는 학자들에 따라 분류가 다르지만 35세에서 60세의 여성들로 분류하고 있다.

중년여성은 자신의 삶을 회고하는 시간을 가지면서 허무감을 느낀다. 인생의 의미를 살릴 수 있는 기회를 필요로 한다.

중년 여성세대 자원봉사활동의 의의는 다음과 같다.

첫째, 자신의 능력을 발휘하여 지역사회 발전에 기여할 수 있는 기회제공

둘째, 사회참여를 통한 자아실현기회제공

셋째, 잠재력 보유한 유용한 유휴인력 활용

넷째, 학문과 지식을 활용하는 응용력과 창의력 증진

마지막으로 자녀세대의 긍정적 모델 역할을 한다.

이러한 이유로 자신에게 맞는 일을 찾고자 하는 여성들이 모이는 곳이 자원봉사활동이다. 내세울 수 있는 일은 아니지만 큰 어려움 없이 시작하는데 자원봉사활동이 최적이라고 할 수 있기 때문이다. 봉사활동을 통해 삶에 새로운 방향을 설정하고 자신의 존재를 가족에서 벗어나 사회 속의 존재로 넓혀감으로써 자신의 손길을 기다리는 이웃과 지역사회가 있다는 것에 만족을 느낀다.

5 1·2차 베이비붐 세대의 자원봉사활동

‘세대’의 어원은 ‘성립’ 혹은 ‘출현’이라는 의미를 가지는 희랍어 ‘genos’에서 유래하는데, 이러한 어원은 세대가 출생 시기의 차이에 기초한 사회분화, 즉 ‘집단 내의 공통점’과 ‘집단 간의 차이점’을 기술하기 위한 용어라는 점을 시사해 준다(Bengtson 등, 1985, 변진숙, 2018 재인용).

표 7-6 세대개념

구분	관점	특징
1	친족계 보상 (조부모, 부모, 자녀)	가계계승
2	비슷한 시기에 태어난 동년배 집단	동세대개념(출생코호트)
3	청소년세대, 대학생세대	생애주기(발달주기)
4	청소년기 역사적 경험, 문화공존	같은 역사 공유집단

출처: 한국사회학회(1994); Kertzer(1983) 재인용.

확대 베이비붐 세대는 2015년 통계청 추이에서 합계출산율이 3.0 이상인 세대를 포괄한 1955년에서 1974년생까지를 말한다. 이들은 인구구조의 약 34%를 차지하는 대규모 인구집단으로 세대개념을 통해 이를 다시 1차, 2차 베이비붐 세대로 구분한다. 1차 베이비붐 세대는 1955년생부터 1963년생까지를 말한다(14.7%). 또한, 2차 베이비붐 세대는 1964년생부터 1974년생까지를 말한다(2015, 통계청).

2차 베이비붐 세대는 전기와 후기로 다시 구분한다. 전기는 1964년에서 1967년생(아노미 세대)으로 후기는 1968년에서 1974년생(IMF 세대)으로 다시 구분한다(변진숙, 2018).

2차를 다시 전 후기로 구분하는 것은 이들 세대가 가지는 특성이 청소년기 문화적 경험이 달라 (역사를 공유) 세대 차를 형성하기 때문이다. 이 부분은 자원봉사활동 참여에 미치는 영향도 다르게 나타난다.

1) 베이비붐 세대의 특징

1차 베이비붐 세대의 자원봉사활동의 특징은 다음과 같다.

첫째, 자원봉사활동참여 인구는 교육수준이 높을수록, 소득수준이 높을수록 봉사활동 참여가 높다. 둘째, 봉사참여율은 낮지만(초과근무, 휴일근무 선호) 일단 참여하면 일시적이 아니라 지속적으로 참여한다. 셋째, 봉사활동을 여가의 개념으로 생각한다. 직장동호회 참여 활동이 은퇴 후에도 연계된 자원봉사를 바란다.

2차 베이비 붐 세대의 자원봉사활동의 특징은 다음과 같다.

첫째, 사회참여로 봉사활동보다 문화 여가 활동을 우선시한다.
(봉사활동을 여가 활동과 구분한다.)

둘째, 아노미 세대에 비해 IMF 세대가 자원봉사의 지속성이 떨어진다. 아노미 세대에 비해 IMF 세대가 유연근무를 하는 여성(퍼플칼라)이 많다.

셋째, 그럼에도 불구하고 자원봉사 참여율이 낮다.

2) 자원봉사 참여가 필요한 이유

1·2차 베이비붐 세대에게 자원봉사참여가 필요한 이유는 다음과 같다.

우선 고령자 혹은 노인이 아닌 현재 장년으로서의 인식변화를 가져온다.

둘째, 사회공헌의 확대를 통한 복지예산의 감소는 GDP에 영향을 미치게 되어 일자리와 연계될 수 있는 자원봉사활동에 대한 참여가 필요하다.

셋째, 더불어 사는 사회 분위기 확대이다.

넷째, 정신적 삶의 질 향상에 도움을 준다.

6 기업의 자원봉사활동(사회공헌)

기업의 자원봉사 또는 기업의 사회봉사라는 말은 1970년대 이후 미국기업이 사원의 자원봉사활동을 기업 차원에서 제도적으로 뒷받침해 주면서 등장하였다. 한국의 기업 차원의 자원봉사활동은 1990년대에 나타나기 시작했는데 1994년 삼성에서 최초로 그룹 차원에서 사회봉사단을 창단하였다.

1) 한국의 기업자원봉사활동역사와 발전과정

한국의 기업자원봉사활동, 사회공헌 활동은 1970년대까지는 미비하였으나 1980년대 들어 재벌 중심의 경제구조가 정착되면서 기업의 사회적 책임론이 서서히 대두되기 시작하였다. 이때부터 사회공헌 활동으로서 장학사업 등 교육에의 투자와 문화사업 및 기업 자원봉사활동영역이 넓혀져 왔는데 한국 기업의 사회공헌 발전단계를 보면 **표 7-7**과 같다.

표 7-7 경영환경변화와 한국기업의 사회공헌 발전단계

구분	1960년대 이전	1970년대	1980년대	1990년대
경영환경	– 산업화 초기 – 정부주도의 경제개발 – 정치불안정의 회복	– 대기업 중심의 중화학공업육성 – 수출 드라이브 정책 개발독재	– 시장개방압력 – 고도의 소비사회 – 정치사회의 민주화	– WTO 체제 출발 – OECD 가입 – 문민정부
사회의 인식	– 경제우선주의와 기업에 대한 우호적 환경	– 재벌의 경제력집중 – 소비자보호운동 – 전경련 회장 (정주영 반발)	– 1987년 민주화	– 정경유착에 대한 비판 – 개방화, 세계화 속에서 기업주도의 혁신활동요청

사회 공헌	– 기업가의 관심에 따른 개인 출연 – 소규모 재단 – 장학재단설립 – 자선적 동기에서 출발	– 장학재단 중심의 기업재단 – 설립증가 준조세 성격의 기업기부	– 사회복지재단의 증가 – 기업출연의 기업 재단증가	– 기업주도 – 사회공헌활동 증가 – 기업차원의 자원봉사활동운동 전개

출처: 양점도 외(2010) 수정 인용.

2) 사회공헌 활동

1980년대를 기점으로 급속도로 성장해온 국내 기업들의 사회공헌 활동인 CSR(Corporate Social Responsibility)은 이제 해외로까지 그 영역을 확장해 나가고 있다(이소현, 2014). 이러한 흐름에 맞추어, 기업들은 국내뿐 아니라 해외 여러 국가에 전방위적인 CSR 활동을 펼치고 있다(차진형, 2016).

시민 사회 영역의 다양화 및 비영리 부분의 확대, 기업과 같은 영리기관에서도 자원봉사의 패러다임은 변화하였다. 기업의 자원봉사는 자선적 기부 활동으로 시작하여 사회적 투자, 기업시민, 사회적 가치에 이어 현재는 ESG로 전환되고 있다.

(1) 개인의 사회공헌 활동(기부)

개인들은 특히 기부 행위를 통해 사회공헌 활동을 많이 하고 있는데, 개인들이 기부 활동을 하는 이유는 매우 다양한 것으로 알려져 있다. 개인이 기부를 하는 데 있어 조세와 관련된 요인뿐 아니라 사회심리학적 만족도나 종교 활동 등의 경험적 요인들, 즉 비조세적 요인이 개인의 기부 행위를 유발하는 중요한 요인인 것으로 나타났다(문진주, 홍기용, 2016). 즉, 개인의 만족도나 긍정적 경험이 개인의 사회공헌 활동을 유인하는 중요한 원인이 되고 있다는 것이다. 이와 관련하여 기부 같은 친 사회적 행동은 주로 남을 도우려는 이타적인 동기, 사회적으로 인정받고자 하는 동기, 체면을 세우기 위한 동기뿐 아라 자신의 정체성이나 자긍심을 높이기 위한 동기 등이 있는 것으로 알려져 있다(박명진·박종철, 2013).

(2) 기업의 사회공헌 활동

미국의 경제학자인 캐롤(B. A. Carroll)이 기업의 사회적 성과에 대한 이론을 모형화 한 것으로, 기업의 사회적 책임을 경제적 책임, 법률책임, 윤리적 책임, 자선적 책임의 4가지로 분류하였다. 흔히, CSR을 얘기할 때 기본이 되는 4가지 분류 이론은 다음과 같다.

① 경제적 책임(Economic Responsibilities)

기업은 사회구성원들에게 재화와 서비스를 생산하도록 설계된 경제주체로, 소비자들이 필요로 하는 재화와 서비스를 생산하고 이를 통해 이윤을 창출하여야 한다.

② 법적 책임(Legal Responsibilities)

성문화된 윤리로, 기업은 자신의 경제적 임무를 주어진 틀, 즉 법의 테두리 안에서 완수해야 한다.

③ 윤리적 책임(Ethical Responsibilities)

성문화되어 있지는 않으나, 사회구성원에 의해 기대되거나 제한되는 행동들로, 소비자, 직원, 주주 그리고 공동체가 정당하고 정의롭다고 여기는 것에 관심을 갖는 것 또는 이해관계자(stakeholder)의 윤리적 권리를 존중 또는 보호하기 위한 노력을 의미한다.

④ 재량적/자선적 책임(Discretionary(1979)/Philantropic(1991) Responsibilities)

기업이 선량한 기업 시민이 되기를 바라는 사회의 기대에 부응하는 기업의 행동으로 기업이 인간의 복지를 증진 시키는 프로그램에 적극적으로 참여하는 것을 포함한다. 이는 법적 근거에 의해 반드시 요구되는 것이 아닌 자율적, 자발적 참여를 요구한다.

기업의 사회적 책임에 대한 소비자들의 관심과 요구가 높아지면서 기업들은 사회공익활동 수행에 대한 압박을 받고 있을 뿐 아니라, 이러한 자선활동, 기부 활동들이 기업의 자산 가치를 높일 수 있는 투자라는 것을 인식하게 되었다. 기업의 사회적 책임의 실천과 이윤추구라는 두 가지 목표가 상호 대립적 관계가 아닌 보완적 관계로 공존하고 있다는 것을 알 수 있다 (Varadarajan & Menon).

3) 기업의 사회공헌 활동에 참여하는 이유

메논(Menon, 1998)은 아시아 기업의 사회공헌 유형을 낭만적 이타주의적 접근, 경영 전략적 접근, 지역공동체 참여적 접근 등의 세 가지로 구분하였다. 일반적으로 사회공헌활동에 대한 모델은 다음과 같다.

(1) 이타주의적 모델

기업은 사회에 대해 선한 일을 하기 위해 기업가가 건전하게 활용할 수 있는 경제적, 재정적 이윤이나 잉여물을 창출한다는 가정에 기반을 두고 있다. 이는 기업에 부여된 다양한 자원을 사용할 수 있는 권리자로서의 사회적 책임과 윤리적 행동의 개념에 근거를 두고 있다. 이는 최고경영자의 이타주의적 동정심이나 선행에 대한 욕구로 비 전략적 차원을 의미한다.

(2) 경영 전략적 모델(이윤 극대화 모델)

이 모델에 의하면 기업의 사회공헌 활동의 기본적인 목적은 이윤을 남기기 위한 것이다. 그래서 사회공헌 활동의 성공 여부는 기업의 생산성이 증가하고 재무구조가 개선되는 것에 달려 있다. 하지만 기업의 사회공헌 활동이 기업의 재정적인 목적달성 즉 생산성과 이윤이 증가해서 재무구조가 개선되는 것에 기여 하는 과정은 장기적이고 간접적이다. 기업의 이윤창출에 도움이 되기 때문에 기업 시민의 역할 등을 참여 이유로 들면서 사회공헌 활동에 참여한다.

(3) 전략적 모델(정치/ 제도적 권력모델)

이 모델에 의하면 사회공헌 활동은 기업이 속한 사회에 존재하는 비영리 조직, 재단 그리고 타 기업의 사회공헌 활동 프로그램과의 연합이나 제휴를 통해서 기업의 장기적인 이해관계를 증진시키기 위한 실천으로 이해할 수 있다. 정치적 환경에서 문제가 있는 행위자들을 포섭하여 기업 편으로 끌어들일 뿐 아니라 정부의 간섭이 증가하는 데 대한 대안으로서 사적 주도력을 세움으로써 기업의 자율성을 보호하는 데 있다.

(4) 지역공동체 참여적 접근

기업 사이의 경쟁이 치열해지고 사회적인 압력이 높아짐에 따라 기업과 지역사회와의 관계가 주요 이슈로 떠오르고 있다. 기업에게 지역사회 관계가 얼마나 중요한가에 대해 이 분야를 집중적으로 연구하고 지역사회 관계 전략의 방법을 교육하기도 한다. 지역사회 관계는 더 이상 때늦은 생각이거나 체면치레가 아니라 대부분의 기업에게 아주 중요한 경영전략의 하나이며 기업체의 건강성에 필수 불가결한 요소라는 사실을 많은 최고경영자들이 인정하고 있다.

① 요양시설 인식개선(지역사회 변화에 초점)
② 시설노인 식사지원 프로그램(자원봉사)
③ 치매가족 전문교육 활동 지원(의료지원)

표 7-8 사회공헌활동 예

고령노동자 취업 발전기금지원	- 음반시장의 일부 음원 기금화 - 합창단의 음원다운
실버 예술인 후원금지급	- 카드금액의 일정비율을 노인여가활동지원
고령인 사업장 구매 연결	- 카드의 %를 노인(시설)복지펀드 기금화

(5) 기타

최근에는 물질적 기여인 사회공헌 활동보다는 자체적으로 기업의 공익재단의 설립하여 활동한다.

① 넥슨 핸즈: 장애어린이를 위한 생태계 조성
② 푸르메 재단: 넥슨 어린이 재활병원
③ 국내 작은 책방: 지역아동센터 & 지역 커뮤니티센터
④ 해외 작은 책방: NGO와 생태계 조성

초일류 기업들이 실시하고 있는 사회공헌 활동의 특징을 보면 대 다수 기업들이 공통적으로 교육분야에 대해 많은 관심을 쏟고 있다는 점을 들 수 있다. 사회발전의 기본영역인 교육분야의 지원배경에는 기업이 사회의 일원으로서 지역사회의 발전에 기여하는 것이 궁극적으로 기업의 성장과 결부되어 있다는 신념에서 비롯된 측면이 크다. 예컨대 끊임없는 기술혁신으로 기업을 이끌어 나가는 3M사는 초등학교에 대학교에 걸쳐 과학교육발전을 위한 프로그램에 기부를 집중한다. 일본의 '구보타사'는 노벨과학상 수상자의 초청강연회를 열고 일본 중고생의 토론문화 발전을 위해 자사 인터넷에 토론 아카데미 포럼을 설치, 치열한 토론을 벌일 수 있도록 꾸며 놓기도 했다. 교육에 대한 투자는 양질의 인력이 기업에 공급됨으로써 기업발전에 도움이 된다. 기관의 입장에서도 기업 파트너를 구할 때 구걸이 아니라 공동운명체라는 것을 강조해야 할 것이다.

Q & A 질문있어요

Q: 메세나가 무엇인가요?

A: '메세나(Mecenat)'란 기업들이 문화예술에 적극 지원함으로써 사회공헌과 국가 경쟁력에 이바지하는 활동을 총칭한다. 한국 메세나는 1994 비영리 사단법인으로 창립하였다. 문화예술을 후원하는 기업을 회원사로 둔 비영리사단법인으로 2004년 한국 메세나 협의회로 명칭변경(메세나의 의미를 일반인에게 적용) 되었다. 2013년 문화예술 활성화에 관한 법률(일명 메세나법)을 통해 소외계층 아동 및 청소년을 위한 영재프로그램 운영하고 있다.

Part 3

자원봉사활동의 실제

Chapter 08

자원봉사 서비스대상 및 분야별 자원봉사활동

학습목차

1. 사회복지시설 및 기관에서의 자원봉사활동
2. 아동복지와 자원봉사활동
3. 청소년 대상 자원봉사활동
4. 장애인복지와 자원봉사활동
5. 노인복지와 자원봉사활동
6. 다문화 복지와 자원봉사활동
7. 자원봉사활동 시 유의사항

모든 국민은 사회복지시설과 기관을 이용할 수 있다. 다만 생활보호 대상자가 우선적으로 이용하고 있으며 장애인시설, 정신질환자시설과 같은 일부 사회복지시설은 정원의 30% 범위 내에서 일반인도 일정 비용을 부담하고 시설보호를 받을 수 있다. 사회복지기관이나 경로당, 아동상담소와 같은 이용시설은 누구나 이용할 수 있다.

시설에는 수혜자들이 모든 의식주를 시설 내에서 생활하며 제공받는 '수용시설'과, 국민 모두가 서비스를 선택하여 이용할 수 있는 '기관('이용시설'이라고도 부름)'이 있다. 종래의 사회복지시설 및 기관은 가정에서 생활할 수 없는 사람, 재활을 필요로 하는 사람들을 보호·수용하는 곳으로 이해되었다 (양점도 외, 2010).

오늘날에는 사회복지의 의미가 확대되어 모든 국민의 충분한 능력을 개발하고 행복을 추구하기 위한 사회적 노력을 사회복지로 파악하므로 그 대상은 국민 모두가 된다. 따라서 사회복지시설 개념도 지역사회주민의 다양한 욕구를 충족하기 위해 상시 이용할 수 있는 각종 복지시설을 포함한 넓은 의미로 변화하고 있다.

자원봉사활동 영역은 포괄적이기 때문에 하나의 기준으로 분류하여 설정하는 것은 어렵다. 필요에 따라 활동의 장, 분야, 봉사대상, 내용별로 분류할 수 있으며 크게 자원봉사영역은 활동의 대상에 따라 과업의 성격에 따라 다음 표 8-1과 같이 구분해 볼 수 있다.

표 8-1 대상에 따른 분류

영 역	대 상	관련법률	과업의 성격
세부 내용	아동(18세 미만) 청소년(24세 미만) 노인(65세 이상) 장애인 다문화(탈북민)	아동복지법 청소년기본법 노인복지법 장애인 복지법 다문화 가족지원법	직접적 원조 예방적 활동 전문적 활동 일반적 활동

1 사회복지시설 및 기관에서 자원봉사활동

한국에는 「사회복지사업법」과 개별법에 의하여 설치 운영되는 사회복지시설 및 기관으로는 아동복지시설 및 기관(영유아 시설, 탁아시설, 입양기관), 장애인시설 및 복지관, 여성복지시설 및 기관, 노인복지시설 및 기관, 부랑인시설, 종합복지관 등이 있다.

사회복지시설 및 기관에서 자원봉사활동 유형은 직·간접에 의한 구분 표 8-2과 활동의 장소에 따른 구분 표 8-3을 한다.

표 8-2 직접봉사와 간접봉사

유 형	활동분야	봉사활동
직접봉사	아동 청소년	말벗, 상담, 생활 및 학습지도, 동반 외출, 여행
	장애인, 노인	재활서비스, 말벗, 상담. 치료보조. 동반외출, 여행
	다문화	말벗, 상담, 한국어교육, 사회적응지도, 직업훈련
간접봉사	근로봉사	전문가 보조, 환경미화, 청소 및 세탁. 시설보수 행사지원, 위문공연
	기능봉사	사서활동, 점자번역. 녹음, 법률상담, 이 · 미용, 진료활동

출처: 양점도 외(2010) 재인용.

표 8-3 활동의 장에 따른 자원봉사영역구분

구분	활동영역
장소별 봉사활동	사회복지시설 및 기관, 지역사회 해외
분야별 봉사활동	복지 · 의료분야, 교육 · 문화 분야, 정치 · 경제 · 환경 분야, 지역공동체 분야
대상별 봉사활동	아동, 노인, 청소년, 장애인 등
내용별 봉사활동	직접봉사, 모금, 수집활동, 상담 등

출처: 양점도 외(2010) 재인용.

2 아동복지와 자원봉사활동

1) 아동복지의 이해

아동복지란 장애를 가진 아동은 물론 모든 아동이 가족 및 사회의 일원으로서 신체적, 정신적으로 건전하게 성장 발달할 수 있도록 지역사회나 사회복지서비스 분야에 있는 공사단체와 기관이 협력하여 아동에게 필요한 사업을 계획하며 실행에 옮기는 조직적 활동이라 할 수 있다. 이 중 자원봉사자가 주로 활동할 수 있는 아동복지설은 특히 도움이 필요한 아동이 함께 생활하는 곳이다. 이곳을 고아원이라는 말로 쉽게 생각하는데 이제는 이런 말은 쓰지 않으며 장애아동이 있는 곳을 아직도 편견을 가지고 대하는 잘못된 인식을 자원봉사활동을 통하여 줄일 수 있다(양점도 외, 2010).

아동복지의 개념은 학자들에 의해 그 초점에 따라 다양하게 정의되어 왔다.

카두신(Kadushin)과 마틴(Martin, 1988)은 좁은 의미의 아동복지는 특수한 욕구를 가진 아동과 가족을 대상으로 사회복지관을 비롯한 특정 기관에서 제공하는 서비스라고 설명하였고, 넓은 의미의 아동복지는 모든 아동들의 행복을 위해 그들의 신체적, 사회적, 심리적 발달을 보호하고 촉진하기 위한 모든 대책이라고 설명하였다. 「UN 아동권리 협약」에서는 아동을 18세 미만의 모든 사람으로 규정하고 있고, 우리나라 '아동복지법'에서도 18세 미만의 자를 아동으로 보고 있다. 그러나 자원봉사 현장에서 만나는 아동은 13세 미만, 즉 초등학교에 다니고 있는 자라고 분류하는 것이 일반적이라 할 수 있다(이만식 외, 2017).

2) 아동을 위한 자원봉사활동

(1) 아동을 위한 자원봉사활동의 종류

표 8-4 아동을 위한 자원봉사활동의 종류와 내용

목적	목표	서비스	프로그램
자립 기능 향상 (직접 대인)	심리적 지지	상담	• 또래상담, 전화 상담 • 가족상담, 학교폭력, 학교 부적응 아동 상담 • 문제행동 아동 상담
		심리적 자립	• 결손가정 아동지도, 요보호아동 결연 • 실직가정 아동심리 · 정서지도
	사회적 증진	교육지원	• 어린이 학습 공부방 학습지도 • 학습부진아 지도 • 어린이 교육프로그램 지도(한글, 영어, 한자) • 어린이 컴퓨터 지도 • 아동 자원봉사자를 위한 교육
		여가선용지도	• 취미교육(미술, 음악, 종이접기, 구연동화, 무용) • 동아리 활동지도(연극, 영화, 만화, 댄스, 문학 등) • 캠프활동 지원, 레크리에이션 지도 • 독서지도 • 전통문화놀이 지도(사물놀이, 탈춤)
		사회활동지원	• 동반외출 • 농촌 활동지도
	생활 안정	보호활동	• 방과 후 아동보호 지도 • 일일 위탁부모 • 영유아 보호시설 아동 돌보기 • 보육시설 아동 돌보기
사회적 지지	시설지원	업무보조	• 아동 단체 및 시설 업무 보조 • 아동숙박시설(수련장) 업무보조
		초청/방문	• 사회복지시설 방문 봉사

(간접 서비스)	사회 환경 조성	조사활동	• 유해 문화환경조사. 감시 • 위험장소검사
		정보제공	• 자원봉사활동 정보지도제작 • 안전귀가를 위한 아동 안전지도제작 • 아동을 위한 지역사회신문제작
		캠페인	• 가출 아동 공동체 건립 운영을 위한 바자회 • 소년 소녀 가장 돕기 모금캠페인 • 낙도 도서, 장난감 보내기 캠페인 • 결식아동을 위한 사랑의 빵 나누기 모금 • 저소득 가정 아동의 교육비 지원을 위한 물품기증 바자회 • 아동학대 예방 및 신고 캠페인 • 심장병 어린이 수술비모금을 위한 편지쓰기

출처: 김동배 외(2011), 류기형(2013)을 재인용 및 보완 수정

아동을 위한 봉사활동은 아동의 기본적 욕구 및 그 가족의 욕구를 충족하기 위한 서비스에 관련되어 왔다. 아동을 위한 자원봉사활동은 크게 직접 대인 서비스와 간접서비스로 구분해 볼 수 있다. 직접 대인 서비스는 주로 자립기능 향상을 위한 프로그램으로 심리적 지지 사회적 증진 생활안정을 목표로 자원봉사활동이 이루어진다. 자세한 서비스와 프로그램 내용은 **표 8-4**와 같다.

(2) 아동을 위한 복지시설의 종류

아동복지법은 1961년 12월 '아동복리법'으로 제정·공포되었다가 1981년 4월 전문개정 되면서 '아동복지법'으로 개칭되었다

아동의 보호자는 아동을 성장 시기에 맞추어 건강하고 안전하게 양육하여야 한다. 모든 국민은 아동의 권익과 안전을 존중하여야 하여야 한다. 매년 5월 5일을 어린이날로 하며, 5월 1일부터 5월 7일까지를 어린이주간으로 한다.

표 8-5 아동을 위한 복지시설

종류	세부영역
아동상담소	서울시 청소년 상담복지센터 서울시립 아동상담소 아동발달 임상센터 종합사회복지관 장애인복지관 한국장애아동가족지원연구소 가정복지센터
아동일시보호시설 (쉼터)	대한 사회복지회 서울 영아 일시보호소 경기남부 아동일시보호소 학대피해아동 쉼터
아동보육시설[1]	보육원(경동원 영유아 보육원)
모자보호시설	여성상담보호시설의 하위범주에 해당 미혼모시설, 성폭력상담기관. 가정폭력상담시설이 함께 하위범주를 구성하고 있어 연계되어 관리 필요
아동 입양위탁시설	대한사회복지회, 홀트아동복지회, 동방사회복지회 성가정 입양원
아동공동생활가정	보호대상 아동에게 가정과 같은 주거환경제공
아동복지관	망원청소년독서실 부설 마포아동복지관
지역아동센터	지역사회아동을 위한 아동복지서비스 (민간차원의 공부방을 지역아동센터로 통합)

아동복지시설의 종류는 아동 양육시설·아동일시보호시설·아동보호치료시설·아동직업훈련시설·자립지원시설·아동단기보호시설·아동상담소·아동전용시설·아동복지관·공동생활가정·지역아동센터 등으로 한다. 아동복지시설은 종합시설로 설치할 수 있으며, 각 시설의 고유 업무 외에도 아동가정지

1) 부모와 중학생 이하의 아이가 같이 봉사할 수 없음
(보육원 아이가 상처 받을까봐 받지 않는 것을 원칙으로 함).

원사업과 아동주간보호사업, 아동전문상담사업, 학대 아동 보호사업, 공동생활 가정사업, 방과 후 아동지도사업을 할 수 있다.

아동복지시설에는 필요한 전문 인력을 배치하여야 한다.

국가와 지방자치단체는 아동학대에 대한 신고 긴급 전화를 설치하고, 아동보호전문기관을 설치하여야 한다. 누구든지 아동학대를 알게 된 때에는 아동보호전문기관 또는 수사기관에 신고할 수 있다. 국가는 중앙가정위탁지원센터를 두고, 국가 및 지방자치단체는 아동복지단체를 지도·육성할 수 있다.

3 청소년 대상 자원봉사활동

1) 청소년 복지의 이해

청소년 복지란 사회구성원으로서 청소년의 기본적인 욕구를 충족시키고 건전한 성장과 발달을 도모하기 위하여 여러 가지 활동을 가능케 하는 공적인 방법과 절차이다. 가정이나 사회로부터 버려지거나 적응하지 못하는 청소년뿐 아니라 모든 청소년들의 안녕과 관심을 가져야 한다고 전제한다.

1987년에 제정 공포한 '청소년육성법'은 1991년 청소년기본법으로 대체하여 제정되었으며 2017년 7월 개정되었다. 우리나라 청소년기본법 제2에 청소년이라 함은 '9세 이상 24세 미만인 자'를 규정하고 국가의 청소년 육성에 관한 모든 정책과 사업의 근거 기준으로 삼는다. 청소년은 라틴어로 '성장한다. 또는 성숙에 이른다'란 의미로 이 시기는 급속한 신체적 심리적 사회적 성장이 진행되는 전환기적 의미를 내포하고 있다. 청소년기는 사춘기 혹은 성숙의 시작에서 출발하여 성인의 책임을 맡을 때까지로 정의되나 일반적으로 중고등학교 시기를 일컫는 경우가 대부분이다. 학교에서는 법적 근거에 따라 청소년의 권리를 제한하게 된다. 반면에 청소년의 권리에 대한 지나친 침해는 법적인 구제의 대상이 되고 있다. 즉 청소년의 권리는 어느 한계까지는 법적으로 보장되고 있다는 것이다.

청소년은 아직 성인이 아니기 때문에 자기 결정의 권리에 제약을 받고 있다. 따라서 연령을 권리부여의 기준으로 삼는 것은 지능검사와 같은 다른 척도를 기준으로 삼는 것보다 합당하다. 권리는 상충 되는 사람들의 여러 욕구들 중에서 더 중요하게 보호받을 가치가 있는 것을 법에 의해 보장하는 것이다.

따라서 법적인 욕구·권리는 필연적으로 권리 소유자에 대한 다른 사람들의 의무의 근거가 된다. 학교는 청소년을 보호하기 위하여 일탈, 청소년 비행, 청소년 문제행동, 소년 범죄 등 합리적 자율성에서 벗어나는 행위에 대해서는 청소년을 교육하고 보호하기 위해 청소년의 권리를 제한하게 된다.

2) 청소년을 위한 자원봉사활동의 종류와 내용

청소년을 위한 자원봉사활동은 아동과 마찬가지로 직접 대인 서비스와 간접서비스로 구분해 볼 수 있다.

(1) 청소년 자원봉사활동의 종류

표 8-6 청소년을 위한 자원봉사활동의 종류와 내용

목적	목표	서비스	프로그램
자립 기능 향상 (직접 대인)	심리적 지지	상 담	• 청소년 상담(전화, 면접, 집단상담) • 학교상담 자원봉사 • 비행 청소년 상담(법무부, 검찰청)
		결 연	• 소년소녀가장, 결손가정 • 비행 청소년 결연
		교육지원	• 기능교실(컴퓨터, 서예 등) 지원 • 방과 후 학습지도 • 청소년 자원봉사자를 위한 교육

	사회적 증진	여가선용지도	• 음악 · 그림 · 문학 · 연극지도 • 캠프지도, 전통놀이 지도
		사회활동지원	• 산업시찰 및 역사탐방안내 • 농촌활동지도
	생활 안정	취업지원	• 청소년들의 직업훈련 • 취업알선 및 사회적응훈련 • 시설을 퇴소한 연장아동지도 지원
		생활 및 가사지원	• 결식 청소년 무료급식 및 노력봉사 • 불우청소년 도시락 및 밑반찬 전달 • 이 · 미용 서비스, 차량지원, • 청소세탁 생필품구입, 장보기 등 가사봉사
		보호활동	• 가출청소년 일시보호(쉼터) • 민간가정위탁
사회적 지지 (간접 서비스)	시설지원	업무보조	• 시설환경정리 행정업무보조 • 차량지원
		시설장비	• 보일러 수도 등 각종시설장비 • 아동복지시설 화단 만들기 • 청소년 수련시설 자연 학습장 만들기 • 놀이터 등 장비정비
		방문활동	• 시설에서 레크리에이션 지도 • 보호관찰소 · 소년원 등 위문
	사회 환경 조성	조사활동	• 청소년 유해문화 환경조사 · 감시 • 청소년 욕구조사 · 사회조사 보조
		정보제공	• 자원봉사활동 정보지도 제작 • 청소년 신문제작
		캠페인	• 근로 청소년을 위한 음악회 개최 • 청소년 인식개선(유해환경 단속 및 계몽) • 불우청소년 장학금 모금을 위한 활동(바자회) • 청소년을 위한 금연, 성평등 교육 • 약물남용 방지 캠페인 • 가출청소년을 위한 아웃리치

출처: 김동배 외(2011), 류기형(2013) 재인용 및 보완 수정.

청소년 대상 봉사활동은 청소년들의 기본욕구를 충족게 하고 정신적 정서적 신체적으로 최상을 발달을 기하기 위하여 청소년 자신들에게 직접적으로 또는 가정이나 사회를 통해 간접적으로 제공되는 모든 사회 제도직 활동이다. 자세한 서비스와 프로그램은 표 8-7과 같다.

청소년 자원봉사활동 이란 아동과 청소년 자신의 정신적 육체적 자원을 활용하여 자발적으로 일정 기간 동안 지속적으로 수행함으로써 보람과 즐거움을 느끼고 자신이 가진 재능이나 소질을 발견하며 더 나아가 자신이 살아갈 공동체적 삶의 영역을 체험함으로써 건강한 인성을 형성해 가는 청소년 수련 활동의 한 영역이다. 그러므로 청소년이 보람과 흥미를 느끼고 자신이 가진 재능이나 소질을 발견할 수 있다(양점도 외, 2010).

(2) 학교권장 학생봉사활동 영역2)

표 8-7 학교권장 학생봉사활동영역

활동영역	세부유형	세부내용	권장 시간
지역사회 봉사활동 (이웃돕기 활동)	지역사회 개발발전	집짓기, 수리 보조(전기 및 보일러 수리, 도배 · 장판, 도색 등)	6시간
		공동체 마을만 들기, 아파트 공동체 실천 활동, 주민자치활동	4시간
		농촌 봉사활동, 텃밭 가꾸기	4시간
		알뜰시장 및 벼룩시장 봉사활동	4시간
		지역사회 바자회	3시간
		꽃길 가꾸기, 놀이터 보수 활동	4시간
		지역 행사 지원 활동	6시간

2) 교육청 봉사활동지침

	문화, 관광, 예술, 체육진흥	문화재 · 관광 가이드, 문화 해설	4시간
		문화예술시설 견학 안내	3시간
		문화, 예술, 체육행사 지원 활동	4시간
		문화 체험, 취약아동 대상 수련활동 보조 지도	4시간
		문화, 예술, 체육 분야에서 (보조)지도자 활동	4시간
	민주시민 사회구현	여성차별 개선활동, 아동인권 보호활동	3시간
		외국인 노동자 및 결혼이민자 지원활동	3시간
		인권 옹호 및 평화 구현 분야 봉사활동	4시간
		부패 방지 및 소비자 보호 분야 봉사활동	4시간
		선거 관련 봉사활동	4시간
	민원안내, 업무보조	공공 기관 내 민원 안내, 사무 협력, 서가 정리	3시간
		장애인 및 노인 민원 접수 보조 및 안내	4시간
		병동내 및 재가세대 대상 도서 대출 및 회수	3시간
		헌혈자 접수 및 안내	4시간
		김장김치 만들기	4시간
		나들이 보조	4시간
		노인 · 장애인 수발	4시간
		노인 놀이, 말벗 봉사	3시간
		도시락, 밑반찬, 물품 배달	4시간
		급식소 봉사활동	4시간
		보육, 음식조리	4시간
		사무보조, 장애인 직업재활 작업장 보조	4시간
		청소, 빨래, 주변 환경 정리	4시간
		식사 보조	4시간

		목욕 봉사활동	4시간
		체육 보조 활동	4시간
		국제기구 및 단체 지원 활동	4시간
		공공기관, 사회복지시설 등 행사 지원 활동	4시간
	일손돕기 재능나눔	음식조리(제과제빵 포함)	4시간
		이 · 미용 봉사활동	4시간
		통 · 번역 봉사활동(A4용지 10페이지 기준)	3시간
		영정사진 촬영 및 제작 지원	4시간
		장애인 점자 입력 봉사활동(A4용지 10페이지 기준)	3시간
	교통 안전 활동	등하교 횡단보도 지도	4시간
		교통안전교육 지도	4시간
		아동 안전지킴이 활동	4시간
	지도활동 재능나눔	멘토링 (멘토링 사업 참가자) 활동	4시간
		학교 교과목과 관련된 학습지도	4시간
		교육관련 지도활동(예술, 컴퓨터, 언어 등)	4시간
	위문공연 재능나눔	교도소, 감호소 위문(공연)활동	4시간
		공연 봉사활동	4시간
	재난관리, 구호활동	피해복구활동	6시간
		피해복구 참여자 대상 급식활동	6시간
자연환경 보호활동	환경보호, 시설정비 활동	피해지역 현장사무소 업무 보조	6시간
		북한동포돕기 활동	4시간
		재해예방교육 보조지도	2시간
		피해지역모니터활동	2시간
		환경정화활동, 재활용품 수거 및 분류	4시간

		문화재지역 환경정화활동	4시간
	환경감시	환경 보호 모니터링	4시간
캠페인 활동	의식개선 활동	모금활동 및 후원 캠페인	4시간
		헌혈 거리캠페인	4시간
		청소년 보호 관련 캠페인 활동	4시간
		북한동포돕기 캠페인	4시간
		부정주차금지 캠페인	4시간
		대민안전캠페인 및 재난재해모금 캠페인	4시간
		청소년 유해업소 추방 캠페인활동	4시간
		의식계몽활동, 소비자보호 캠페인활동	4시간
		문화재보호 캠페인	4시간
		건전한 사이버 문화 조성캠페인(1년 12시간 이내)[3]	1시간
	헌혈	헌혈	4시간

출처: 교육청운영지침, 2019

2015년 개정된 봉사활동 교육과정은 (초)등학생의 경우 봉사활동의 의의와 가치에 대한 이 이해 및 실천을 목표로 (중·고)등학생의 경우 학생의 취미·특기를 활용한 봉사실천을 중점으로 재능기부 활동을 권장하고 있다. 봉사활동 운영계획에 따라 고등학생의 경우 3학년 11월 초 생활기록부 종료하고, 중3의 경우 고교원서 접수 전까지의 봉사활동 시간이 입시에 반영되어 담임교사들이 학생을 지도한다. 기타 구체적 활동 내용은 학생, 학급, 학년, 학교 및 지역사회의 특성에 맞게 학교에서 기준을 정하여 자율적으로 운영 권장 시간은 성장 과정에 있는 학생의 발육 및 건강 보호에 목적이 있다.

3) 인터넷에 선플 달기가 있지만 자원봉사담당교사의 관리가 필요하여 활성화되고 있지는 않지만 건전한 사이버문화조성을 위해서는 적극적인 참여와 관심이 필요하다.

4 장애인복지와 자원봉사활동

1) 장애인복지의 이해

1975년 UN에서 발표한 장애인 권리선언에 따르면 장애인은 선천적이든 후천적이든 신체적, 정신적 능력의 불완전으로 인하여 일상의 개인적 또는 사회적 생활에서 필요한 것을 확보하는데 자기 자신이 완전하게 또는 부분적으로 할 수 없는 사람을 의미한다(강영실, 2016).

장애의 개념은 원인과 특성, 역사적 배경에 따라 전제된 신념, 가치, 모델, 실천과정 등의 면에서 복잡하고 다양하기 때문에 단정적으로 규정하기에 어려움이 있다.

장애의 범주와 정의는 그 나라의 사회 문화적·경제적·정치적 여건과 수준에 따라서도 다를 수 있고 장애를 보는 관점에 따라 상이 하게 정의하고 있다.

장애인 서비스 제공의 패러다임은 '개별 및 의료 모델'에서 '자립 생활 모델'로 변화되면서 장애인의 문제를 의료적 직업 훈련적 접근이 아닌 인권적 장애인 주체적 관점으로 바라보고 있으며, 장애인 당사자중심[4], 지역사회중심, 인권중심의 지향을 지니고 있다.

반면, 세계보건기구(WHO)의 장애개념 분류(ICIDH, 1980 손상·장애 및 기능 재약·사회적 불리)는 환경요인이 배제되어 있고, 2001년 WHO에서 승인된 국제기능 장애 건강분류(ICF, 2001)는 장애인이 아닌 건강의 조건 중 하나로서 장애 상태를 다룸으로써 의료모델로의 복귀라는 비판을 갖고 있다.

우리나라는 장애인복지법 2조에서 "장애인"이란 신체적·정신적 장애로

4) 장애인 당사자주의: 장애인의 욕구를 정확하게 파악하여 더 이상 장애인들이 이 사회의 객체가 아닌 주체로서 역할을 확보하는 것과 역량을 강화하는 것이 목적으로 장애에 관련한 문제를 해결함에 있어 장애인이 전문가임을 주장하는 이념(이송희, 2018).

오랫동안 일상생활이나 사회생활에서 상당한 제약을 받는 자로 규정하고 있다.

표 8-8 장애유형분류

대분류	중분류	소분류	세분류
신체적 장애	외부 신체 기능의 장애	지체장애	절단장애, 관절장애, 지체기능장애, 변형 등의 장애
		뇌병변 장애	중추신경의 손상으로 인한 복합적인 장애
		시각장애	시력장애, 시야결손장애
		청각장애	청력장애, 평형기능장애
		언어장애	언어장애, 음성장애, 구어장애
		안면장애	안면부의 추상, 함몰, 비후 등 변형으로 인한 장애
	내부 기관의 장애	신장장애	투석치료 중이거나 신장을 이식 받은 경우
		심장장애	일상생활이 현저히 제한되는 심장기능 이상
		간 장애	일상생활이 현저히 제한되는 만성 · 중증의 간기능 이상
		호흡기장애	일상생활이 현저히 제한되는 만성 · 중증의 호흡기기능 이상
		장루 · 요루장애	일상생활이 현저히 제한되는 장루 · 요루
		뇌전증 장애5)	일상생활이 현저히 제한되는 만성 · 중증의 간질
정신적 장애	발달장애	자폐성장애	소아기자폐증, 자폐성장애(F84)6)
		지적장애	지능지수가 70 이하인 경우
	정신장애	정신장애	조현병(F20), 분열형정동장애(F25), 양극성정동장애(F31), 반복성우울장애(F33)

출처: 보건복지부(시 · 도장애인등록현황자료), https://www.nyj.go.kr/main/971

5) 2015년 1월 변경(2014년 6월 장애인복지법 개정).
6) 전반성 발달장애 자폐성 장애1·2급은 지적장애를 동반하고 있음.

이 법은 장애인의 인간다운 삶과 권리보장을 위한 국가와 지방자치단체 등의 책임을 명백히 하고, 장애 발생 예방과 장애인의 의료·교육·직업재활·생활환경개선 등에 관한 사업을 정하여 장애인복지대책을 종합적으로 추진하며, 장애인의 자립생활·보호 및 수당지급 등에 관하여 필요한 사항을 정하여 장애인의 생활안정에 기여하는 등 장애인의 복지와 사회활동 참여증진을 통하여 사회통합에 이바지함을 목적으로 한다.

이 법을 적용받는 장애인은 표 8-8 신체적 장애와 정신적 장애로 분류된다. "신체적 장애"란 주요 외부 신체 기능의 장애, 내부기관의 장애 등을 말하며, "정신적 장애"란 발달장애 또는 정신 질환으로 발생하는 장애로 정의하고 있다.

이 법에서는 장애인 학대에 대해서도 정의하고 있다. "장애인 학대"란 장애인에 대하여 신체적·정신적·정서적·언어적·성적 폭력이나 가혹 행위, 경제적 착취, 유기 또는 방임을 하는 것을 말한다.

2) 장애인을 위한 자원봉사활동의 종류와 내용

장애에 대한 정의도 다양하게 내려지며, 분류 또한 많기 때문에 장애인을 위한 자원봉사활동의 종류와 그 내용을 명확히 설명하기는 쉽지 않다. 그러나 이 책에서는 직접 대인 서비스와 간접서비스라는 틀에 맞추어 다음과 같이 그 종류와 내용을 제시해 본다.

표 8-9 장애인을 위한 자원봉사활동의 종류와 내용

목적	목표	서비스	프로그램
자립 기능 향상 (직접 대인)	심리적 지지	정서적 위문	재활전화상담 책 · 신문 읽어주기 · 말벗
		심리적 자립	발달장애인 친구 되기 장애인 홈페이지 운영 심리재활 프로그램 안내 및 보조

	사회적 증진	교육지원	장애아동 학습지도 및 보조 장애인 컴퓨터 교육 시각장애인 이동훈련 보조 직업훈련 보조
		여가선용지도	장애아동 발달을 위한 학예활동지도 체육활동지도 · 여가선용보조 운동회 개최 · 견학 및 야외학습보조
		사회활동지원	발달장애인의 대중교통이용지도 및 보조 발달장애인의 지역사회시설이용지도 및 보조 언어소통을 위한 수화통역 중증장애인 나들이 보조 운전 자원봉사활동 장애인 특수장비 보수(휠체어, 목발, 의족 등)
	생활 안정	취업지원	구인 · 구직 개척 및 상담 구직 장애인을 위한 작업지도 및 보조 장애인 직업재활을 위한 욕구분석 보조 취업알선 및 사후지원 고용홍보 보조 저소득 가장 장애인 개별결연
		생활 및 가사지원	장애아동 돌보기 장애인 그룹 홈 관리보조
		의료 및 건강지원	순회진료 언어치료 보조 건강검진 및 병원이용안내 물리치료 및 재활치료 보조 병간호 및 신체적 수발 건강관리 지도
사회적 지지 (간접 서비스)	시설지원	업무보조	관련시설 단체업무보조 시각장애인을 위한 녹음테이프 제작보조 • 시각장애인을 위한 도서 전산화 작업보조 • 장애인 체육대회 보조 • 후원자 개발관리 보조
		시설장비	• 설비 장비보수 및 환경정리

		방문활동	• 장애인시설 위문공연 • 시설 장애인 생활보조 • 장애인시설 방문 식사지원
	사회 환경 조성	조사활동	• 장애인관련 조사연구보조 • 장애인관련 욕구조사 · 사회조사 보조
		정보제공	• 강연회 개최 • 영화상영, 계몽서 출판
		캠페인	• 장애인관련 각종행사 • 장애인식 개선 캠페인 등 캠페인 보조

출처: 김동배 외(2011), 류기형(2013), 이병순 외(2015)

5 노인복지와 자원봉사활동

1) 노인복지의 이해

UN에서 정한 기준에 의하면 65세 이상의 사람을 '노인[7]'이라 하고, 65세 이상 인구가 총인구를 차지하는 비율이 7% 이상인 경우를 고령화 사회라 하며, 65세 이상 인구가 총인구를 차지하는 비율이 14% 이상인 경우를 고령사회, 20% 이상일 경우 초고령사회라 한다.

노인 인구가 빠르게 증가하고 유소년층의 인구가 감소함에 따라 우리나라 인구구조에도 변화가 발생하였다. 인구학적 구조를 보여주는 지표로는 성별

7) 통계청 고령자통계 자료는 주로 65세 이상 인구를 대상으로 하고 있으며, 고용노동부 자료는 60세 이상 인구를 대상으로 하고 있다. 노인복지법에서는 65세 이상인 자를 노인으로 규정하고 있으며 국민연금법에서는 노령연금 수급권자인 60세(특수직종 근로자는 55세)를 노인으로 규정하고 있다. 한편 고령자 고용촉진법에서는 고령자를 55세 이상으로 규정하여 고령자고용촉진을 위한 제도를 마련, 취업 취약계층을 위한 프로그램을 시행하고 있다.

인구구조, 연령별 인구구조, 인구피라미드, 노령화 지수[8] 등이 사용되는데 이 가운데 고령화 수준이 얼마나 심각한지를 잘 반영해주는 지표는 노령화 지수이다. 노령화 지수의 수가 높을수록 노령인구가 많다는 뜻으로 보통 노령화 지수가 30을 넘으면 고령화 사회로 분류하여 지역경제를 진단하는 지표로 활용하기도 한다(한국건설교통기술평가원 재생사업단, 2008).

노령화 지수는 도시지역과 농촌 지역의 노인인구 비율 격차는 1980년대까지는 격차를 보이지 않았지만 1990년대를 기점으로 농촌 지역이 훨씬 높아져 노령화 지수가 30을 넘기 시작한다.

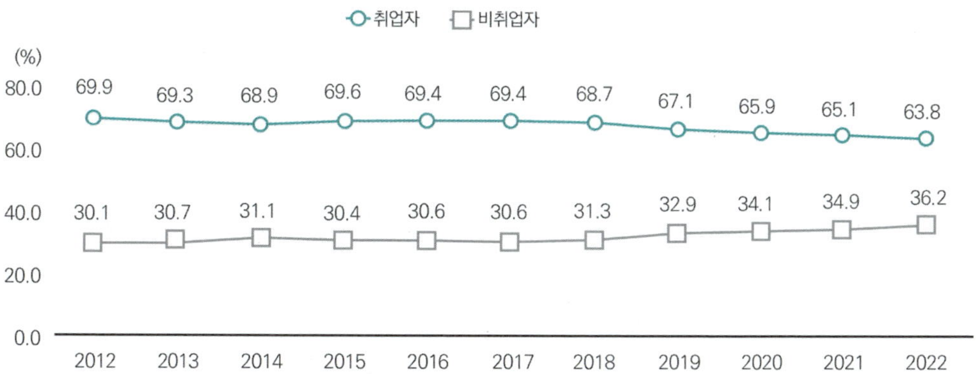

출처: 고령자통계(2023).

그림 8-1 취업자·비취업자 비중변화(65세 이상)

그림 8-1을 보면 2022년 65세 이상 취업자 수는 3,265천 명이며, 고용률은 36.2%이다. 2022년 65세 이상 고령자 중 일하는 고령자는 36.2%로 지난 10년간 6.1% 증가하였다. 2050년엔 노령화 지수와 노년부양비 등이 세계 최고 수준으로, 우리나라가 세계 최고령 국가가 될 것이란 분석이 있다[9].

우리나라 노인의 기준은 70으로 생각하는 사람들이 보편적인 견해로 스

8) 노령화 지수란 15세 미만의 유소년 인구 100명 당 65세 이상 노령인구의 비율을 말한다.
9) http://www.ktv.go.kr

스로를 6~7세 젊다고 생각하고 있다고 한다. 그렇기 때문에 60대 초기 노인들의 미취업은 매우 심각하다. 노인복지법에서는 65세 이상 자들에게 공적인 서비스가 제공되기 때문에 고령자 촉진법 등 취약층을 위한 일자리 사업 외 젊은 노인들이 일할 수 있는 인프라 구축이 없다는 것이다. 우리나라의 취업을 원하는 노인들의 대부분은 자원봉사자로서의 역할보다는 실소득을 통한 자아실현을 더 원하고 있다는 것에 주목해야 하며 노인 인력의 활용이라는 측면에 관심을 기울여 활발하게 일 할 수 있는 노인들을 위한 대비가 필요하다.

2) 노인을 위한 자원봉사활동의 종류와 내용

노년기에는 노화로 인한 기능 저하 등의 신체적 건강 문제와 은퇴 등의 사회적 역할 상실의 문제가 나타나고, 이에 따른 타인에 대한 의존성도 높아진다. 노인을 위한 자원봉사활동은 그러한 노인의 심리적 사회적 어려움을 조금이라도 덜어주고 생활안정을 높이려는 노력을 반영한다. 이러한 자원봉사활동으로는 직접대인 서비스가 주를 이루며, 간접서비스는 노인을 위한 시설을 지원하고, 환경을 조성하는 노력으로 나타난다. 자세한 서비스와 프로그램의 내용은 다음의 **표 8-10**과 같다.

표 8-10 노인을 위한 자원봉사활동의 종류와 내용

목적	목표	서비스	프로그램
자립 기능 향상 (직접 대인)	심리적 지지	정서적 위문	• 노인에게 안부 전화 걸기 • 독거노인 결연 • 무의탁 노인 가정방문 • 무의탁 노인 경로잔치 및 생일잔치
		심리적 자립	• 인지 치료 보조 • 회상 치료 보조

	사회적 증진	교육지원	• 노인 학대 운영 보조 • 문맹노인학습지도
		여가선용지도	• 노인체육지도 • 노인취미활동 그룹지도 • 노인특기개발지도
		사회활동지원	• 노인자서전 쓰기지도 • 독거노인모임보조 • 장애인 및 허약노인 외출동행 • 치매노인 사회적응지도
	생활 안정	취업지원	• 노인취업알선 • 노인공동작업장지원
		생활 및 가사지원	• 노인 가정 환경미화(도배/장판, 집 고치기) • 노인급식 및 도시락배달 • 노인목욕보조 • 무의탁노인 세탁물 배달 • 이 · 미용 서비스 • 장수사진 촬영
		의료 및 건강지원	• 노인진료보조 • 간병활동 및 임종간호(호스피스) • 저소득층 노인을 위한 무료진료 단 조직 • 신체 재활운동지원 • 병간호 및 신체적 수발 • 약품구입대행 • 개인위생대행(머리손질 · 손발톱 깎기 등)
사회적 지지 (간접 서비스)	시설지원	업무보조	• 시설환경정리 • 행정업무보조 · 차량지원
		시설장비	• 노인복지시설 환경미화 • 보일러, 수도 등 각종시설장비 • 휠체어 등 노인장비 정비
		방문활동	• 노인시설 위문공연 • 노인정방문 • 시설노인생활보조

	사회 환경 조성	조사활동	• 노인관련 출판물제작 및 보조 • 노인관련 욕구조사 · 사회조사
		정보제공	• 법률상담 · 세무상담 · 식이상담
		캠페인	• 어르신을 위한 찾아가는 음악회 개최 • 재가노인을 위한 모금 활동(바자회) • 학대노인 예방을 위한 캠페인

출처: 김동배 외(2011), 류기형(2013) 재인용 및 보완 수정.

3) 노인세대의 자원봉사의 특성

건강한 노인들의 수가 증가함에 따라 사회적 참여의 요구를 수용하는 시스템이 더욱 필요하게 되고 바로 여기에 자원봉사영역의 중요성이 부각된다.

노인세대 자원봉사자의 특성은 노인은 자원봉사 서비스의 수혜자이면서 동시에 자원봉사자라는 것이다.

노인의 자원봉사활동의 특성을 개인적인 측면과 지역사회 측면으로 분류하면 다음과 같다.

노인 개인적인 측면은

첫째, 퇴직으로 상실했던 사회적 지위와 역할을 보충해 준다.

둘째, 자원봉사활동에의 참여는 자신이 사회에 유용하고 중요한 존재라는 생각을 가지게 한다.

셋째, 노년기의 자아상을 긍정적으로 유지하고 자존심을 유지·향상시켜 줄 수 있다.

넷째, 자원봉사활동의 참여는 소외감을 극복하는 데 유익하다.

다섯째, 노인의 자기 성장과 자아실현을 돕고 창의성과 책임성을 발휘할 수 있는 기회를 제공해 준다.

지역사회적인 측면은

첫째, 노화 노인에 대한 인상을 긍정적으로 바꾸어 놓는다.

둘째, 노인들 스스로가 노인을 보는 시각을 긍정적으로 바꾸어 놓는다.

셋째, 노인에 대한 자원봉사관리는 자원봉사활동의 참여촉진요인으로 긴 여가시간. 높은 사회활동 참여 욕구, 다양한 사회활동 경험, 이웃과 지역사회에 대한 관심, 존경과 인정의 욕구이다.

넷째, 노인에 대한 자원봉사관리는 자원봉사활동의 참여 저해요인으로 상대적으로 취약한 신체적 능력, 역할에 대한 전통적 보수성, 교류에서의 경직성, 원거리이동에 대한 부담, 새로운 지식 습득 경로의 취약성이다.

4) 지역사회 돌봄 서비스

자원봉사자들은 지역의 종합복지관이나 자원봉사센터를 통해 집과 가까운 곳에 살고 있는 재가복지 봉사의 수혜자에게 필요한 도움을 줄 수 있다. 현재는 지역 커뮤니티 케어를 통해 통합적인 노인 돌봄 서비스가 제공되고 있지만 자원봉사자들이 참여할 수 있는 봉사활동 영역도 많다. 재가 봉사활동은 다음과 같다.

표 8-11 재가복지봉사 사례

구분	활동영역
가사지원	가정청소, 식사준비, 식사 보조, 돌봄 서비스 등
정서서비스	아동 · 노인 · 장애인 보살피기, 목욕 보조, 말벗, 식사 보조
사회적 보호	연금 및 지원금 수령, 편지 대필, 공과금 대납, 외출 보조 등
자립능력지원	노인, 장애인 및 소년 소녀 가장이 자립할 수 있는 능력을 유지, 회복하도록 보조

노인복지관이나 종합복지관의 재가센터에서는 찾아가는 멘토링 사업을

통해 독거 어르신들의 사회적 욕구충족 및 자살위험 신호 조기발견 등 자원봉사활동을 수행하고 있다. 현재 수행하고 있는 커뮤니티 케어프로젝트와 연계하여 보다 다양한 구성원의 참여를 유도한다면 진정성 있는 사회적 가치 창출 활동으로서의 자원봉사활동이 지속적으로 진행될 것으로 사료된다.

출처: https://cafe.naver.com/since2013welfare#

사진 8-1 지역 어르신 대상 찾아가는 봉사활동

6 다문화 복지와 자원봉사활동

1) 다문화 복지의 이해

다문화 사회는 하나의 국가나 사회 안에 존재하는 인종과 민족, 성, 종교, 계층의 다양성을 인정하고 편견과 차별이 배제된 공존을 지향한다. 하지만 다문화 사회로의 이행은 인종·종교·문화뿐 아니라 사회·경제적 측면에서 내국인과 이주자 간 갈등과 대립, 외국인 범죄율 증가, 외국인에 대한 혐오 현상(제노포비아, Xenophobia) 확산 등 다양한 사회문제를 일으키기도 한다(최소영, 2018).

다문화 사회는 정보화 사회, 지구촌 등으로 표현되는 21세기의 다양한 모습 중 하나이다. 세계화, 국제화 시대의 도래와 함께 국가 간 정치적, 경제적 교류는 물론 문화적 교류도 활발하게 이루어지고 있다. 이러한 현상은 우리나라도 예외가 아니다.

최근 국제결혼에 따른 이주 여성 및 외국인 노동자의 유입, 북한 이탈 주민의 증가 등으로 한국사회는 빠르게 다민족·다문화 국가로 변화되어가고 있다.

다문화 가정 또는 다문화 가족은 다문화를 구성하는 요소로서 서로 다른 국적, 인종, 문화를 가진 남녀가 이룬 가정이나 그런 사람들이 포함된 가정을 총칭하는 용어이다.

다문화 복지는 의사소통의 불편함, 문화적 갈등, 자녀 교육의 어려움, 사회의 편견과 차별 등의 문제점을 안고 있는 다문화 가족이 사회에 잘 적응할 수 있도록 다양한 정책과 지원 서비스가 필요하다.

다문화 가정은 언어 및 의사소통의 문제, 문화의 이질성에서 오는 부적응의 문제, 가족관계에서의 불만, 아동교육 및 관리의 문제, 가정폭력 등 다양한 문제에 노출될 가능성이 높은 것이 현실이다. 이를 해결하기 위하여 정부는 각 부처별로 이들을 지원하기 위한 다양한 업무를 시행하고 그와 관련된 복지정책도 빠르게 확산해 나가고 있다. 다문화 가족은 국내에 거주하고 있는 국제결혼 가족이나 외국인 근로자 가족을 통상적으로 지칭하는 말로, 이주민 가족 등을 포함한다.

대한민국은 단일민족이라는 민족주의와 순혈주의가 타 국가에 비해 강하여, 외래문화가 들어오면 기존문화의 고유성이 악화될 수도 있어 문화적 갈등을 발생시키기도 한다. 다문화 사회에서 발생하는 문제들을 해결하고 다양한 문화가 한국사회에서 바람직한 방향으로 공존하도록 하려면 다양한 노력이 필요하다.

다문화가족 지원법은 다문화가족 구성원이 안정적인 가족생활을 영위할 수 있도록 필요한 제도와 여건을 조성하고 이를 위한 시책을 수립·시행하도록 한다.

2007년에 「재한 외국인 처우 기본법 (법률 제8442호)」을 보면 제1조는 재한 외국인의 법적 지위 및 처우 등에 관한 기본적인 사항을 정하고 있다. 그러나 1조는 대한민국 적응에 대한 부분에 초점을 두고 있어 인권과는 거리가 있다는 비판이 있다. 또한 제4조 재한 외국인은 대한민국의 법규를 준수하고 대한민국의 문화와 가치를 존중하여야 한다고 되어있다. 한국에 거주하는 이상 우리의 법규와 문화를 존중해야 함은 당연한 일이다. 그러나 이제는 글로벌 시티즌 십의 관점에서 다문화 대상 국가들에 대한 이해와 관심이 필요하다.

재한외국인 처우 기본법을 보완해 주는 「다문화 가족지원법」(2008)(법률 제8937호)은 다문화 가족에 대한 사회적 차별 및 편견을 예방하고 사회구성원이 문화적 다양성을 인정하고 존중할 수 있도록 다문화 이해교육과 홍보 등 필요한 조치를 하여야 함을 강조하고 있다.

다문화 정책 수행의 바탕이 되는 법적·제도적 기반을 다지기 위해서는 기존 다문화 사업이 자원봉사자들이 참여하여 한국생활 적응을 돕는 것에서 한발 나아가 이제는 인권의 사각지대에 있는 사람들까지 포함하는 인권에 초점을 둔 정책이 필요하다.

2) 다문화를 위한 자원봉사활동의 종류와 내용

다문화 가정의 언어 및 의사소통의 문제, 문화의 이질성 등의 부적응 문제 및 가정문제 등을 해소하기 위해, 다문화를 위한 자원봉사활동도 여러 종류와 내용으로 분류할 수 있다. 자세한 다문화를 위한 자원봉사활동의 종류와 내용은 다음의 **표 8–12**에서 제시한 바와 같이 파악할 수 있다.

표 8–12 다문화를 위한자원봉사활동의 종류와 내용

<table>
<tr><th>목적</th><th>목표</th><th>서비스</th><th>프로그램</th></tr>
<tr><td rowspan="7">자립
기능
향상
(직접
대인)</td><td rowspan="2">심리적
지지</td><td>상담</td><td>• 전화 상담 및 말벗
• 가정통신문 읽어주기
• 가족과의 상담</td></tr>
<tr><td>심리적 자립</td><td>• 자조모임 참여
• 결연</td></tr>
<tr><td rowspan="3">사회적
증진</td><td>교육지원</td><td>• 한국어 교육
• 한국 문화 익히기
• 다문화 이해 자원봉사자 기초교육</td></tr>
<tr><td>여가선용지도</td><td>• 취미활동 그룹지도
• 특기개발지도</td></tr>
<tr><td>사회활동지원</td><td>• 자조모임 보조
• 사회적응지도</td></tr>
<tr><td rowspan="3">생활
안정</td><td>취업지원</td><td>• 직업훈련 및 사회적응 훈련
• 취업알선 및 사후지원</td></tr>
<tr><td>생활 및 가사지원</td><td>• 가사도우미 지원
• 산모 도우미 지원</td></tr>
<tr><td>의료 및 건강지원</td><td>• 건강검진 및 병원이용안내
• 건강관리지도</td></tr>
</table>

사회적 지지 (간접서비스)	시설지원	업무보조	• 관련시설 및 단체업무보조 • 후원자 개발 및 관리보조
		시설장비	• 설비 · 장비 보수 및 환경관리
		방문활동	• 시설 위문공연 • 다문화시설 방문
	사회 환경 조성	조사활동	• 다문화 관련 조사 연구 보조 • 다문화 관련 욕구 조사 및 사회조사 보조
		정보제공	• 강연회 개최 • 영화상영, 다큐멘터리 제작지원
		캠페인	• 다문화 관련 각종 행사 및 캠페인 보조

출처: 최덕정, 이서영, 서정학, 배은숙, 박주현(2014).

7 자원봉사활동 시 유의사항

복지국가는 국민 개인의 평등과 인권이 존중되는 사회를 의미한다. 또한 서로 돕고 사는 공생·공존의 사회를 의미한다. 이를 위한 자원봉사를 함에 있어 가장 중요시되는 것은 단순한 동정심이 아닌 사회공동체적인 관점에서 다루어져야 할 것이다. 내가 가진 작은 것을 나눌 수 있는 마음가짐, 이들을 적재적소에 배치해 활동하도록 돕는 운영체계, 이들을 교육시켜 보다 나은 봉사가 되도록 하는 관리체계, 민·관이 하나 되어 협력하는 모습, 이 모든 것들은 자원봉사에 정착될 수 있도록 하는 종합적인 관심과 노력이 필요 되고 있다. 서로 돕고 사는 사회 지역주민의 상호연대감과 공생의식이 없는 한 복지 사회는 이룩될 수 없을 것이다.

대부분의 사람들은 시설 및 기관 에서의 자원봉사 활동을 쉽게 생각하고, 특별한 훈련이나 준비 없이 방문하여 시설에 실제적인 도움을 주지 못하는 경우도 많다. 따라서 봉사자들은 보다 훈련된 소양과 준비를 가지고 활동에 임해야 할 필요가 있다.

사전에 시설의 성격과 현황을 충분히 파악한다.

시설마다의 성격이나 분위기, 요구하는 도움이 다를 수 있다. 따라서 먼저 시설현황에 대해 충분한 정보를 파악하여야 한다. 방문 전에 적절한 시간을 조정한 후 방문한다.

시설은 나름의 생활 리듬과 계획이 있는데, 이를 무시하고 자원봉사자들이 편리한 시간에 방문하면 오히려 폐가 될 수도 있다. 사전에 시설과 충분히 협의하여 시간을 조정하고, 가능한 한 정기적으로 활동하는 것이 바람직하다. 시설 생활인, 직원과 친밀감을 형성한다.

성공적인 활동이 되기 위해서는 시설 직원과는 물론 시설 생활인과의 친밀감을 형성해야 한다. 인간관계의 형성은 동정심이나 시혜적 자세로는 불가능한 것이다. 은근하고 끈기 있는 마음으로 서서히 다가서는 자세가 필요하다.

Chapter 09

자원봉사 프로그램 개발과 평가

학습목차

1 자원봉사 프로그램 개발

프로그램의 사전적 의미는 진행계획이나 순서로 해야 할 일을 명시해 놓은 시간표나 계획표, 차례 표 등이다.

프로그램이란 "한 기관에서 목적을 달성하기 위하여 모든 과정을 마칠 때까지 요구되는 내용의 선정과 조직, 지도 활동 체계, 시설, 자원, 지원체계, 기간 등에 관한 전체적인 계획", 즉 "특정 목표를 성취하기 위한 활동들의 집합, 일련의 상호의존적인 활동"이라고 정의할 수 있다(정무성, 2010). 사회복지 프로그램은 사회구성원에 대한 원조를 제공함으로써 사회의 욕구를 충족시킴과 동시에 사회복지사에게는 성취감과 만족감을 주는 수단이 되기도 한다(정무성, 1999).

자원봉사 프로그램이란 의도된 계획에 따라 구체적 목표를 달성함으로써 사람과 지역사회를 변화시키고자 하는 것이다. 아울러 서로 다른 역할과 책임을 가진 구성원의 행동을 기술한 것이고 변화를 창출해 내는 자원봉사자 및 클라이언트 등 관련된 구성원 간의 관계에 대한 방법과 규범을 제공하는 것이라고 볼 수 있다(이성록, 1998:159).

1) 계획과 기획

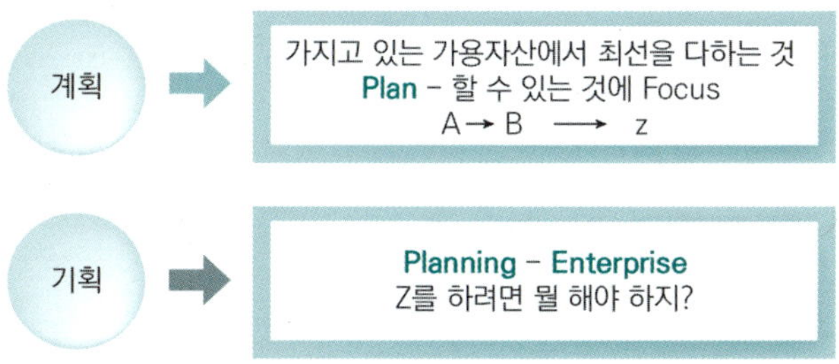

그림 9–1 계획과 기획

그림 9-1을 보면 계획은 어떤 일을 하기에 앞서 방법·순서·규모 등을 미리 생각하여 세운 내용을 의미한다. 이미 예산이 정해져 있기 때문에 가용자산에서 할 수 있는 것에 포커스를 맞추어 계획을 세우는 것이다. 즉 기획에서 도출된 결론이다. 반면, 기획(Planning)은 희망과 꿈을 자기 주도적 행동에 의해 현실로 바꾸어 가는 과정이다. 어떤 과업을 하기 전에 해야 할 일과 필요성, 시기 및 수행방법 등 적절한 것을 가려내는 작업(황성철)으로서 최적의 수단을 통하여 목표를 달성하기 위한 미래의 행동에 대한 일단의 의사결정을 준비하는 과정이다(Dror). 사회복지조직은 재정적 측면뿐 아니라 클라이언트의 행동변화에 이르기까지 지나치게 외부환경에 의존하고 있으므로 클라이언트에게 최상의 서비스를 효과적이고 효율적으로 제공하기 위해서는 가용자원을 늘릴 수 있는 목표 지향적 행동에 초점을 두어야 한다.

2) 프로그램 큐시트

큐시트(cue sheet)의 사전적 의미는 방송이나 공연 따위의 연출 과정을 상세하게 적어 놓은 일정표를 말한다. 프로그램의 사전적 의미와 큰 차이가 없으나 현장에서의 큐시트는 아래 그림에서처럼 이미지화시켜 사전에 공지하기 때문에 기관홍보뿐 아니라 참여자들에게 기대감을 줄 수 있는 장점이 있다.

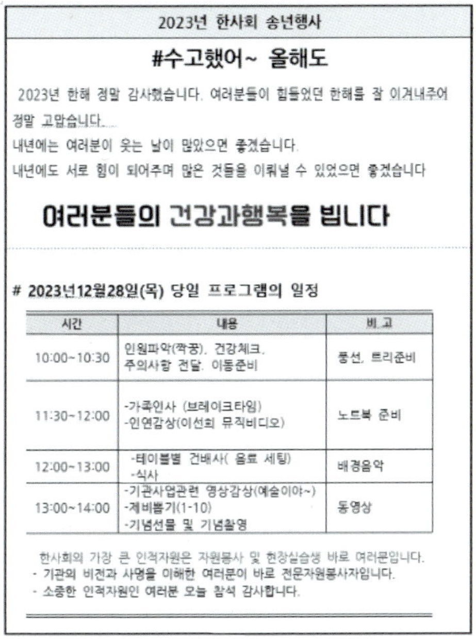

2023년 한사회 송년행사

#수고했어~ 올해도

2023년 한해 정말 감사했습니다. 여러분들이 힘들었던 한해를 잘 이겨내주어 정말 고맙습니다.
내년에는 여러분이 웃는 날이 많았으면 좋겠습니다.
내년에도 서로 힘이 되어주며 많은 것들을 이뤄낼 수 있었으면 좋겠습니다

여러분들의 건강과행복을 빕니다

2023년12월28일(목) 당일 프로그램의 일정

시간	내용	비 고
10:00~10:30	인원파악(짝꿍), 건강체크, 주의사항 전달, 이동준비	풍선, 트리준비
11:30~12:00	-가족인사 (브레이크타임) -인연감상(이선희 뮤직비디오)	노트북 준비
12:00~13:00	-테이블별 건배사(음료 세팅) -식사	배경음악
13:00~14:00	-기관사업관련 영상감상(예술이야~) -제비뽑기(1-10) -기념선물 및 기념촬영	동영상

한사회의 가장 큰 인적자원은 자원봉사 및 현장실습생 바로 여러분입니다.
- 기관의 비전과 사명을 이해한 여러분이 바로 전문자원봉사자입니다.
- 소중한 인적자원인 여러분 오늘 참석 감사합니다.

출처: (좌)강서구 한사회장애인성폭력상담센터 큐시트, https://cafe.naver.com/kswpc11

그림 9-2 프로그램 큐시트의 예시

자원봉사 프로그램에서는 구체적으로 해야 할 일, 하는 방법과 시기, 하는 일의 필요성, 일을 책임질 사람을 정해야 한다. 여러 대안 중 가장 적절한 것을 가려내는 작업, 어떤 행동이 취해지기 전에 해야 할 일과 그 일을 하는 방법을 결정하는 것, 미래에 일어날 일을 예측하고 대비책을 강구 하는 것이 중요하다.

현장에서는 이러한 계획을 간단하게 큐시트를 작성하여 사전 공지함으로써 자원봉사활동 프로그램의 속성을 사전에 파악할 수 있는 전초작업에 도움을 제공한다.

이는 지속적인 프로그램관리와도 연계될 뿐 아니라 자원봉사활동 프로그램 개발과정과도 연계된다. 현장에서는 프로그램개발을 위한 다양한 정보를 수집하기 위한 사전조사로 다양한 큐시트의 틀을 제공해 두는 것이 필요하다.

3) 아이디어 발상법칙

아이디어 발상법과 아이템은 여러 가지가 있다. 창의적인 아이디어 도출을 위해 현장에서 활용하는 아이디어 발상법칙은 다음과 같다(그림 9-3).

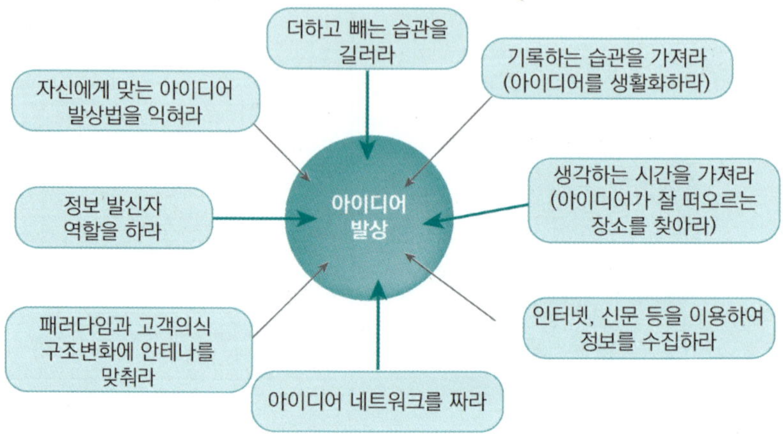

출처: 삼성경제연구소, www.sericeo.org(2008).

그림 9-3 아이디어 발상 법칙

(1) 더하고 빼는 습관을 길러라

두서없이 자꾸 떠오르는 생각들을 정리해 본다. 글을 요약할 때도 가장 중요한 핵심인 생각을 압축시킬 수도 있다. 생각을 더하고 빼는 것은 생각에 대한 하나의 운동이다.

(2) 기록하는 습관을 가져라(아이디어를 생활화하라)

아이디어가 생각날 때 스쳐 지나가지 않도록 한 번에 붙잡는 것이 바로 기록이다. 기록을 토대로 아이디어를 더욱 조직화할 수 있다. 펜과 수첩을 꺼내기 불편하다면, 핸드폰에 내용을 문자로 저장하는 방법도 있다.

(3) 생각하는 시간을 가져라(아이디어가 잘 떠오르는 장소를 찾아라)

어떤 장소에서는 두뇌 회전이 더 잘되거나, 마음이 편안해지는 장소가 있다. 새로 접하는 내용을 듣거나, 새로운 환경을 접하게 될 때, 발상이 전환되는 경우가 많다.

발상의 전환을 위한 장소는 꼭 특별한 곳을 고집할 필요가 없다. 산책길을 통해서도 아이디어를 얻을 수 있다.

(4) 인터넷, 신문 등을 이용하여 정보를 수집하라

배경 지식이 있어야 새로운 아이디어를 창출할 수 있다. 때문에, 평소에 틈틈이 인터넷이나 신문을 통해 지식을 쌓아 놓을 필요가 있다.

(5) 아이디어 네트워크를 짜라

아이디어를 확장하거나 정리하여 하나의 네트워크로 만들 때에는 무엇을 기준으로 범주화할 것인가를 생각해야 한다. 범주화는 prototype(원형-속성 범주화)과 exemplar(사례, 예시-가족유사성)라는 두 가지 방향으로 아이디어 네트워크를 짜는 방법으로 범주화를 활용할 수 있다.

(6) 패러다임과 고객의 의식구조변화에 안테나를 맞춰라

패러다임이란 인식하고 생각하고 평가를 내리고 현실에 대한 특별한 비전을 연상하면서 행동하게 만드는 기본적인 사고방식이다. 이는 직접적인 경험이나 문화를 통해 전달되는 무언의 이해를 공유하는 것으로 보통 의문의 여지가 없는 형태로 존재한다(윌리스 하몬).

아이디어 발상을 위해서는 항상 고객을 염두에 두고, 고객의 필요와 변화에 맞는 마케팅을 펼친다. 사회복지사들이 프로그램을 진행하기 위한 최적의 전략을 위한 아이디어 발상은 누구를 염두에 두어야 하는가? 패러다임을 읽을 줄 알아야 한다. 물론 고객의 의식구조에 패러다임을 맞추지만, 우선은 직장상사를 움직여야 한다. 직장상사를 설레게 해야 새로운 프로그램을 개발하고 외부 프로그램에 도전할 기회도 생긴다.

(7) 정보 발신자 역할을 하라

정보, 지식을 입력하는 것만으로는 자신만의 독창적 아이디어를 구성해내는 데에 한계가 있다. 우리가 접하는 책, 사설 등은 저자의 생각으로 나의 생각이 아니다. 때문에 지식을 자신의 것으로 체화해야 한다. 즉 내가 받아들인 지식을 다른 사람에게 설명하고 얘기할 수 있을 정도로 자신의 생각, 입장을 글로 정리하여 쓰거나 주위 사람들에게 얘기할 수 있다면 그 지식은 내 것이 되어 정보 발신자의 역할을 할 수 있다.

(8) 자신에게 맞는 아이디어 발상법을 익혀라

내게 실천 가능한 것이 무엇인지, 그리고 정말 자신에게 맞는 것인지 가려내어 실천할 필요가 있다. 남들이 해서 효과가 좋았다 할지라도, 본인에게는 맞지 않을 수도 있다. 때문에 본인에게 맞는 방법, 자신이 정말 해낼 수 있는 방법을 선택해서 실천해야 한다. 아무리 좋은 방법도 자신에게 맞지 않는다면, 그리고 꾸준히 실천하지 않는다면 아무 소용이 없다. 연상법, 만다라 발상법, 브레인스토밍(Brainstorming) 등 사람의 수에 따라 다양한 활동법을 익히는 것이 필요하다.

2 자원봉사 프로그램의 실제

자원봉사 프로그램을 계획할 때는 조직의 이념과 목적에 따라 우선순위를 선택해야 한다. 자원봉사자 개인의 목표나 능력, 관리자의 오리엔테이션 등이 우선순위 결정에 영향을 미치게 된다. 프로그램 개발의 전제조건으로는 합목적성 및 목표의 일관성, 능력 수준과 흥미와의 적합성, 프로그램의 통합성, 프로그램의 지속성과 네트워크화, 지역성 등이 있다.

프로그램 참여자들이 받아들일 수 있는지, 주관기관이나 조직이 제안하는 프로그램을 진행할 만한 준비가 되어있는지, 프로그램이 객관적 사실에 근거하여 준비되고 있는지, 프로그램 개발의 각 과정과 내용은 일관성 있게 구성되어 있는지가 중요하다.

1) 기획의 요소

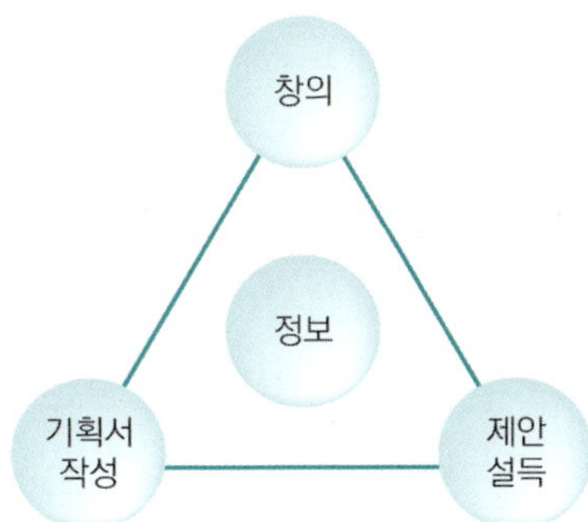

그림 9-4 기획의 요소

프로그램의 기획의 핵심요소는 창의와 정보이다. 창의와 정보를 통해 기획서를 작성하는 과정은 다음과 같다.

(1) 창의

'창의'라는 개념은 4차 혁명 시대 융합이라는 단어와 함께 가장 주목받고 있는 개념이다. 창의성이란 사전적 의미로 새로운 생각이나 개념을 찾아내거나 기존에 있던 생각이나 개념들을 새롭게 조합해 내는 것과 연관된 정신적이고 사회적인 과정이다.

4차 혁명 시대에 미래의 사회의 모습이 어떻게 변할지 정확히 예측하기는 쉽지 않다. 그러나 사람보다 더 똑똑한 인공지능이 24시간 함께하는 세상에서 살아남는 가장 중요한 요소는 인공지능이 흉내 낼 수 없는 창의성[1]분야임을 강조한다.

창의성의 2대 요소는 유창함(fluency)과 유연함(flexibility)이다. 유창하다는 것은 어떤 문제에 대하여 수많은 해결책을 빠르고 거침없이 제시할 수 있는 능력이며, 유연성은 보통 어떤 문제에 대하여 상식을 뛰어넘는 비상한 생각을 해내는 능력이다(로버트, W. 올슨).

인간은 창작을 독창적으로 만드는 힘은 창작물 자체에 내재하는 것이 아니라 다른 창작물과의 관계에서 빚어지는 차이에서 비롯된다고 하였다. 이는 우리의 뇌 속에 또 다른 뇌를 보는 메타인지로 설명된다. 메타인지는 자신과 친한 것을 구분하는 능력인데. 친하다고 인지되는 것에 관해서는 뇌는 깊은 사고를 멈춘다. 이 메타인지 원리를 이용해서 사람은 낯선 상황에 처하면 생각의 폭이 넓어진다. 즉, 창의성이 높아진다.

새로운 가치를 창출하는 활동인 자원봉사활동은 인공지능이 할 수 없는 영역으로서 인권, 환경이나 생태계 보전 등에 적극적인 시민 사회의 국가일수록 적극적인 사회참여 활동을 한다. 자원봉사는 정의, 연대, 포용 그리고 시민권의 기본적인 가치들을 행동으로 실행하게 만든다. 자원봉사는 사회통합을 개선시키는 핵심요소로 자원봉사는 인적자본과 사회자본의 창조물이

1) 창의성은 창조성(創造性)이라고도 하며 이에 관한 능력을 창의력(創意力), 창조력(創造力)이라고 한다. 창조력은 의식적이거나 무의식적인 통찰에 힘입어 발휘된다. 창조성에 대한 다른 개념은 '새로운 무엇을 만드는 것'이다(위키백과).

다. 자원봉사의 사회통합으로 가는 통로에는 창의적인 산물을 통한 프로그램개발이 필요하다.

출처: 그린피스 광고.
사진 9-1 지구는 살아있다.

자원봉사 프로그램개발을 위한 가장 핵심은 창의적인 아이디어이다.

여기서 창의는 막연함의 구체화이다[2]. 이는 사진 9-1이 표현하는 광고를 보면 드러난다. 그린피스의 광고를 보면 사운드와 비주얼을 통해 환경의 중요성을 강조한다.[3] 아마존을 지구의 허파(폐)로 부르는 이유는 아마존의 밀림이 지구로 산소를 보내는 역할을 할 정도로 거대한 밀림을 구성하고 있기 때문이다. 그런 아마존이 사라진다고 상상을 해보자. 남들이 보지 못한 것을 보고 남들이 봐 왔지만 개선하지 않았던 것을 개선하는 과정이 창의다. 그린피스의 '지구는 살아있다'의 광고는 사람의 숨소리를 통해 나무가 숨을 쉬는 장면을 물이 있다가 사라지는 장면으로 비주얼과 사운드로 구체화하여 환경보호의 중요성을 막연함의 구체화 하는 과정으로 대중의 관심으로 끌어올린다. 창의란 무에서 유를 창조하는 것이 아니라 창의는 결국 익숙한 것을 낯설게 하는 노력이자 그 결과물을 말한다.

창의란 이미 알고 있는 경험과 지식을 해체하여 새로운 해결책을 다시 구하는 것이다(송혁관, 2011).

---

2) 이종호, 2019. 크리에이터디렉터 5G 창의력 상상력_세바시 1063회
3) https://youtu.be/6Kc9yPo_0d8 (광고영상을 통해 소리를 감상해보자).

(2) 정보

정보(DATA)란 특정 상황에서 가치가 평가된 데이터이다(A. M. McDonough). 정보란 받아들이는 사람에게 필요한 형태로 처리된 데이터이며 현재 또는 장래의 의사결정에 있어서 실현되든지 혹은 그 가치가 인정된 데이터이다(G.B. Davis).

지능(Intelligence)이란 단편적인 정보들을 모아서 그것을 하나하나 평가하여 보다 광범위하고 명확한 틀이 되도록 정리하는 조직적인 방법 또는 지적능력을 말한다(Lapiras parago).

표 9-1 정보의 개념

구분	DATA	INFORMATION	INTELLEGENCE
의미	단순 사실 신호, 소재 발표자료	목적의식에 따라 수집된 단편적 자료	일정 절차에 의해 처리되어 가치가 부여된 자료
용어	데이터 사실	1차 정보 생정보	2차정보 가공정보
활동	입력	수집	분석, 평가 가공, 활용
유용성	소	중	대
활동특성	자연적	목적적	목적적

① 정보수립의 3원칙

정보수집요령에는 적합성(Quality: 품질), 신속성(Time: 시간), 경제성(Cost: 비용)의 3원칙이 있다. 본 교재에서는 IT 정보검색 중심으로 설명한다.

정보수립의 첫 번째 원칙은 적합성이다. 적합성은 정보검색의 핵심개념이다. 질문과 정보 간의 내용상 일치를 보는 것으로 정보자료가 질문에 적합한가를 보는 것이다. 정보이용자들은 실제 검색과정에서 적합하다. 적합하지 않다가 아닌 주관적이고 사용자 판단에 기반하는 역동적으로 판단한다. 적합성에 대한 개념은 오랜 관심과 연구에도 불구하고 학자들 사이에 구체적으로 속성에 대한 합의가 이루어지지 않았다. 정보검색에서 사용자 기반에 인식하는 다차원적인 인지개념으로 복잡하기는 하나 사용자 중심에서 측정 가능한 질적 평가 개념으로 사용된다.

두 번째 원칙은 신속성이다. 우리가 원하는 정보를 인터넷으로 검색한다고 하면 첫 번째는 정보를 찾는 목적이 확실해야 한다. 두 번째는 정보제공자를 신뢰할 수 있는가이다. 흔히 우리가 가장 애용하고 있는 지식검색이나 위키피디아 등은 많은 정보들이 DB로 구축되어 있어 유용하지만 그 답변이 신뢰할 수 있는 정보인지를 꼭 체크를 해야 한다. 세 번째로 우리가 찾고자 하는 주제가 담고 있는 배경지식을 활용한다면 무조건 탐색하는 것보다는 낫다. 백과사전이나 사전 등을 통해 사전지식을 안다면 오류를 줄일 수 있다.

세 번째 원칙은 경제성이다. 최근 생성되는 데이터는 이미지, 영상, SNS 메시지처럼 복잡하고 용량도 클 뿐만 아니라 구조화돼 있지 않다. 검색한 많은 정보의 파일을 보관해 관리하기 위해서는 클라우드 서비스를 활용해야 한다. 클라우드 사업자의 오브젝트 스토리지로 데이터 레이크를 운영하는 것이 가장 경제적이다. 오브젝트 스토리지는 파일에 대한 구체적인 정보를 포함한 메타데이터를 자동으로 생성·보관·관리하는 것이 특징이다.

(3) 제안 및 설득

기획 및 제안의 목적은 좋은 기획서를 만드는 것이 아니다. 제안받는 측인 고객의 행동을 변혁하기 위해 무엇을 제시해야 하는가를 고민하는 것이다. 설득의 기획을 통해 위기를 기회로 바꾸어 변화를 창출해야 한다(그림 9-5).

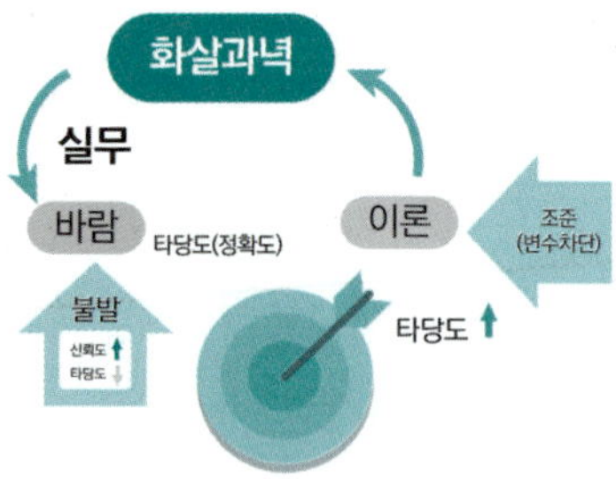

그림 9-5 설득의 기획(기회+위기=변화)

상대에 따라 설득의 접근방식은 다르다. 우선 전체를 그리고 세부에 관해 설득을 전개한다. 상대의 반응을 예측하고 대비한다. 평소의 완벽한 업무태도로 신뢰를 확보한다. 기획자는 문제 해결자가 아니라는 것을 인식하고 문제를 만들어서 해결책을 제시하는 것이 필요하다. 듣는 이에게 절실한 문제임을 인식시킨다.

2) 기획과정

사회복지 조직의 실무자들이 서비스를 제공하는 과정은 의사가 환자에게 의술을 통해 치료하는 과정과 같다. 프로그램 기획은 사회 복지적 개입을 통해 사회문제가 해결되었음을 제시하는 근거가 되도록 하여야 한다(정무성, 2011).

INPUT (투 입)	⇨	THROUGHPUTS (전환, 개입)	OUTPUTS (산 출)	⇨	OUTCOMES (결 과)
① 클라이언트 ② 스텝 ③ 물적자원 ④ 시설		① 상담 ② 직업훈련 ③ DayCare ④ 보호소제공	① 서비스의 완료		① 총계 ② 표준화된 척도 ③ 기능척도 ④ 클라이언트 만족도

출처: 정무성(2011). 사회복지협의회.

그림 9-6 사회복지프로그램의 구성요소체계접근

프로그램이란 특정 목표를 성취하기 위한 활동들의 집합이다. 사회복지 프로그램은 사람들에게 원조를 제공하는 활동들로 구성되어 있다. 사회복지 기관이나 시설들은 프로그램을 통하여 사회의 구성원들에게 서비스를 제공하고 사회의 욕구를 충족시킨다. 프로그램 기획은 담당자들에게 성취감과 만족감을 주는 수단으로 사회복지인력들은 사회에서 문제를 발견하여 해결함으로써 사람들의 삶의 질을 향상시킨다. 프로그램의 인과관계에 대한 명확한 제시가 부족하여 다른 휴먼서비스 분야에 비해 사회복지인력들의 전문성을 인정받지 못하고 있다(정무성, 2011). 프로그램은 우리가 투여한 돈보다 훨씬 더 부가가치를 만들어 내는 것으로 프로그램 기획을 통해 대상자에 대한 변화가 사회 복지적 개입에 의해 발생했음을 제시하는 근거가 되어야 한다.

잠깐 쉬어가기 **창의력이란?**

"당신이 만약 쇳덩어리 하나를 있는 그대로 그냥 팔면 5천 원 정도를 받을 것이다. 만약 당신이 그 쇳덩어리를 가지고 말발굽을 만들어 판다면 1만 원까지 가치를 높여 팔 수 있을 것이다. 그런데 말발굽 대신 바늘을 만들어 팔면 5백만 원을 받을 수 있을 것이고 시계의 부속품인 스프링을 만들어 판다면 5억 원 정도까지 그 값어치를 높일 수 있을 것이다."
이야기 속 5천 원과 5억 원의 차이, 이것이 바로 창의력이다.

미국의 어느 일간지의 「믿거나 말거나」라는 칼럼
출처: 영재교육의 출발은 '창의력'- 작가 한지훈.

스키드모어(Skidmore, 1995)는 기획의 과정을 보면 다음과 같다.

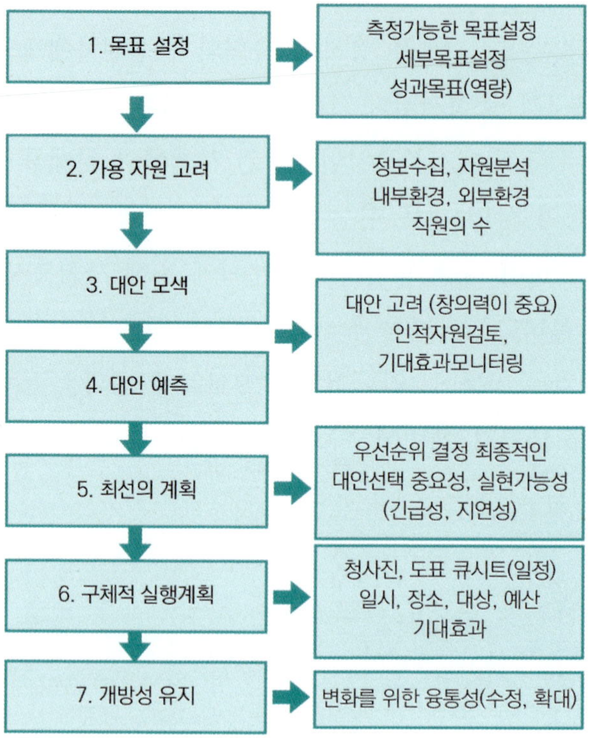

출처: 패러다임연구소(2011) 수정 인용.

그림 9-7 스키드모어 기획 7단계

스키드모어(Skidmore, 1995)는 기획의 과정을 목표의 선택, 조직 가용자원의 고려, 대안의 모색, 최선의 계획 결정, 우선순위 결정, 구체적 프로그램계획의 수립, 변화에 대한 개방성 유지 등 7단계로 제시하였다. 기획의 과정은 구체적 목표의 설정과 관련 정보 수집 및 가용자원의 검토, 대안확인 및 구체화와 대안의 실시조건 및 기대효과의 평가 그리고 최종 대안의 선택과 구체적인 실행계획을 수립하는 것으로 진행된다.

① 목적 및 목표의 설정

목적이란 사업을 통해 궁극적으로 달성하고자 하는 가치 혹은 상태로 추구하고자 하는 사업방향을 말한다. 목표란 목적달성을 위해 성취해야 하는 단계적 상태 또는 과업으로 구체적이고 측정 가능해야 한다. 사회복지조직은 목적을 달성하기 위해 몇 가지 이상의 목표가 설정되고 목표를 달성하기 위해 구체적인 세부목표가 설정된다(표 9-2).

표 9-2 목표와 세부목표 설정 예

목 표
사회복지기관이나 시설에서 목표를 설정할 때는 민주적 과정을 통해서 기관 내외의 전문가들과 광범위한 의견교환을 가지며, 사회복지 수준을 현재보다 높은 수준으로 올릴 수 있는 정도로, 환경적 요인을 고려해서 신중하게 결정해야 한다.
세부목표
세부목표는 명료하고, 구체적이고, 측정 가능하고, 한시적이고, 현실적이며, 헌신성을 나타내준다. 세부목표는 또한 세부목표가 달성되었을 때 변화될 것으로 기대하는 집단이나 요소를 구체화해야 한다.

출처: 장인협(2010) 수정 인용.

② 조직의 가용자원 고려

사회복지행정 조직은 구체적인 세부목표가 설정되고 나면 설정된 목표를 달성하기 위해 정보를 수집하고 조사와 기관의 인적·물적 자원을 고려한다. 목표를 기관의 설비, 가용예산 및 서비스에 대한 지역사회의 후원 등과 연결시키는 것은 매우 중요하다. 또한 활용 가능한 직원의 수는 물론 그들의 자질 능력, 태도와 감정 등도 고려되어야 한다. 이를 위하여 기관의 외부환경과 내부 환경을 분석한다.

③ 대안들의 열거

목표설정과 자원의 검토가 끝나면 목표에 도달할 수 있는 여러 가지 대안을 고려하는데, 이때 창의력이 특히 중요하다. 따라서 창의력을 발휘할 수 있도록 자유로운 집단과, 개인의 대화를 통한 새로운 가능성을 발견할 기회를 만들어 준다. 자유로운 집단토의 및 개인들 간의 대화 등을 통해 수집된 정보 등을 통하여 목표달성을 위한 대안을 찾을 수 있다.

④ 각 대안의 결과 예측

기획은 기대의 과정으로서 무슨 일이 일어날 것인가를 미리 평가해본다. 열거한 대안들의 비용적인 측면, 인적자원 등을 검토하고 기대효과의 장단점을 찾아내어 평가하는 과정이 필요하다.

⑤ 최선의 계획 결정(우선순위 결정)

열거한 각 대안들을 주의 깊게 비교·검토한 다음 우선순위에 따라 최종적인 대안을 선택하는 과정이다. 우선순위의 결정은 대안의 중요성과 실현 가능성에 따라 이루어지는 것이 바람직하다. 이때 가장 중요한 것 즉각적인 조치를 요구하는 것, 연기해야 하는 것을 정한다.

⑥ 행동을 위한 구체적인 프로그램 수립

합의된 목표에 도달하기 위하여 구체적인 프로그램을 기획하는 단계로써 청사진이나 도표를 작성하는 일을 포함하며 예산 및 인적자원의 토대 위에서 목표 달성을 위한 단계적 개요를 작성한다. 단계적 행동개요는 일시, 장소, 대상, 일정, 예산, 기대효과 등이다.

⑦ 변화를 위한 개방성 유지

유능한 행정가는 프로그램의 실제 수행과정에서 발생할 수 있는 변화에 대한 발전적이고 합리적인 변경에 있어 개방성과 융통성을 유지, 발휘할 수 있어야 한다. 즉, 프로그램 실행 시 생길 수 있는 변화가 보다 나은 발전을 가져오거나 유용한 자원을 확보할 수 있는 경우 언제든지 계획을 변경할 수 있는 개방성과 융통성을 발휘할 수 있어야 한다.

3) 논리모델로직모델

논리모델 과정은 프로그램의 효과성을 설명하기 위해 이론가가 아니라 실무자에 의해 20년 이상 사용되어 왔다. 프로그램 외부로부터의 책임성과 정당성 확보를 위해서는 현장에서는 논리모델이 활용되고 있다.

논리모델은 프로그램의 Diagram으로 문제해결에 필요한 자원, 프로그램 활동, 산출과 성과를 논리적으로 연계한 프로그램의 준거 틀이다.

논리모델의 5가지 구성요소는 서로 간에 논리적으로 정당하게 연결되도록 설계되어야 한다. 논리모델의 상황은 프로그램을 필요로 하는 문제 상황 즉 해결되어야 할 문제나 특정 대상자들의 어려움 등 개입이 필요한 문제조건이나 상황에 대한 분석이 필요하다.

논리모델은 사업의 로드맵(Roadmap)을 제공하여 자원의 유형과 규모를 결정하고 활동의 성격과 내용을 규정하며 사업수행으로 인한 산출과 대상자의 변화를 예측하도록 한다(그림 9-8 참조).

INPUT (투 입)	→	ACTIVITY (활 동)	→	OUTPUTS (산 출)	→	OUTCOMES (성 과)	→	IMPACT (영 향)
(투입자원) 대상자선정 목표설정 목표에 대한 평가방법	→	세부목표 일정표 담당인력 예산 (제공자관점)	→	투입과 활동의 1차적인 결과 실적의 양적 결과물 (대상자관점)	→	성과지표: % 자료원: 자료수집방법: 시각적 기록 인터뷰, 서베이 자료수집시기	→	단기적결과 장기적 (long-term) 영향 장기결과
예〉 강사*명 봉사자*명		예〉 가족캠프 문화체험		예〉 교육 이수자*명		예〉 **능력10%향상 **기능5%증진		식생활변화 비만감소

출처: 김형모(2010). 사회복지협의회.

그림 9-8 논리모델 사업의 로드 맵(Roadmap)

논리모델은 만약 계획대로 진행된다면(if-then) 무엇을 성취할 수 있는지와 같은 논리의 틀을 제시해 준다. 따라서 논리모델 대신 변화 이론, 변화 모델, 개념지도, 결과지도, 프로그램 로직 등의 다양한 이름으로 불리기도 한다.

기존 사회복지 프로그램이 기획 및 관리 평가였다면 로직모델은 성과관리를 위한 도구로 창의성과도 연결된다.

프로그램이 진척되는 동안 목표와 결과 사이의 관계를 설명해주며 프로그램 운영차트를 보여주는 편리한 시각적 장치이다.

아래 그림은 논리모델의 다이아그램을 세부적으로 설명하고 있다.

(1) Impact - Theory 설계

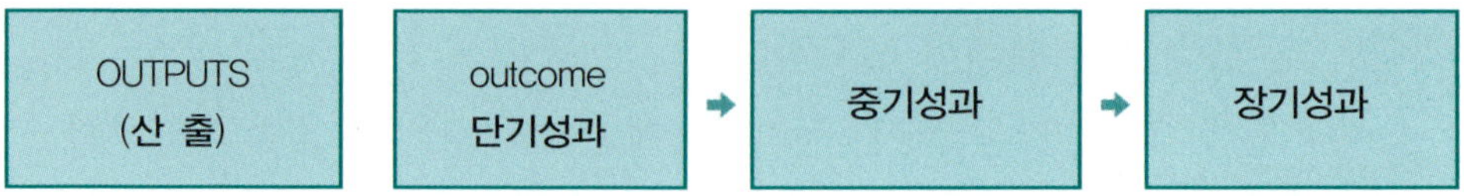

그림 9-9 Impact-Theory 설계-논리모델구축연습

프로그램 개입을 통해 성취하려는 대상자의 상황변화 정도를 성과로 나타낸다. 성과는 단기, 중기, 장기성과로 구별해서 추상적인 목적을 경험화 구체화하고 단기, 중기, 장기성과들로 나누어 이들 간의 논리적 연계성을 갖추어야 한다.

(2) Process-Theory 설계

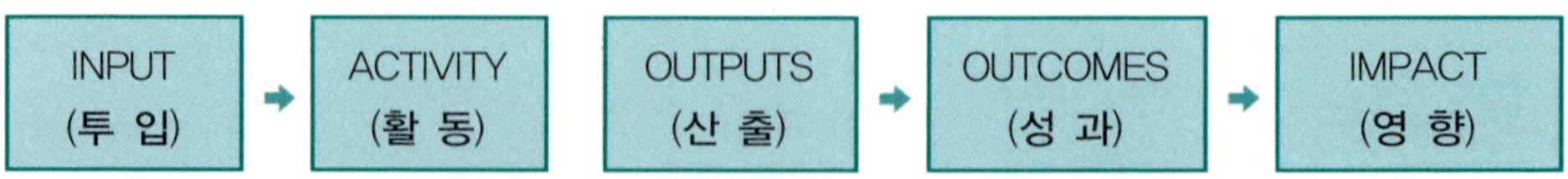

출처: 김형모(2010) 사회복지협의회.

그림 9-10 논리모델 사업의 로드 맵(Roadmap)

문제해결을 위해 필요한 자원의 유형과 규모를 결정하고, 활동의 성격과 내용을 규정하며, 사업수행으로 인한 산출과 대상자의 변화를 예측하도록 한다.

논리모델은 성과 중심 프로그램 기획, 관리 평가를 위해 개발된 도구로서, 성과에 대한 경험적 확인 가능성과 성과측정을 강조한다.

(3) 성과지표-Theory 설계

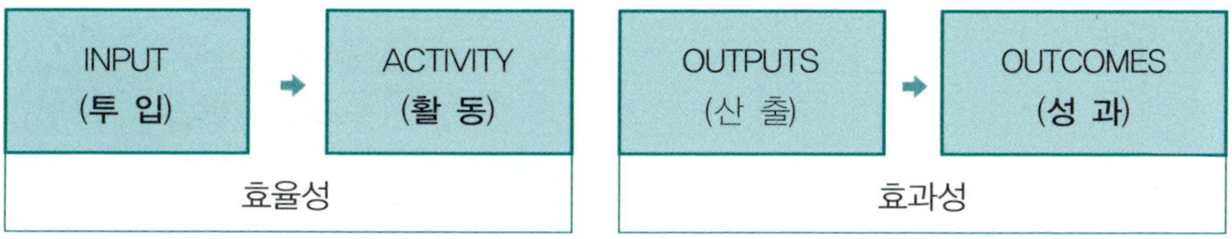

그림 9-11 성과지표-Theory 설계

논리모델에서 제시하는 성과(outcome)는 프로그램의 결과 혹은 급부로서 산출(output)과 명백히 구별해야 하는 개념이다. 성과측정을 위해서는 성과를 경험적으로 제시할 수 있는 지표가 수반되어야 한다. 지표는 일종의 증거나 정보로서 성과가 달성되었는지를 확인시켜주는 경험치를 나타낸다.

논리모델은 투입한 지원과 다양한 활동이 어떻게, 왜, 어떠한 결과를 가져다주는지 한눈에 알아볼 수 있도록 정리된 모델이다.

4) 성공적 기획자의 역할

성공적 기획이라는 말은 기업에서 사용하는 마케팅의 의미와 같다. 마케팅은 시장을 대상으로 활동하는 것으로 간단히 표현할 수 있지만 최근 사회복지기관에서의 기획은 공동모금뿐 아니라 기업을 대상으로 하는 경우가 많다. 기업은 동등한 사업 주체로서의 파트너를 원한다. 기획자는 주어진 데이터를 조합하여 논리를 개발하고, 객관성을 확보하는 것도 중요하지만, 어찌

보면 기본적인 수준이다. 마케팅이라는 것은 말 그대로 시장을 상대하는 것이다. 시장은 그 속성상 어떤 메시지에 반응하기 마련이며, 이러한 메시지를 만드는 것이 결국 마케팅 기획이라고 할 수 있는데, 기본적으로 기업의 언어 세계관, 최근 추세와 과제 등에 대한 이해가 필요하다. 그러나 여기에서 가장 중요한 것은 창의적인 작업을 하는 것이다. 이 부분의 역량은 디지털 발전에 힘입어 여러 기술이 일반적인 수준으로 획일화되는 추세에 따라 더 더욱 요구되고 있다. 같은 제품, 비슷한 서비스라면 어떻게 더 재미있고, 감동적으로 고객에게 다가서느냐 하는 것이 성공하는 제안서의 관건이 되기 때문이다.

기관의 메시지가 전달되었을 때 기업을 단순 기부자로 대한다면, 한 번 정도의 제안은 기업에서 수렴할 수 있겠지만, 지속적인 사업파트너 이상으로서의 연계는 되지 않을 수 있다. 기업에서는 후원보다는 비영리조직의 마케팅이라고 표현하는 것을 선호한다. 이미 사회복지 행정에서도 경영의 마인드가 들어와 마케팅이란 용어는 비영리기관에서도 낯설지 않은 단어가 되었다. 마케팅은 기업체뿐만 아니라 비영리기관의 활동까지도 포함하는 넓은 뜻으로 교환과정을 통하여 인간의 필요와 욕구를 만족시키는 데 목표를 둔 인간의 활동이라고 정의할 수 있다(한국 마케팅연구원, 1996).

그림 9-12를 보면 기획자(planner)에게는 기획의 중요한 부분이 되는 창조적 발상뿐만 아니라 발상의 가치를 증명하는 논리적, 분석적 사고가 필요하다. 자원봉사관리자 또한 다양한 참여를 이끌 성공적인 기획을 함에 있어 필요한 기획자로서의 필요한 역할을 구체적으로 열거하면 다음과 같다.

첫째, 네트워커(Net Worker): 특별히 자신의 직업에서 알아야 할 유용한 사람들을 만나려고 하는 사람으로, 인맥이 넓고 깊은 사람, 더욱이 정보의 제공, 평가를 해주는 지적인 인맥을 가지고 있는 사람을 말한다. 네트워커는 인맥에 대한 네트워크(그림 9-13)를 형성하여 작은 계기를 놓치지 않도록 해야 한다. 명함을 효과적으로 활용하고 서로 다른 이질적 정보망을 가지고 조직화하여 관리하는 능력은 중요하다.

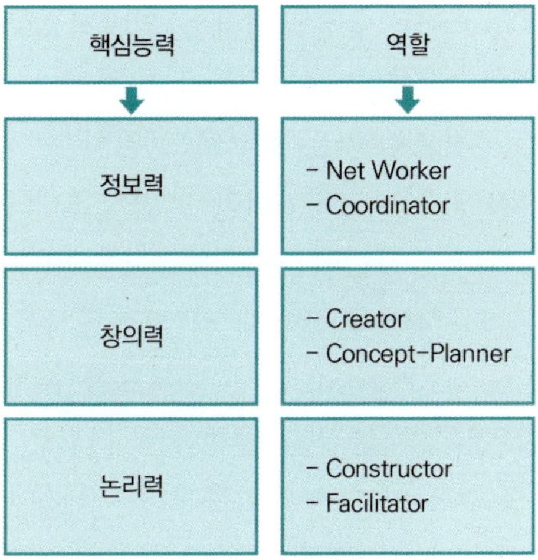

출처: http://edu.advertising.co.kr

그림 9-12 성공적 기획자의 역할

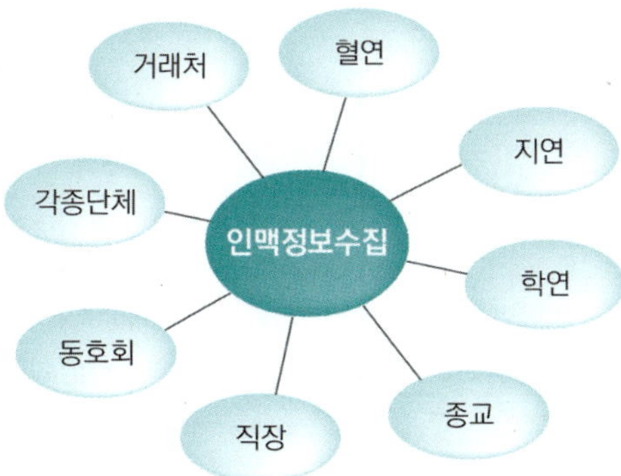

출처: https://cafe.naver.com/fngo (시민참 동아리활동)

그림 9-13 인맥정보의 수집-동아리 활동

둘째, 코디네이터(Coordinator): 개인 이익과 집단이익을 가장 적절하게 결합할 줄 아는 사람으로서 치밀한 준비를 행하고, 멋있게 리더십을 발휘할 수 있는 조직력을 가지고 있는 사람을 말한다. 조정자 진행자 등의 의미를 가지며 부서와 부서를 연결하는 매개역할을 하는 사람을 의미한다.

셋째, 크리에이터(Creator)4): 유튜브에서는 일반적으로 동영상을 생산하고 업로드하는 창작자를 '크리에이터(Creator)'라고 칭한다. 사전적 의미는 무언가를 발명한 사람으로 '창조주'라는 뜻으로도 읽힐 수 있는 '창작자'라는 뜻이다. 1인 방송 제작자에게 크리에이터라는 명칭을 쓰는 것은 단순히 동영상의 창작자일 뿐만 아니라 자신이 만든 동영상을 매개로 자신들의 팬 커뮤니티를 만들어 가는 커뮤니티의 창조자 역할도 동시에 감당하기 때문이다.

넷째, 컨셉플래너(Concept Planner): 컨셉은 목표를 구체적으로 명확하게 하는 작업이다. 요컨대 기획의 본질을 발견하는 것으로 가치를 통해 사명과 비전을 정립하는 과정이다. 따라서 컨셉플래너는 컨셉을 기획하는 사람으로 기획의 의도를 선명하게 하여 주목을 집중시키는 능력을 발휘하는 사람을 말한다. 고객의 공감을 얻어내는 전 과정을 설계하기 위해서는 삶의 방식이 문화로 나타나야 하며 현장의 트렌드를 살펴볼 줄 알아야 한다(그림 9-14).

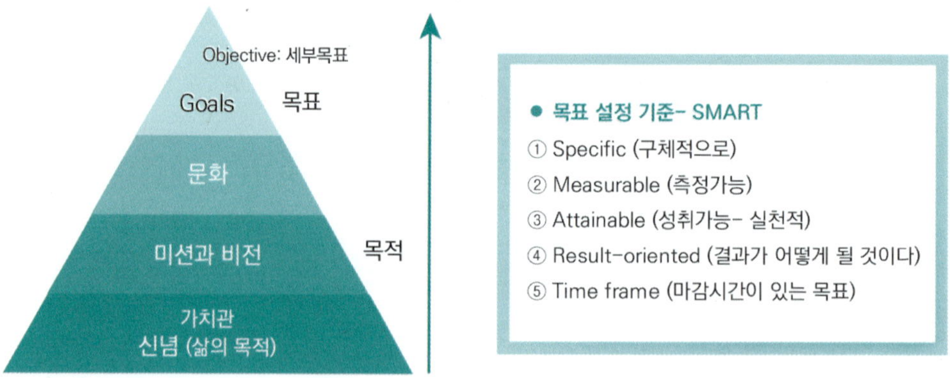

출처: 정무성(2011). 사회복지협의회.

그림 9-14 사회복지서비스 목표설정 기준

4) 국내의 아프리카TV에서는 방송을 하는 창작자를 'BJ(Broadcasting Jockey)'라고 일컬어 왔다. 게임 전문 MCN인 콩두컴퍼니(Kongdoo Company)는 내부적으로 1인 창작자를 '크루(crew)'라고 명명하고 있다. 또 다른 국내 MCN 쉐어하우스(Sharehows)에서는 크리에이터라는 이름 대신 '하우스메이트(housemate)'라는 용어를 사용한다(강상준, 2015)

다섯째, 컨스트럭터(Constructor): IT 용어사전에서는 객체의 생성 시에만 호출되어 메모리 생성과 동시에 객체의 데이터를 초기화하는 역할을 한다고 되어 있다. 구성력이 능한 사람으로서 여러 가지 방법론을 정리하고, 전체 흐름을 만드는 능력을 가지고 있는 사람을 말한다.

여섯째, 촉진자(Facilitator): 구성원들이 자율적으로 참여하여 문제해결을 할 수 있도록 지원하고 촉진하는 역할을 한다. 기존의 리더가 목적을 이해시키는 사람이라면 퍼실리테이터는 목적을 이해하는 것을 도와주는 사람으로 목적을 달성하는 계획 수립을 도출된 쟁점들의 우선순위를 정함에 있어 회의나 교육 등의 진행이 원활하게 되도록 돕는 역할을 하는 사람을 말한다. 이는 집념이 강하고 끝까지 실천하는 사람으로서 집단지성을 이끌어 내는 통합적 리더로 기획에 대한 정열이 왕성한 사람을 말한다(공정호, 2019).

촉진방법으로는 브레인스토밍을 통해 나온 아이디어에 대한 멀티보팅[5)]이다. 창의성이나 아이디어는 남들이 쉽게 생각하지 못하는 생각 속에서 나오므로 비논리적인 답변이라도 메모지 통해 모두 기록하여 관리한다(사진 9-2).

---

5) '멀티보팅'이란 여러 아이디어에 대해 투표를 진행한다는 것이다. 투표를 통해 순위를 결정하는 데 중요한 것은 1인1표제가 아닌 N표제로 진행한다는 점이다. 1인당1표를 행사하면 공동의 목표보다는 개인에게 이익을 줄 수 있는 아이디어에 투표하기 때문이다. 이때 몇 표를 행사할 것인가를 결정하는 것은 퍼실리테이터의 중요한 권한이다. 역멀티보팅을 통해 목표와 가장 거리가 멀다고 생각되는 아이디어를 먼저 탈락시키는 방법도 있다. 퍼실리테이터는 회의 순서에 이를 적절하게 배치한다.

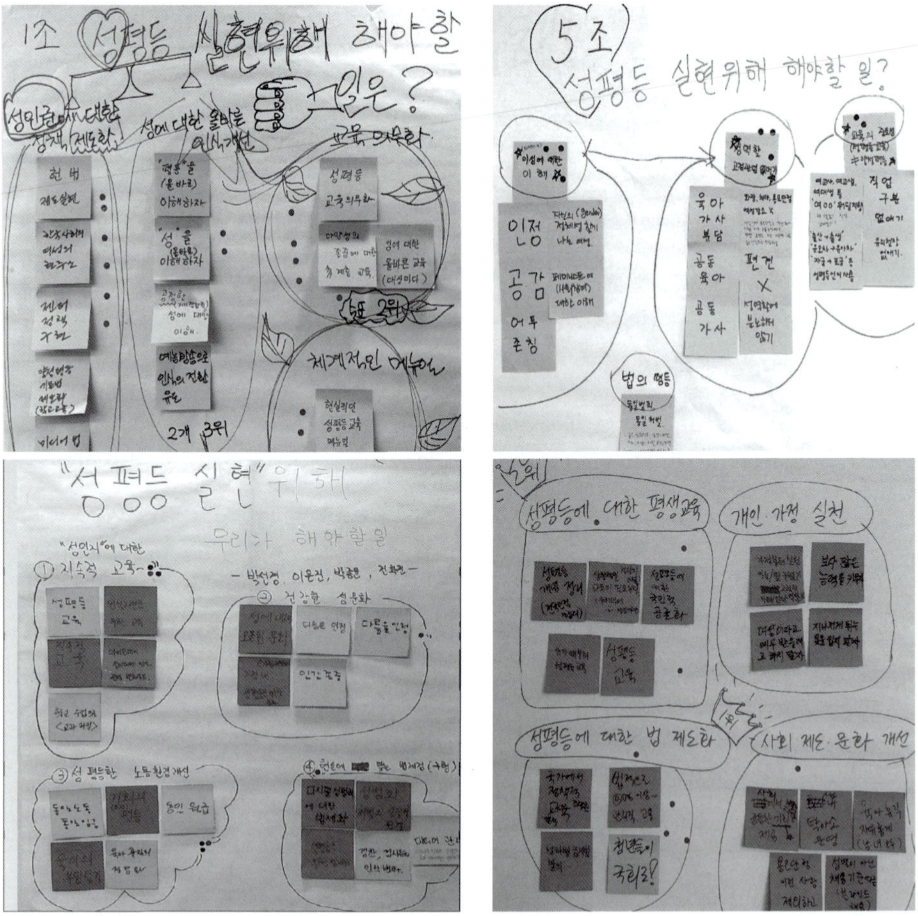

출처: https://cafe.naver.com/fngo

사진 9-2 퍼실리테이터 숙의과정 예

Chapter 10

자원봉사 행정시스템

학습목차

1. 자원봉사 인프라의 개념
2. 우리나라 자원봉사 행정체계
3. 외국의 자원봉사 행정체계
4. 국가별 행정지원체계 비교

1 자원봉사 인프라의 개념

인프라는 인프라스트럭처의 줄인 말로 하부구조 하부조직 등의 일반적 용어이지만 오늘날에는 경제활동의 기반을 형성하는 시설 제도 등의 의미로 사용된다. 인프라 개념은 조직, 국가·경제·학문 등에서 광범위하고 널리 사용되는 보통명사의 개념이라 할 수 있다. 자원봉사분야에서는 국가 5개년 계획을 중심으로 자원봉사 지원 인프라의 개념이 등장하고 있다. 여기서는 소프트웨어 인프라로 법과 제도 등을 설명하고 있으며 하드웨어 인프라로는 자원봉사센터 및 단체 등의 조직과 물적지원 체계인 자원봉사 종합관리시스템, 재정운용시스템 등으로 설명하고 있다.

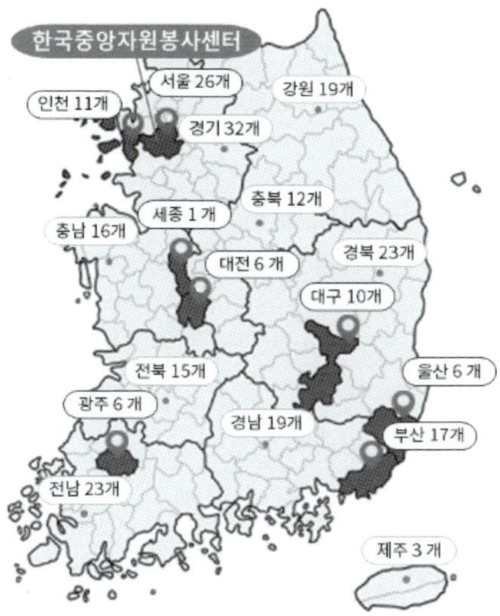

등록자원봉사자 : 14,954,948명
전국자원봉사센터 : 246개
한국중앙자원봉사센터 : 1개
특별시/광역시/도 자원봉사센터 : 17개
시/군/자치구 자원봉사센터 : 228개

출처: https://www.1365.go.kr

그림 10-1 자원봉사 인프라

1) 소프트웨어 인프라

(1) 자원봉사활동기본법[1)]

자원봉사활동 기본법이 시행되고 있음에도 관련법 개정이 후속적으로 이루어지지 않고 있어 각 정부부처의 자원봉사진흥제도와 정책이 달라 지역에서 활동하고 있는 자원봉사자 혹은 단체들의 혼선이 발생하고 있다.

자원봉사활동 기본법에 제시된 자원봉사활동은 다음과 같다.

① "자원봉사활동"이란 개인 또는 단체가 지역사회·국가 및 인류사회를 위하여 대가 없이 자발적으로 시간과 노력을 제공하는 행위를 말한다.

② "자원봉사자"란 자원봉사활동을 하는 사람을 말한다.

③ "자원봉사단체"란 자원봉사활동을 주된 사업으로 하거나 이를 지원하기 위하여 설립된 비영리 법인 또는 단체를 말한다.

④ "자원봉사센터"란 자원봉사활동의 개발·장려·연계·협력 등의 사업을 수행하기 위하여 법령과 조례 등에 따라 설치된 기관·법인·단체 등을 말한다.

자원봉사활동기본법 시행령의 자원봉사 센터장의 자격요건은 다음과 같다.

① 대학교의 자원봉사 관련 학과에서 조교수 이상의 직에 3년 이상 재직한 자

② 자원봉사단체·자원봉사센터 또는 사회복지기관·시설·학교·기업에서 자원봉사관리업무에 5년 이상 종사한 자

③ 5급 이상 퇴직공무원으로서 자원봉사업무 또는 사회복지업무에 3년 이상 종사한 자

④ 국가 및 지방자치단체에 등록된 자원봉사 관련 시민사회단체에서 임원

---

1) 2005.8 시행령, 2014년 개정

으로 10년 이상 활동한 자

(2) 자원봉사 관련법

자원봉사 관련법은 여성발전기본법과 건강가정기본법(여성과 가족)에 근간을 두며 자원봉사자의날(12월 5일)과 자원봉사주간을 설정(12월 5일~첫 주간)하였다. 사회복지와 관련 법령은 사회복지 사업법, 노인복지법에 명시되어 있으며 한국사회복지 협의회는 자원봉사인증센터의 역할이 명시되어 있다. 청소년과 관련된 법은 청소년활동 진흥법 및 시행령을 기초로 한다.

한국국제협력단법은 해외 자원봉사활동 관련 사항을, 사회복지공동모금회법은 민간기금 조성과 기부금품의 모집등록에 관한 사항을 다루고 있다.

대한적십자사 조직법은 적십자사 법을 근간으로 적십자 법 6조에는 적십자사는 개인, 사업자, 법인 또는 단체 등을 대상으로 회원모집 및 회비 모금 활동을 할 수 있다.

7조에는 자원봉사사업이 명시되어 공직선거법 등에서 자원봉사활동과 관련된 내용을 다루고 있다.

2) 하드웨어 인프라

자원봉사활동의 진흥에 관한 국가 기본계획의 수립은 행정안전부 장관이 중앙행정기관 의장과 협의하여 5년마다 수립한다. 국가 기본계획에서 다루고 있는 재정의 대부분은 해당 부처(행정안전부)에서 마련하도록 되어 있다. 그러나 엄청난 액수를 국고로 지원받는 것은 무리이기 때문에 재정마련을 위한 기부금품 또는 후원금 모집을 할 수 있도록 관계 법령에 대한 정비가 필요하다.

① 인적자원 지원체계: 자원봉사센터 및 단체(조직)

② 물적자원 지원체계: 자원봉사종합관리시스템, 재정 운용 시스템

(1) 행정안전부(재정마련)

자원봉사활동 기본법을 근간으로 전국 광역시 및 기초자치단체에 자원봉사센터 설치 중앙자원봉사센터 설치하여 자원봉사활동의 활성화를 주도한다.

중앙에는 한국자원봉사진흥위원회와 한국자원봉사협의회가 자원봉사 정책총괄 및 자원봉사센터 지원, 교육, 진흥행사 등 주관하며 관계 중앙행정기관의 장 및 지방자치 단체의 장이 의무적으로 수립해야 하는 법정계획으로 국가 기본계획을 구체화하는 연차별 계획을 한다.

표 10-1 행정안전부 제4차 국기기본계획 수립방향(2023-2027)

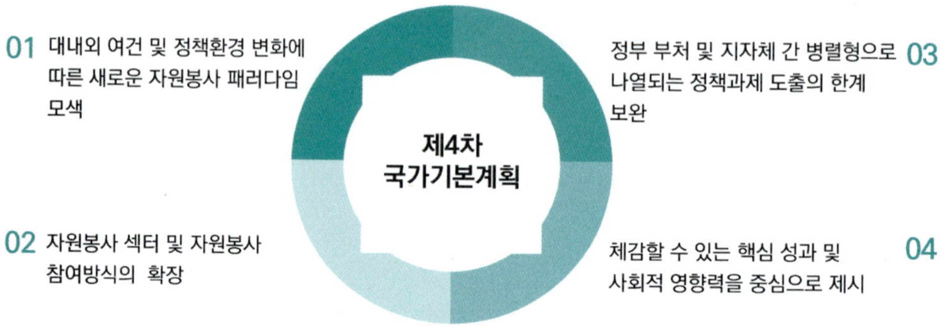

출처: 행정안전부(2023).

행정안전부는 정부와 민간자원봉사조직과의 관계를 다리 놓는 중개기관 역할을 수행한다. 구체적인 역할은 다음과 같다.

① 민간기구인 한국자원봉사협의회 및 중앙자원봉사센터 등 기초센터와 자원봉사단체에 운영비 사업비 지원

② 재해복구예산지원

③ 전국자원봉사대회 및 국제행사 개최 및 참가 등 포상 및 홍보사업, 교육사업

(2) 보건복지부

보건복지부는 사회복지 분야 자원봉사의 주무부서이다. 자원봉사 행정서비스는 다음과 같다.

① 사회복지사업법을 근거로 자원봉사 행정서비스
② 한국사회복지협의회(1978년 한국봉사안내소 설치)
③ 사회복지시설과 기관 중심의 인증센터를 설치하여 진행

(3) 여성가족부

여성가족부는 여성 및 청소년의 자원봉사활동 활성화를 지원하는 역할을 맡고 있다. 구체적인 역할은 다음과 같다.

① 여성발전기본법을 근간
② 한국여성개발원 여성 자원 활동 인력은행운영(1984~1992)
③ 전국여성 자원 활동센터(1993)
④ 청소년활동진흥법을 근간
⑤ 한국청소년활동진흥원과 전국 시도 청소년 활동진흥센터: 청소년봉사단 육성

(4) 교육부

교육부는 초중고교 및 대학생들의 자원봉사활동을 지원하는 주무부서이다. 구체적인 역할은 다음과 같다.

① 학생봉사활동정보안내센터 설치 운영
② 한국대학사회봉사협의회(1995년 총·학장들의 모임) 등을 통해 정보제공

(5) 외교부

외교부는 저개발 국가들에 한국 국제협력단을 통해 연간 1,800명의 해외

장기봉사자를 파견하고 있다.

(6) 법무부

법무부는 청소년 선도와 관련된 자원봉사활동을 지원한다. 구체적인 역할은 다음과 같다.

① 청소년과 출소자 등 범법자 재범방지를 위한 민간자원봉사조직인 범죄예방위원 및 갱생 보호후원회 지원
② 자녀안심하고 학교 보내기 운동본부 지원

(7) 문화체육관광부

문화관광부는 그간 청소년 자원봉사 업무를 담당해오다 다양한 문화관광 전문 봉사활동을 지원하는 주무부서 역할을 하고 있다.

구체적인 역할은 다음과 같다.

① 한국BBB운동 지원[2)]
② 문화관광해설사 육성
③ 국제공여예술단 운영
④ 전문문화자원봉사단 운영
⑤ 종교인 평화봉사활동 지원
⑥ 예술인 자원봉사단 운영
⑦ 대학생 해외봉사단 한국 알리미 지원

(8) 민간단체의 역할

자원봉사단체들의 협의체 형식을 갖는 단체, 연구정책단체, 교육훈련 단체, 관리자조직 단체, 기업봉사단, 재해구호단체, 해외 봉사단체, 풀뿌리 자

2) https://www.bbbkorea.org/ko/ 언어통역 자원봉사자들이 휴대폰을 이용 방한 외래객에게 언어 문화서비스를 제공. 대학봉사단 bbb프로보노 운영

원봉사단체들과 단체들의 연합체도 활발하게 움직이고 있다.

자원봉사진흥위원회는 2005년 8월에 공포되고 2006년 4월부터 시행된 자원봉사활동 기본법 제8조에 의해 설립 근거를 마련, 2014년 개정되었다. 행정자치부, 여성부의 경우 전국 시, 군, 구 단위 각각 250개소, 157개소 설치 및 운영, 보건복지부, 문화관광부 전국적으로 광역시, 도 단위 17개소 설치 및 운영 각 중앙부처에서는 개별적으로 자원봉사센터나 자원봉사 업무 담당 부서를 두고 자원봉사활동을 행정적으로 지원 2005년 자원봉사활동 기본법 제정 주 40시간 근무제 정착 등으로 자원봉사활동 여건이 조성되고 있다.

2 우리나라 자원봉사 행정체계

1) 자원봉사센터 지원체계

우리나라에서 자원봉사를 관리·조정하는 역할을 담당하고 있는 기구 중앙 차원에서 행정안전부, 보건복지부, 문화체육관광부, 여성가족부 등의 부처이다. 최근까지 보건복지부가 자원봉사업무를 담당한 주무 부처의 역할을 했으나, 자원봉사활동영역이 확대되고 행정안전부 법안으로 자원봉사활동 기본법이 제정됨에 따라 주무 부처가 보건복지부에서 행정안전부로 변경되었다. 각 중앙부처에서는 개별적으로 자원봉사센터나 자원봉사업무 담당 부서를 두고 자원봉사활동을 행정적으로 지원하고 있다. 각 부처 산하의 자원봉사 담당과는 중앙에 있고, 시·군·구 단위에서는 해당 부처 소속의 자원봉사업무와 관련이 있는 여러 개의 부서가 자원봉사를 담당하고 있다.

우리나라의 자원봉사 행정지원조직으로는 공공부문의 중앙정부 및 지방정부가 있다. 중앙정부의 경우 자원봉사에 대한 전체적인 정책적 심의와 자문의 역할을 담당하는 국무총리실 산하 자원봉사진흥위원회가 있다.

자원봉사활동 기본법 제8조는 자원봉사활동에 관한 주요정책을 심의하기 위하여 국무총리 소속으로 관계 중앙 행정기관 및 민간 전문가로 구성된 자원봉사진흥위원회를 둔다. 자원봉사 주무 부처로는 행정안전부, 보건복지부, 여성가족부, 교육부, 외교부, 법무부 문화체육관광부 등의 관련 부처가 있다(전문개정 2014.1.7.).

표 10-2 자원봉사센터 역할 구분

중앙센터	광역센터	기초센터
• 자원봉사정책 개발 및 연구 • 중앙단위 자원봉사기관 · 단체, 기업과 협력체계 구축 • 지역자원봉사센터 지원 및 협력 • 자원봉사 아카이브 운영 • 자원봉사 국제교류 및 협력 • 1365자원봉사포털 위탁운영 • 자원봉사센터 행정업무 정보화 지원 • 재난 대응 및 지원체계 구축(현장자원봉사센터 설치 및 운영지원 등) • 자원봉사 확산을 위한 홍보 및 문화행사 • 그 밖에 자원봉사진흥에 기여할 수 있는 사업 추진	• 중앙센터 및 시 · 군 · 구 센터와 협력체계 구축 • 광역단위 기관 · 단체, 기업과의 협력 • 시 · 군 · 구 자원봉사관리자 및 지도자 대상 교육 • 자원봉사 아카이브 운영 • 자원봉사 프로그램 개발 · 보급 • 지역 자원봉사 활성화를 위한 조사 · 연구 • 시 · 군 · 구 센터 간 정보교류 및 사업 조정 · 지원 • 1365자원봉사포털 서비스 이용 및 회원 정보 관리 · 운영 • 재난 대응 및 지원체계 구축(시군구 현장자원봉사센터 설치 및 운영지원 등) • 그 밖에 특별시 · 광역시 · 도 지역의 자원봉사 진흥에 기여할 수 있는 사업	• 기초단위 기관 · 단체들과의 협력체계 구축 • 읍 · 면 · 동 자원봉사자 모집 및 교육 · 홍보 • 자원봉사활동 수요처에 자원봉사자 배치 • 자원봉사 프로그램 운영 • 지역자원봉사 및 공동체 활성화의 거점 역할 수행 • 자원봉사 관련 정보의 수집 및 제공 • 1365 자원봉사포털 서비스 이용 및 회원정보 관리 · 운영 • 현장자원봉사센터 설치 및운영 • 그 밖에 시 · 군 · 구 지역의 자원봉사 진흥에 기여할 수 있는 사업

출처: 행정안전부(2022).

'자원봉사센터의 지원체계'는 '우리나라에서 자원봉사를 관리·조정하는 역할을 담당하고 있는 기구'로 중앙정부 차원에서는 행정안전부, 보건복지부, 문화체육관광부, 여성가족부 등의 부처이다. 최근까지 보건복지부가 자원봉사업무를 담당한 주무 부처의 역할을 했으나, 자원봉사활동영역이 확대되고 행정안전부 법안으로 자원봉사활동 기본법이 제정됨에 따라 주무 부처가 보건복지부에서 행정안전부로 변경되었다. 각 중앙부처에서는 개별적으로 자원봉사센터나 자원봉사업무 담당 부서를 두고 자원봉사활동을 행정적으로 지원하고 있다. 각 부처 산하의 자원봉사 담당과는 중앙에 있고, 시·군·구 단위에서는 해당 부처 소속의 자원봉사업무와 관련이 있는 여러 개의 부서가 자원봉사를 담당하고 있다.

(1) 공공행정 지원체계

우리나라 자원봉사의 공공지원 체계는 표 10-3과 같다. 국무총리실 산하 자원봉사 진흥위원회가 있으며 부처별 관리하는 과와 시스템이 분리되어 있다.

표 10-3 공공행정 지원체계

정 부 처	관리부서	전산망	기 타
행정안전부	자치행정과 시민협력과	1365	자원봉사포털1365시스템
보건복지부	사회복지과	VMS	사회복지자원봉사인증관리
여성가족부	청소년과	DOVOL	청소년 자원봉사 포털
문화체육관광부	도서관 및 문화재과	LVMS	도서관 자원봉사관리시스템
교육부	–	NEIS	교육행정 정보시스템
외교부	국제협력단(KOICA) 활동지원 및	국제협력단 활동지원 및 해외 원 단체지원	

법무부	해외원조단체지원	자녀안심하고 학교보내기 운동본부 및 청소년 선도 위원봉사단 운영
〈중앙–광역시도–시군구–〉자원봉사센터–〉1365 자원봉사포털 활용		

출처: 행정안전부(2022).

(2) 민간행정 지원체계

우리나라 자원봉사의 민간지원체계는 다음과 같다.

① 협의체 형식을 갖는 단체: 한국자원봉사협의회

② 한국자원봉사센터협회, 사회복지협의회, 한국대학사회 봉사협의회 등

③ 연구정책단체: 한국자원봉사학회, 한국자원봉사포럼

④ 관리자조직: 한국자원봉사관리협회, 한국사회복지사협회

⑤ 기업봉사단으로 삼성, SKT, SG, 포스코, LG

⑥ 재해구호단체(한국재난 안전 네트워크, 대한적십자사, 안전생활시민연합, 재해 극복범시민연합 등)

⑦ 해외봉사단체: 세계청년 봉사단, 한국 해외원조 단체협의회, KOICA,

⑧ 유니세프, 굿네이버스

(3) 자원봉사 종합관리시스템

포털 1365 자원봉사관리시스템에 가입하면 전국단위 자원봉사 정보 및 조회, 신청, 실적 확인이 가능하며 연계기관의 연계를 통한 실적 확인 및 확인서를 직접 발급받을 수 있는 서비스를 제공한다.

포털 1365 자원봉사관리시스템 홈페이지에 명시된 봉사자의 자세는 다음과 같다.

① 자원봉사활동을 하는 목적을 분명히 알고 처음의 순수함을 돌아보는 자세를 가진다.

② 매사에 긍정적인 생각을 가지고 타인에게 모범을 보일 수 있는 성품을

지닐 수 있도록 노력한다.

③ 다른 사람들을 보살피고 맡은 바 직책을 충실히 이행한다.
자신의 말이나 행동이 어떠한 영향을 미치는지 항상 생각하고 신중한 자세로 임한다.

④ 활동에 대한 책임감을 가지고 봉사활동을 시작한다.

⑤ 활동은 성실히 하며, 활동 시간에 대한 약속을 꼭 지킨다.

⑥ 자신의 개인적인 문제나 감정이 있더라도 이를 자신의 일과 분리할 수 있는 능력과 자질이 있어야 한다.

⑦ 자원봉사자는 양심적이어야 한다.

⑧ 자원봉사자는 끊임없이 공부하며 배우는 자세를 가져야 한다.

3 외국의 자원봉사 행정체계

1) 미국의 자원봉사활동 지원체계

'미국의 정신(American Spirit)은 자원봉사정신(Volunteerism)'이라고 미국사람들은 믿고 있다. 전국 및 지역사회봉사공단 CNCS(Corporation for National and Community Service: CNCS)는 모든 연령계층과 배경의 미국인들에게 시니어코, 아메리코, Learn and Serve America 등 3개 프로그램을 통하여 나라와 지역사회에 봉사하는 기회를 제공한다.

(1) 촛불재단(POLF)

정부에 대한 재정의존도를 50% 이하로 낮추면서 단체의 독립성과 운영의 자율성을 추구하고 있다.

촛불재단(POLF)는 1982년부터 우수자원봉사 단체 및 개인에게 수여하는 대통령상, 직장 우수자원봉사 프로그램상, 지역사회 리더십상, 가족자원봉사상을 수여하고 있다. 오늘의 촛불상은 전국 및 지역사회 봉사단(CNCS)이 생긴 후부터 함께 운영하고 있다.

표 10-4 외국의 자원봉사 행정체계 비교

		미 국	영 국	일본
관련법		전국지역사회봉사법 전국자원봉사활동법 –정부주도	인권법, 자선법 (지방정부의 독립성) –지방정부의 독자성 추진	특정 비영리활동촉진법 –정부주도
행정전달	정부	AmeriCorps (전국봉사연합) CNCS, ACTION,	중앙+지방정부	중앙 후생성; 사회 · 원호 문부성–지역복지
	민간	촛불재단(POLF) 자원봉사센터	사회복지협의회, 기업각종재단 지역사회활성화부처	사회복지협의회 자원봉사활동진흥센터 자원봉사센터
재정		연방 지방정부의 보조금 회비, 기부금, 정부와의 계약프로젝트 수입금	중앙과 지방정부 보조금 정부사업지원금 기부금, 회원의 회비 상품판매, 대여사업 공동모금회로부터 후원	공적 보조금 기부금 사업수익 자원봉사육성기금
인력		CVA (자원봉사관리사 자격증협회) 자원봉사관리자 (Administrator)	중앙: LIV 교육과정(합격증)표준화개발(3년) 민간: 국가표준에 기반 한 자원봉사교육 이수(60시간 이수–자격증)	자원봉사활동참여사원볼런티어애드바이서 볼런티어코디네이터 –유급휴가제

출처: 구혜영(2019).

(2) 아메리코(AmeriCorps)

후진국의 원조의 일환으로 Peace Corps라는 조직이 있는 것은 널리 알려져 있다. 우리나라도 국제협력사업단의 사업의 하나로 해외봉사단을 운영하고 있다. 아메리코(AmeriCorps)는 바로 국내판 평화봉사단(Peace Corps)이다. 아메리코는 미 연방정부가 운영하고 있는 사업인데 사업의 목적은 청년들로 하여금 사회봉사활동에 참여시키는 제도이다. 사업은 비영리사업체나 공공기관에 의하여 제공되는데 풀타임 제와 파트타임제가 있다. 활동 분야는 교육, 사회안전, 의료봉사, 환경보호 등 분야이다.

이 제도는 빌 클린턴(Bill Clinton) 행정부 때인 1993년에 도입되어 본격적으로는 1994년부터 시행되고 있다. 2012년 기준으로 매년 8만 명이 참여하고 있으며 보상은 생계비지원, 학자금대출상환 연기, 학자금 지원 및 대출금 상환 면제 등의 형식으로 간소한 보상을 제공한다고 한다. 사업 실시 이후 25만 명 이상이 참여하고 있다고 한다. 사업시행결과를 분석한 바에 의하면 참여인들은 시민의식이 보다 강화 되고 봉사를 끝난 뒤에는 공무원이 되기를 선호하게 된다고 한다.3)

(3) 전국 및 지역사회봉사공단(CNCS: Corporation for National and Community Service)

CNCS는 나눔사업 롤모델로 청년층(18~24세) 봉사조직인 아메리코('AmeriCorps')와 노년층(55세 이상) 봉사조직인 시니어코(SeniorCorps) 등을 운영하고 있다.

특히 CNCS는 봉사자의 재능과 경력을 탈 빈곤 프로그램, 재난 구호, 저소득층 및 장애아동 멘토링 등 지역사회 발전에 활용하는 서비스를 제공하고 있다.

---

3) https://blog.naver.com/youngdae35/50191113452

2) 영국의 자원봉사활동 지원체계

역사적으로 지방자치가 발달하여 연방 내 4개의 나라마다 각기 다른 자원봉사체계 구축되어 중앙정부의 지원책보다 각 지방정부가 독자적으로 자원봉사진흥 추진 정부와 민간단체 간의 계약에 따라 지원

(1) 영국의 자원봉사(VE) 전달체계의 특징: Volunteering England (VE)

영국의 자원봉사는 민·관이 서로 독립적이면서도 상호 긴밀하게 협력하는 아주 이상적인 체계를 이루고 있다. 민간은 사람 중심의 자원봉사센터들과, 기관·단체 중심의 자원봉사협의회로 각각 분리된 전달체계를 갖고 있으며 상호 협력하면서 국가적 자원봉사진흥을 위해 애쓰고 있다. 정부의 조정으로 센터와 협의회를 두 축으로 인프라 구축-중복되지 않도록 하고 있다. 상호 중복됨이 없이 각자의 고유활동을 하고 모두가 '단체 지원'을 목적으로 한다는 점에서 우리가 본받을 점이 많다. 지역사회 W자원봉사국에서(Volunteer Bureau: VB)는 단체들에게 자원봉사 '인적자원'을 공급하고, 협의회는 단체들에게 사무실 등 '물적 자원'을 지원하는 등 두 전달체계가 자원봉사 인프라로서의 역할과 기능을 충실히 하고 있다.

영국의 지역자원봉사센터는 제1의 기능을 자원봉사자 배치하고 있으며 특히 기관·단체들과의 중계자 역할로 삼고 있다.

① 자원봉사센터(VE) 6가지의 핵심기능은 다음과 같다.

첫 번째는 중계(Brokerage) 기능

두 번째는 홍보(Marketing volunteering) 기능

세 번째는 교육·훈련 (Good practice development) 기능

네 번째는 일감개발(Development volunteering opportunities) 기능

다섯 번째는 정책수립(Policy responses and campaigning) 기능

여섯 번째는 전략·기획(Strategic development of volunteering) 기능이다.

② 자원봉사협의회(CVS)의 기능 5가지의 핵심기능은 다음과 같다.
첫 번째, 단체들에 사무실 제공 등 서비스 및 지원(Service and Support)
두 번째, 주민-단체-관 등의 연락망 형성(Liasion)
세 번째, 주민-단체의견 대표(Representation)
네 번째, 자원 활동의 개발(Development Work)
다섯 번째, 민·관 파트너십 수립(Strategic Partnership) 등이다.

③ **영국자원봉사협의회**(NCVO)[4]: National Council of Voluntary Organizations)

영국자원봉사협의회는 활동처에 자원봉사자들을 직접 연계하고 배치하는 것이 아니라 자원봉사자들이 적절한 기회를 찾을 수 있도록 여러 수단을 강구하는 민간최대기구이다.

3) 일본의 자원봉사활동 지원체계

14세기 독일의 엘버 펠트시나 함부르크시에 빈민 감독관이 있었는데, 이것이 20세기 초 일본으로 넘어오면서 "방면위원"이라는 이름으로 복지(봉사)를 하거나 주민의 동태를 감시하였다. 20세기 후반 "민생위원"이라는 이름으로 변경되었으며, 지역 유지들이 이 위원을 맡으면서 시민들의 봉사활동에 직·간접적으로 참여하여 지역복지에 힘써왔다.

일본의 자원봉사는 도덕공동체 또는 세속적인 인륜의 기본적 공동체에서 찾아볼 수 있다. 일본자원봉사의 특징은 다음과 같다.

첫째, 전국적인 네트워크의 정비를 들 수 있다. 전국사회복지협의회가 전국 3,414개의 지역협의체를 통해 자원봉사활동을 조직화하고 있다.

둘째, 정년퇴직한 장년층을 중심으로 한 자원봉사활동이 눈부시다.

셋째, 공공자원봉사의 성격을 가진 민생위원제도를 들 수 있다. 민원위원제도는 시급히 복지서비스를 필요로 하는 대상자를 파악하여 공공서비스기

4) 영국 자원봉사협의회 https://www.ncvo.org.uk/about-us/work-for-us

관과 연계시키는 데 자원봉사자를 활용하는 제도이다.

넷째, 학생자원봉사자의 참여가 증가하는 추세에 있다.

다섯째, 자원봉사 보험이 제도화 되어 있다.

여섯째, 기업들이 자원봉사지원에 적극 나서고 있다(김영신, 2002).

일본은 1976년 이후 5년에 한 번 모든 인구를 대상으로 사회생활 기본조사를 수행한다. 이를 볼런티어 통계라 한다. 2011년 기준 참여율은 26.3%로 5년 전 조사비교 0.1% 상승하였다. 볼런티어 활동을 무상노동시간으로 보고, 유상노동시간과 대비시켜 검토할 수 있다.

(1) 자원봉사 민관 인프라

① 법령 및 조례

1970년대부터 사회복지협의회에 볼런티어 센터를 설치하면서 수차례 사회복지사업법 개정 및 관련 고시를 통해 볼런티어 활동을 육성하였다.

'평생학습의 진행을 위한 추진체제 등의 정비에 관한 법률'(1994년)을 통해 평생학습 진흥정책에 볼런티어를 포함 시켰다.

후생성은 1990년부터 사회복지 법인 민간법인들 중 자원봉사 육성을 위해 10억엔 이상되는 기금을 형성할 경우, 이를 지정 기부금으로 인정, 세제 혜택을 주도록 세무당국에 요청하여 볼런티어 기금에 대한 세제 조치를 하였다.

볼런티어 기금에 대한 기부금에 관련된 세제상의 우대 조치의 확대 및 볼런티어 기금의 적극적 조성에 대하여, 1991년 대장성으로부터 허가를 받아 1991년 개정되었다.

② 공공 인프라

자원봉사 주무부처는 후생노동성으로 후생노동성이 사회복지협의회를 중심으로 볼런티어 육성 전담한다. 지자체 단위에서는 시구정 촌이 지역 협의회 내의 볼런티어센터를 지원한다.

③ 민간 인프라

전사협 산하에 볼런티어시민활동 진흥센터가 있고, 산하에 3천여 개 이상의 구정촌 사협 내에 해당 볼런티어센터들이 있다.

1994년부터 전사협이 중심이 돼 일본 생협, 일본 경영연합, 일본 PAT 등 49개 단체가 모여 확대 볼런티어의 바퀴' 연락회의를 구성하였다.

2004년 기준 55개 단체로 늘어 '폭넓은 볼런티어틀 만들기' 연락 회의로 발전하였다.

특정 비영리 활동촉진법(NPO법, 1998)으로 일본 국회는 시민단체들이 캠페인에 힘입어 자원봉사단체에 대한 법적 행정적 체제를 용이하게 하는 이 법안을 통과시켰다.

이 법은 자원봉사단체들이 사회문제들을 제기함으로써 일본의 시민 사회에 기여하는 '제3부분'의 중요한 역할을 다할 수 있도록 힘을 실어주고 있다.

1990년 10월부터 자원봉사활동에 참여하는 사원을 위한 유급 휴가제를 마련해 놓고 있으며 이러한 분위기는 전국적으로 확산되고 있다(김영호, 2002).

(2) 행정전달체계

행정권은 내각 총리대신을 장으로 하는 내각에 속하며 내각은 행정권의 행사와 아울러 국회에 책임을 진다. 내각은 내각 총리대신과 이하 내각 총리대신이 임명권을 가지는 국무대신으로 조직되어 행정권의 행사에 대하여 공동 책임을 진다. 내각은 행정 사무 이외에 법률 집행, 외교 관계의 처리, 조약 체결, 예산 작성, 정령(政令) 지정을 비롯한 하급 입법 등의 업무를 수행하며, 그러한 수행상의 부담을 나누기 위해 국무대신들을 책임자로 하는 12성(省)을 갖추고 일본 자원봉사의 특징은 처음부터 정부에 의해 지원·육성되었다는 것이다.

후생노동성은 자원봉사 관련법의 제정에서부터 자원봉사단체의 관리, 재정지원 등 모든 행정업무를 단독적으로 맡고 있으며, 지역 단위의 자원봉사활동 조정 및 연계기능은 사회복지협의회를 통해 이루어지고 있다.

전국 사회복지협의회(전사협)는 사회복지법에 근거해 모든 도도부현, 시정촌에 설치되어 지역주민과 사회복지 관계자의 참여에 의해 지역복지 추진의 중심축이며, 일본의 볼런티어 센터는 전사협 소속이다

전국사회복지협의회(전사협)의 기능은 다음과 같다.

① 전국 단위에서는 볼런티어 시민활동을 추진하는 조직
② 볼런티어 코디네이터, 어드바이저 등의 연수, 보급
③ 볼런티어 시민활동 추진에 관계되는 조사 연구
④ 전국볼런티어 페스티벌 연락회의
⑤ 볼런티어 보험제도 확립: 1977년부터 전사협이 제도를 확립했으나, 보험료는 볼런티어 부담
⑥ 인정보상체계: 공식적으로 없으나, 지역이나 활동영역에 따라서 유급 볼런티어는 인정하고 있음.

전국사회복지협의회 전국볼런티어·시민활동 진흥센터는 전사협 전국 볼런티어·시민활동진흥센터는 전국단계에서의 자원봉사·시민활동을 추진하는 노동후생성의 외곽조직이다. 자원봉사와 시민활동을 폭넓게 추진하기 위한 다양한 관여와 조사 연구를 하고 있다.

전국사회복지협의회 전국볼런티어·시민활동진흥센터의 주요 업무는 다음과 같다.

① 도도부현·지정도시, 시구 정촌 사회복지협의회 자원봉사·시민활동센터 지원

② 자원봉사 코디네이터, 어드바이저 등의 연수, 보급
③ 복지교육추진을 위한 조사연구·연수
④ 자원봉사·시민활동 추진에 관한 조사연구
⑤ 월간지 「볼런티어 정보」 발행
⑥ 후원 정보의 제공·추천 등
⑦ 「전국자원봉사페스티벌」 개최 협력
⑧ 관계부처·관계기관과의 연대에 의한 다양한 사업 등이다(전사협 홈페이지, 2015).

4 국가별 행정지원체계 비교

미국, 일본, 영국에는 우리나라에서와 같이 자원봉사의 개념을 총체적으로 규정하고 자원봉사협의회·센터 등 인프라의 확립을 법으로 규정하는 자원봉사기본법 혹은 진흥법이 없다. 미국 자원봉사의 특징은 자원봉사활동에 관한 내용을 자원봉사보호법에 규정하고 있다는 점이다. 영국의 자원봉사진흥 관련 정책은 1998년 민·관 협약(Compact)으로 맺은 'Compact Code of Good Practice on Volunteering이 그 중심이다. 자원봉사는 그 도구일 뿐 지향하는 목표는 지역사회의 활성화라는 점이 분명하다는 것이다. 영국은 세계 어느 나라보다 민·관 파트너십이 잘 확립되어 있다는 점이다. 관습법의 나라인 영국은 우리와 같은 자원봉사 관련법이 없다. 일본은 우리나라와 같이 자원봉사발전을 위한 국가 기본계획을 5년마다 수립하고 있다. 일본의 자원봉사체계 구축과정에는 중앙정부가 적극적으로 자원봉사의 이념적 목표와 제도적 지원에 기울인 노력이 뒷받침되어있다.

표 10-5 외국과 우리나라 행정지원체계 비교

<table>
<tr><th colspan="3">구분</th><th>미국</th><th>영국</th><th>일본</th><th>한국</th></tr>
<tr><td colspan="3">자원봉사활동기본법</td><td>x</td><td>x</td><td>x</td><td>O</td></tr>
<tr><td colspan="3">국가기본계획</td><td>x</td><td>x</td><td>O</td><td>O</td></tr>
<tr><td colspan="3">전국자원봉사(단체)협의회)</td><td>x</td><td>O
(NCVO)
자원봉사단체
협의회</td><td>O
(전사협)</td><td>O
(한봉협)
한국자원봉사
협의회</td></tr>
<tr><td colspan="3">전국자원봉사센터(협회)</td><td>O
POLF</td><td>O
(VE)</td><td>O
(전사협)</td><td>O
(중앙센터)</td></tr>
<tr><td rowspan="4">중앙
부처</td><td colspan="2">총리실</td><td>O</td><td>O</td><td>x</td><td>O</td></tr>
<tr><td colspan="2">행정안전부</td><td>O</td><td>O</td><td>x</td><td>O</td></tr>
<tr><td colspan="2">보건복지부</td><td>O</td><td>O</td><td>O</td><td>O</td></tr>
<tr><td rowspan="2">교육부</td><td>대학</td><td>O
(컴팩
국가봉사)</td><td>x</td><td>x</td><td>O
(대사협)</td></tr>
<tr><td></td><td>중등</td><td>O</td><td>x</td><td>O</td><td>O</td></tr>
<tr><td></td><td colspan="2">여성가족부</td><td>O</td><td>O</td><td>O</td><td>O</td></tr>
<tr><td></td><td colspan="2">외교부</td><td>O</td><td>O</td><td>O</td><td>O</td></tr>
<tr><td></td><td colspan="2">문광부/법무부</td><td>x</td><td>x</td><td>x</td><td>개별지원</td></tr>
</table>

출처: 이창호 외(2011) 재인용.

Chapter 11

자원봉사관리의 실제

학습목차

1. 자원봉사 직무설계
2. 자원봉사 모집 및 선발
3. 자원봉사자 교육 및 배치
4. 슈퍼비전의 주요원칙
5. 인정과 보상

1 자원봉사 직무설계

직무설계란 일의 목표(측정 가능한 수치)를 세우고, 그것에 대한 액션플랜을 마련하고, 반드시 데드라인을 정해 그것을 달성하고 결과를 분석하는 일련의 과정을 말한다.

자원봉사활동에서의 직무설계란 자원봉사자가 하게 될 업무를 세부적으로 계획하고 설명하는 과정으로 자원봉사자에게 의미와 만족을 부여하고 봉사 대상에게는 질 높은 서비스를 제공할 목적이 있다.

자원봉사기관 및 수요처에서 자원봉사활동이 필요한 분야 혹은 자원봉사들을 필요로 하는 업무에 대해 자원봉사자들의 욕구 및 자원봉사활동성과를 고려, 세분화하여 계획하는 과정을 말한다.

1) 직무설계의 구성요소

자원봉사자가 자신의 일이 기대했던 것이거나 하고 싶었던 업무가 될 때 그 업무는 성공적인 것이 된다. 하지만 자원봉사자들의 업무가 그러하지 못할 때 그들은 기관을 떠나거나 불성실한 자세를 보이거나, 일에 대한 의욕이 급격히 저하될 것이다.

자원봉사자들이 내적 동기화에 초점을 맞춘 자발적 활동을 지속적으로 배가시키는 동기 부여를 주어야 한다는 것이다. 내적 동기화는 활동목표보다 그 활동을 하는 것 자체로도 즐거움을 느끼는 것이다. 가령 게임을 하는 것이 재미있기 때문에 게임을 자주 하거나, 익명으로 자선단체에 많은 돈을 기부하는 것 등이다.

자원봉사자들의 업무를 기획할 때 반드시 고려해야 할 네 가지의 요소를 소개하면 다음과 같다.

첫 번째 요소는 주인의식이다. 자원봉사는 무보수로 자신의 재능과 에너지를 다른 사람에게 나누어주는 활동이기 때문에 무엇보다도 주인의식이 있어야 한다. '이것은 내 것이다'라고 말할 수 있음을 뜻한다. 자원봉사자들이 그러한 책임성을 갖고 있는 실례는 많다. 요양시설에서 '무연고자 어르신 가족 만들기' 프로그램, 피해자 지원프로그램의 멘토 프로그램 등, 특정 이용자들을 '내 이용자'라고 부르는 경우를 들 수 있다. 그렇기 때문에 스스로 자신이 해야 할 일을 선택하고, 그것을 통해 자부심을 가질 때만이 자원봉사활동을 지속적으로 할 수 있다.

두 번째 요소는 생각할 권한이다. 주인의식이 결여된 개인들의 집합과 주인의식을 공유하는 팀으로서의 집단의 차이는 의외로 명확하다. 팀은 계획을 세우고, 업무를 평가하고, 누가 무엇을 해야 하는지를 결정할 수 있는 독자적인 권위가 있다(이만식 외, 2017). '생각할 권한'은 독자적으로 사고할 수 있는 권위의 다른 표현이다.

생각할 권한은 자신들의 일을 계획하고 평가하는, 그리고 실행할 일에 대해 동의하는 권한을 가진다는 점이다. 이 권한은 단지 일을 하는 것이 아니라 자원봉사활동에 대한 계획, 조직, 결정과 평가를 말하는 것으로 자원봉사자에게 주인의식을 고취시키고 만족감을 높여준다. 권위가 주어졌을 때 개인적 차원이든 집단적 차원이든 자원봉사 당사자는 주어진 업무의 수행 자체만이 아니라 그 일을 어떻게 할 것인가를 결정하는데 일정 부분 역할을 맡게 된다. 대다수의 자원봉사관리자는 자원봉사자들에게 이러한 권위를 부여하려고 하지 않는다. 권위를 허용하는 것이 관리자의 책임을 회피하는 것이라고 해석해서는 안 된다. 그렇다고 자원봉사자들이 하는 것이면 무엇이나 할 수 있도록 허용한다는 것은 더욱 아니다. 자원봉사자들이 자신의 업무를 수행하는 방법으로 결정하는 데 있어 권한을 공유하고 있다는 느낌을 가질 수 있도록 기회나 의사결정 과정에서 자원봉사자들을 참여시키는 것이 필요함을 강조하는 것일 뿐이다.

세 번째 요소는 결과에 대한 책임의식이다. 직무설계는 직무설명서의 내용을 단순히 실행하는 것이 아니라, 자원봉사자에게도 자원봉사활동의 사명과 목표달성 결과에 대한 직접적인 책임이 있음을 확인시켜 주는 일이다. 여기서 결과에 대한 책임이란 자원봉사활동 그 자체보다는 자원봉사활동결과에 주목하여 자원봉사자로 하여금 목적을 달성하도록 격려하는 일이다. 구체적인 직무설계(업무명, 활동목적, 활동시간, 활동 기간, 활동종료, 조건, 자원봉사자 자격조건, 관리체계, 훈련제공, 인센티브, 평가, 자원봉사관리자의 인적사항, 확인서명란 등)가 있으면 업무와 역할을 명확하게 해주어 업무 혼란을 방지시키고 신규자원봉사자의 장점과 부족한 점을 파악하여 자원봉사활동에 적합한 봉사자 모집 및 배치가 가능하다. 이는 자원봉사자 훈련 및 교육에 실제적인 도움을 줄 수 있다. 또한 자원봉사활동에 대한 관리 및 평가의 기초가 되게 한다. 자원봉사관리자는 자원봉사활동의 결과에 대한 책임성을 자원봉사자와 일정부분 공유하기 전에 두 가지 질문에 대한 답변을 스스로 생각해 볼 필요가 있다.

① 자원봉사자가 하는 일의 결과로서 내가 바라는 것은 무엇인가?
② 내가 정말 원하는 변화는 무엇인가?

네 번째 요소는 평가·성과 측정이다. 자원봉사자의 참여와 노력의 성과를 어떻게 측정하는가를 분명히 밝힘으로써 자원봉사자 자신이 기여한 가치를 평가할 수 있도록 해야 한다. 평가방법이 결정되지 않은 상태에서 결과를 언급하는 것은 동기 부여의 가치가 없으며, 자원봉사자 자신이나 슈퍼바이저 모두 자원봉사자가 얼마나 자신의 일을 잘했는지를 알 방법이 없다. 실례로 자원봉사자가 현재 자신의 업무수행방식이 잘못되었다는 것을 알지 못한다면, 새로운 방식을 시도할 필요성을 전혀 느끼지 못할 것이 분명하다.

어떤 업무는 수행평가가 매우 명료하고 용이하다.

예를 들어 청소년 성평등 인식개선 캠페인을 할 경우 손쉽게 얻을 수 있는 통계자료를 얻어 비교할 수 있다. 전국적인 통계자료나 기관에서 수행해왔던 통계자료를 통해 사전 사후 수치를 비교할 수 있다. 이때 단순 수치보다는 지속적인 활동을 통해 의도한 결과가 실제로 성취되었는가에 대한 성과에 대한 평가가 필요하다. 이를 통해 더욱 효과적인 접근방식과 해결 노력을 가능하게 하기 때문이다.

이와는 반대로 어떤 업무는 평가가 어려운 경우도 있다. 중증 장애인을 대상으로 그들의 자신감을 고취 시킬 수 있는 프로그램이 목적인 경우 활동 과정에서 결과를 어떻게 측정하고 평가할 것인가는 쉽지 않은 과제이다.

이를 위해서는 어떻게 측정할 것인가를 함께 고민해 보는 것이 필요하다. 프로그램 참여를 통해 장애인들의 자신감이 높아졌는지 혹은 낮아졌는지를 어떻게 알 수 있을 것인가? 이를 파악하기 위해서는 어떤 질문을 해야 하는가? 고민하는 것이다.

누구나 자신의 이야기를 하고 싶어 한다. 만일 이야기를 하지 않았다면 그것을 질문을 해주는 사람이 없거나 적절한 질문을 던지지 않았다거나 그 사람의 이야기에 귀를 기울이지 않았기 때문이다(김인숙, 2016).

치료적 개입이 필요한 조사 참여자를 계속 인터뷰해야 하는지에 대해서도 준비해야 한다(김인숙, 2016). 인터뷰 기술은 중요하다. 질적 인터뷰는 일상생활의 흔하고 평범한 말들 속에 숨겨져 있는 의미를 이해하기 위한 것이다. 타인에 대한 깊은 관심을 기울이는 태도와 헌신적으로 마음을 여는 태도가 동반되지 않으면 진정한 이해에 이를 수 없다(김인숙, 2016).

장애인을 인터뷰하는 경우 장애인의 삶의 맥락을 이해할 수 있는 기반 마련이 중요하기 때문에 이는 직무설계의 필요성을 인식할 수 있는 기반이 될 수 있다. 청소년을 인터뷰하는 경우 청소년들이 사용하는 은어를 조사자가 가끔 사용하면 이용자에 대한 이해도를 높여 거리감을 줄이는 데 도움이 될 수 있다.

다양한 평가 도구 표에 대해 고민해 볼 수 있으며 질적 분석을 위한 인터뷰를 할 수 있다. 대개의 경우 자원봉사관리자들은 이러한 과외의 일을 하려고 하지 않는다. 자신에게 맡겨진 일련의 업무가 책임성 있게 수행되고 있는지의 여부만을 확인하는 소극적인 자세를 취하는 경우가 많다. 그러나 이러한 자세는 자원봉사자들로 하여금 자신이 얼마나 일을 잘하고 있는지 스스로 깨닫고 성취감을 느낄 수 있는 기회를 빼앗는 결과를 초래하게 된다.

구체적인 결과를 어떻게 평가할 것인지의 결정 과정에 있어서 자원봉사관리자는 실제로 업무를 수행하고 있는 자원봉사자를 포함시킬 필요가 있다. 이때 자원봉사자에게 기록을 하게끔 하는 것도 동기부여의 중요한 요인이 된다.

자신의 일을 기록하는 것은 자신의 일이 무의미한 일이 아닌 생산적이고 의미 있는 일이라는 방향으로 사고의 전환을 가능케 하는 긍정적인 효과가 있을 수 있다. 반면, 기록을 좋아하지 않는 자원봉사자에게는 쓰는 것을 강요하는 것보다는 활동내용을 영상이나 사진으로 남겨 추후 피드백하는 것도 동기부여의 효과를 가져올 수 있다.

2) 직무설계예시

표 11-1 직무설계예시

봉사활동 명	'청소년이 행복한 사회를 위한 봉사활동'
활동 목적	주입식 폭력 예방 교육 및 활동에서 탈피하여 청소년들이 직접 참여하고 체험하는 연대 활동을 통해 청소년들의 비행방지 선도효과와 폭력예방에 대한 실질적인 도움을 제공한다.
세부 활동내용	1. 자원봉사 기초교육 2. 환경 안전 캠페인 활동 슬로건 혹은 성폭력 예방 카드 만들기 3. 공공기관 혹은 지역 마트 (성폭력 예방) 캠페인 인증 활동 (SNS) 4. 사회성 향상 프로그램: 단톡방 선플 달기 (결과 캡쳐 인증)
자격	기관에 사전 접수를 한 청소년
관리체계	1. 학교 과정 외 봉사학습시간 제공을 위한 네트워크 구축 2. 청소년 프로그램 개발 및 지원 연계 3. 학교교사, 청소년 지도자와 협조체계 구축 – 청소년(대학생포함) 서포터즈 양성 – 성폭력 상담과정 교육프로그램 연계

훈련제공	청소년 자원봉사 기초교육, 성인지 감수성 교육	
혜택	1. 자원봉사활동확인서 발급(1365 연계) 2. 청소년 우수자원봉사자 표창 3. 성폭력 예방 학교 단체교육 요청 시 무료 출장 교육 (기간 별도공지)	
소요시간	1회: 3-4시간	
활동기간 및 인정 상한시간	연중, 주말, 방학 중	
활동종료조건		
평가	소감 나누기	
봉사활동처 명	기관명	
확인서명란	담당자	

출처: 포털1365. 신청양식 인용.

자원봉사 신청 시 개인적인 정보 동의 및 필요자격을 기술하지만 자격은 자원봉사활동을 수행하기에 요구되는 기술이나 태도이지 학력을 요구하지는 않는다. 자원봉사활동 시 자원봉사활동 지침을 통해 직무기술서를 제시한다. 봉사활동 시간에 대한 소요시간은 서비스 제공기관에서 제공하는 것이므로 기업에서 제공하는 근무 혜택 시간과는 구별되어 관리되어야 한다.

2 자원봉사 모집 및 선발

자원봉사자 모집이란 사회복지시설이나 해당 기관이 복지서비스를 제공하기 위해 필요한 자원봉사자를 발굴하는 활동가가 자원봉사자를 발견하는 과정이며, 자원봉사자가 관심을 가지고 계속해서 참여할 수 있도록 유도하는 과정이다.

자원봉사자 모집방법 측면에서 불특정 다수를 광범위하게 모집하는 일반 모집보다는 구체적인 기술을 가진 사람이 모여 있는 곳을 겨냥한 표적 모집이 더욱 효과적이다.

1) 자원봉사자모집을 위한 홍보

라스커(Lasker, 1952)는 홍보를 상품과 서비스에 대한 뉴스라고 말했다. 자발적 자원봉사자가 증가하고 있지만 그래도 홍보는 중요하다. 매스컴을 이용한 홍보는 자원봉사에 대한 인지도를 높이고 올바른 인식을 심어주는 데 효과적이다. 자원봉사활용 기관에서 각자가 홍보업무를 수행하는 것은 비효율적이며 잠재적 자원봉사자의 혼돈을 야기시킬 수 있으므로 지방자치단체의 자원봉사센터에 의한 지원이 필요하다.

지역사회 민관 네트워크 강화를 위한 정책적 지원을 해 주는 방안 검토가 필요하다.

표 11-2 자원봉사 모집을 위한 표적홍보

노인	저소득 아동	노인, 아동
이·미용	학습지도	미술치료
이·미용 연합회, 기초 단체의 위생업무 담당 부서. 종교단체(교회, 성당, 불교의 신자 활용)	학원연합회, 교육청의 자료, 인터넷활용. 대학생 1:1 멘토링(대학과 MOU)	표현미술협회, 관련 대학원, 평생교육원, 실습생 연계

출처: https://www.wikiwand.com

홍보는 사람과 사람에 의한 홍보가 중요하며 커뮤니케이션 수단에 따라 보도자료를 만들거나 특별행사, 전시회, 소식지, 리플렛, 사업보고서 등을 통해 홍보할 수 있다.

홍보에서 중요한 것은 말하고자 하는 메시지인데 대중성을 고려하여 심미적 가치와 오락적 가치를 동화시켜 제시할 수 있다.

복지기관이라고 해서 무조건 받는다는 이미지보다는 복지기관에서도 공익을 위한 활동을 하고 있음을 캠페인 등을 통해 알림으로써 지역사회에 인지도와 신뢰도를 높이는 것이 필요하다.

Q & A 질문있어요

Q: 보도자료 작성법을 알려주세요.

<table>
<tr><td rowspan="2">구 분</td><td rowspan="2">보도자료</td><td>날 짜</td><td colspan="3"></td></tr>
<tr><td>제 목</td><td colspan="3"></td></tr>
<tr><td colspan="2" rowspan="3">기관로고–기관이름</td><td>블로그</td><td colspan="3"></td></tr>
<tr><td>홈피주소</td><td colspan="3"></td></tr>
<tr><td>담 당</td><td></td><td>인턴
기자</td><td></td></tr>
</table>

〈보도자료 작성법〉

보도자료는 육하원칙에 따라 기술하며 문장형보다는 보고서형이 좋고, 기자입장 혹은 독자 입장에서 기술해야 한다.
알고자 하는 내용은 결론, 설명, 보충자료 식의 역 피라미드 양식으로 나누어 작성한다.
평범한 단음절의 단어를 주로 사용한다.
같은 말의 반복을 피하고 단락을 자주 띄운다.
자원봉사자 혹은 수혜자의 구체적인 묘사 표현 등을 가미하면 현장감을 높일 수 있기 때문에 그들에 대한 인적사항 및 연락처를 미리 기재해 둘 필요가 있다.

〈보도자료 전달법〉
기사가 될 만한 기준에 주목하라. 제목을 잘 뽑으라, 군소 매체에도 성심을 다하라.
담당 기자와 직접 상대하라.
기업 내부의 화젯거리를 적극적으로 찾으라. 특종에 대한 집착을 잘 활용하라.

출처: 한사회카페주소(실무사례) https://cafe.naver.com/kswpc11

2) 자원봉사 모집과정사전준비-모집활동

자원봉사자 모집이란 사회복지시설이나 해당 기관이 복지서비스를 제공하기 위해 필요한 자원봉사자를 발굴하는 활동이자 자원봉사자를 발견하는 과정이며, 자원봉사자가 관심을 가지고 계속해서 참여할 수 있도록 유도하는 과정이다(구혜영, 2019).

자원봉사자 모집방법 측면에서 중요한 것은 불특정 다수를 광범위하게 모집하는 일반모집보다는 구체적인 기술을 가진 사람들이 모여 있는 곳을 겨냥한 표적모집이 더욱 효과적이다.

모집을 하기 전 표 11-3과 같이 사전준비과정이 필요하다.

표 11-3 자원봉사자모집과정

—〉	—〉	—〉	—〉	—〉	1	2
자료수집	자원파악	정보처리	자료의 가치	행정 관리자 만남	사전준비	모집활동

사전준비가 끝나면 기관의 홍보 채널을 통해 모집 활동을 시작한다.

3 자원봉사자 교육 및 배치

1) 자원봉사자에 대한 교육

자원봉사자를 확보하기 위한 과업을 수행하는 데 잠재적 자원봉사자에 대한 자발성과 욕구검토 과업수행기술 능력을 검증하지 않고 자원봉사자의 자격을 아무런 고민 없이 승인하면 안 된다. 면접을 통해 자원봉사의 욕구를 파악하여 사회적으로 의미 있는 적합한 자원봉사업무에 배치하는 것은 매우 중요하다. 자원봉사자의 동의를 얻으면 봉사활동에 대한 교육이 있음을 설명한다. 기관의 사명과 비전을 공유할 수 있는 과정 또한 중요하다. 아무리 좋은 자원이라도 기관의 사명을 공유하지 못하면 지속적으로 활동하기엔 어려움이 따른다. 자원관리자는 자원봉사자와 상호작용이 형성되기 위한 과정으로 기초교육을 소홀히 하면 안 된다. 수혜자에 대한 이해 없이 무조건 봉사활동에 배치하면 난관에 부딪힐 수 있다. 활동현장의 규칙, 직원과의 관계, 수혜자를 대하는 자세(호칭) 등의 내용을 담아 교육을 수행해야 한다.

표 11-4 자원봉사자/단체 등록 안내

3	4	5	6	7	8
자원봉사 신청등록 (선발, 검증)	면접	동의와 검증	교육 및 훈련	배치 (배치상담)	자원봉사 활동관리

2) 자원봉사의 배치

자원봉사자가 어느 한 분야에서는 전문가일 수도 있지만 일단 봉사활동에 참여한 이상 자신이 소속된 기관이나 단체에 대한 이해를 시작으로 수행되었다. 이는 자원봉사활동 시 담당하게 될 업무의 배치와도 연계된다. 봉사활동 전 배치 상담은 자원봉사 신청자 개인의 동기, 관심, 원하는 활동분야, 개인의 모교와 봉사를 필요로 하는 기관이나 사업의 목표를 일치시키는 과정이다.

활동 후에는 반드시 평가 혹은 간담회를 갖도록 한다. 이용 가능한 자원봉사활동관리에 있어 슈퍼바이저는 평가지표를 통해 슈퍼비전을 제공하며 자원봉사자들이 활동하는 프로그램이나 사례에 대한 경험을 나누어 자원봉사자들의 감정교환을 통해 어려움을 말하게 함으로써 도울 수 있는 방법 또한 모색해야 한다.

표 11-5 평가양식 예

봉사활동 평가지 (예시)

안 건	봉사활동 평가회 (간담회)	일시				
참여자	총　　명	장소				
소 속	ㅁ개인　ㅁ동아리(단체)　ㅁ기타	봉사자				
진행 과정 평가	**항 목**	**평가(V)**				
	기관에 대한 이해도	1	2	3	4	5
	1. 기관 오리엔테이션이 적절했는가?					
	2. 자원봉사활동에 대한 교육 내용이 충실했는가?					
	3. 기관의 사명과 비전을 이해했는가?					
	슈퍼비전	1	2	3	4	5
	1. 활동에 대한 평가회의 진행이 원활했는가?					
	2. 자원봉사관리자의 피드백이 적당했는가?					
	3. 대상자들의 표정이 좋은가? (평가여부. 만족 질문 등)					
	봉사활동의 효율성	1	2	3	4	5
	1. 대상자와 라포르 형성 시간이 충분했는가?					
	2. 봉사활동 종료 후 사후관리를 위해 노력 했는가 ?					
	3. 스스로 시간을 효율적으로 관리했다고 생각하는가?					
	4. 주변자원을 잘 활용했는가?					
	평가 시간은 얼마가 적당하다고 생각하는가?					
자 체 평 가	10문항을 기준으로 자체평가 (100점 환산)	점 수				
소 감						

4 슈퍼비전의 주요원칙

1) 슈퍼비전

슈퍼비전은 상급자 혹은 보다 더 많은 경험과 지식을 가지고 있는 사람이 업무향상을 위해 실행하는 다양한 관리 활동을 말한다.

봉사활동에 대한 슈퍼비전은 개인이나 기관의 잠재적 실현을 증진하는 데 도움이 된다. 봉사활동에 대한 슈퍼비전 시 업무위임은 자원봉사자가 활동하도록 한다는 것은 궁극적으로 업무의 위임이라 할 수 있다.

자원봉사 프로그램을 설정할 때 자원봉사자와 자원봉사관리자 및 슈퍼바이저를 훈련하는 것이 중요하다.

슈퍼비전은 사회복지실천 일반에서 야기되는 것처럼 지지 행정 교육적 측면에서 그 목적과 효과를 가진다.

표 11-6 슈퍼비전의 기능과 슈퍼바이저의 역할

행정적 기능	교육적 기능	지지적 기능
도슨(Dawson, 1926) 효율적으로 과제를 수행하는 사회복지사	타울(Towle, 1954) 자질 있고 능력 있는 사회복지사 =학습의 과정	카두신 (Kadushin, 1976) 나는 정의를 내리기 어렵다. 공감적 사회복지사

출처: Kadushin(1992).

카두신의 분류에 따라 행정, 교육, 지지의 기능으로 나누었으며, 각 기능별로 목표, 과업 및 활동, 슈퍼바이저의 역할로 나누어 설명하면 다음과 같다.

2) 슈퍼바이저

슈퍼바이저는 다른 사람이 자신의 업무를 잘 할 수 있도록 도와주는 사람으로 관리자 철학의 기초 위에 감각적이고 인간적이어야 한다. 슈퍼비전은 담당업무별, 지역별, 사무실별, 프로그램별로 실시되어야 한다.

(1) 행정적 기능

슈퍼바이저는 슈퍼바이지가 안전하고 생산적으로 다룰 수 있을 만큼의 업무를 위임하여 슈퍼바이지의 자율성과 재량권을 존중하여야 한다.

업무 위임 과정에서는 **표 11-7** 업무배분의 원칙을 준수하여 슈퍼바이저의 기대와 걱정, 슈퍼바이지의 수용 가능 정도와 준비성, 업무상황, 조직의 풍토와 행정의 방향 등이 충분히 고려되어야 한다.

표 11-7 업무배분의 원칙

업무	내용
강점과 약점 고려	• 슈퍼바이지 개인의 능력과 특성을 파악
업무의 형평성	• 개인이 담당하는 사례의 수와 수행할 수 있는 활동량 파악
과업배분의 기준	• 슈퍼바이지의 능력이 고루 발휘될 수 있도록 다양한 종류의 사례 및 과업 배분
동기부여	• 슈퍼바이지의 업무 만족감 향상과 성공과 실패를 통한 성장이 가능하도록 업무 배분
업무수행시간	• 소진 방지를 위하여 레코딩, 슈퍼비전, 회의, 보고서 제출 등의 시간을 업무 계획에 포함시켜야 함

출처: 양옥경(2007).

행정적 기능 중 의사소통으로서 슈퍼바이저의 역할은 다음과 같다(그림 11-1).

① 슈퍼바이저의 지위는 명령계통에서 위와 아래로부터 나온 정보를 수집하고 보급하기 위한 행정적 통제센터의 역할을 한다.

② 슈퍼바이저는 조직에서 행정가와 사회복지사 사이에서 얻은 정보를 수집, 해석, 분류, 평가하여 위계상 또는 다른 쪽으로 전달하는 역할을 수행한다.

③ 슈퍼바이저는 슈퍼바이지가 의사소통할 수 있도록 격려하고 경청할 준비와 수용적인 분위기를 형성하는 책임을 수행하여야 한다.

④ 분명하고 명확한 의사소통, 왜곡 없고 즉각적인 의사소통, 정보의 기계적인 전달을 넘어서는 의사소통이 요구됨

⑤ 대면접촉, 전화나 이메일을 통한 의사소통, 메모나 보고서 작성 등 다양한 의사소통 통로와 그 특성을 알고 활용할 수 있어야 함

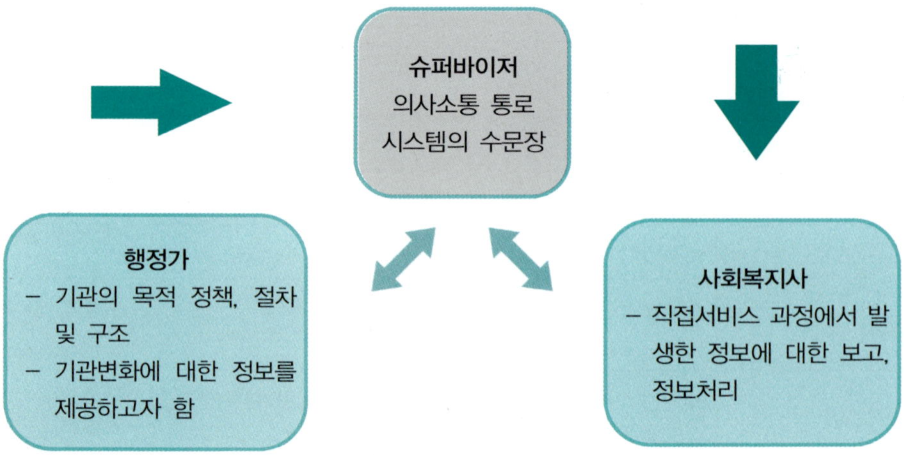

출처: 양옥경(2007).

그림 11-1 의사소통에서 슈퍼바이저의 역할

(2) 교육적 기능

업무에 익숙하지 않은 신입 자원관리자(활동가)에게 업무에 필요한 지식과 기술을 제공하는 것으로 교육적 기능이다. 슈퍼바이저에 대한 동일시는 자원봉사관리자의 동기를 증가시켜주고. 동일시를 하게 되면 자원관리자는 슈퍼바이저와 같이 되기를 원한다. 그래서 그가 가진 능력을 갖기를 원하게 된다.

다음은 교육 훈련전문가로서의 슈퍼바이저의 역할이다.

① 소개과정

업무절차 교육, 개인적 성장과 발달을 위한 새로운 접근법 교수

② 평생직 계획과정

계속적 교육 사정(educational assessment)에의 참여

다음은 인사전문가로서 슈퍼바이저의 역할이다.

직원 성장을 위해 슈퍼비전 욕구수렴쉬트 **표 11-8**을 통해 직무평가계획(표 11-9)을 위한 인사자료 수집, 채용시험의 감독 등을 한다.

표 11-8 슈퍼비전 욕구수렴쉬트

슈퍼비전 욕구수렴쉬트(예시)

20○○년　월　일 (　　)요일

<table>
<tr><th>성명</th><td></td><th>소속</th><td></td><th>연락처</th><td></td></tr>
<tr><th rowspan="5">성장하고 싶은 나</th><td colspan="5">• 슈퍼비전 받고 싶은 부분 리스트 적기</td></tr>
<tr><td colspan="5">예시) 초기상담, 개입계획, 성과측정 등 기록, 사례관리, 이론적 지식, 척도 해석</td></tr>
<tr><td colspan="5">1) 초기상담</td></tr>
<tr><td colspan="5">2) 동료와 관계 형성 기술</td></tr>
<tr><td colspan="5"></td></tr>
<tr><th>윤리적 지각</th><td colspan="5">• 당신은 사회복지사 윤리강령을 읽었습니까?　　예,　　아니오.
• 당신은 법인의 윤리강령을 읽었습니까?　　예,　　아니오.
• 당신은 윤리적 딜레마에 빠진 적이 있습니까?
□ 있다. (구체적 내용은 별도 기록)　　□ 없다.</td></tr>
<tr><th>비고</th><td colspan="2">나의 강점</td><td colspan="3">나의 약점</td></tr>
<tr><th>업무성찰</th><td colspan="2"></td><td colspan="3"></td></tr>
</table>

<table>
<tr><td colspan="5">역량강화 교육중 개별 일정에 따라 내가 받고 싶은 교육을 자세히 기록</td></tr>
<tr><th>날짜</th><td></td><td></td><td></td><td></td></tr>
<tr><th>내용</th><td></td><td></td><td></td><td></td></tr>
<tr><th>사유</th><td></td><td></td><td></td><td></td></tr>
</table>

<table>
<tr><td colspan="2">기관 및 자기발전을 위한(사업 공모) 아이디어 제출 시기-포상의 기회부여</td></tr>
<tr><th>구분</th><td>구체적 시기</td></tr>
<tr><th>제안</th><td></td></tr>
<tr><th>아이디어회의</th><td></td></tr>
</table>

*

출처: 안정선 · 최원희(2023). 사회복지 슈퍼비전의 이론과 실제. 수정 인용.

표 11-9 직무평가 계획표

20 직무평가계획표(예시)

성 명		소 속		직 책	
업 무	1. 상담 2. 자원 및 후원관리 3. 상담 서비스 사업 4. 외부 공모사업				
목 표					

비 고	직무수행	평가방법
공통 역량	1. 1년 독서(교양) 2. 친절, 예절교육 3. 컴퓨터 활용	1. 독후감 제출 횟수 2. 교육 참여 시간 및 횟수(친절직원 표창) 3. 홈페이지 게시물. 사내게시판 활용
직책, 직급 관련	1. 모니터링 2. 사례관리(상담) 3. 직무 관련(자원동원 및 마케팅) – 컴퓨터 활용 사회복지시설정보시스템 활용 4. 슈퍼비전 횟수(내부결재 포함) 5. 무기명 다면적 평가	1. 부서별 만족도 고객평가(외부자) 2. 사례관리의 전문성 3. 프로포절 작성(신규프로그램개발) 업무활용범위 보고서 작성 – ppt. 일지 작성 – 엑셀. 4. 사업평가의 신속성, 적절성 5. 10점 척도의 팀 평가, 동료평가
개인비전 관련	1. 상급학교(대학원진학) 2. 관련 자격증 시험	1. 이수 여부 2. 자격증, 수료증 획득여부

* 기 타

출처: 안정선 · 최원희(2023). 사회복지 슈퍼비전의 이론과 실제. 수정 인용.

(3) 지지적 기능

기관과 업무에 생소한 자원관리자에게 효과적으로 업무를 수행할 수 있도록 심리적 자원을 제공하는 것으로, 업무수행을 방해하는 스트레스를 감소시키고 사기를 증진시켜 자원관리자의 효율성을 증대하는 것이다.

공감적이고 이해심 많은 자원관리자를 배출하는 것으로 자원봉사관리자로서 슈퍼비전 중 가장 선호하는 기능이다.

슈퍼바이저의 피드백은 슈퍼바이지의 긍정적인 태도 및 업무수행과 상관관계가 있다. 적절한 시점(timing)과 내용이 중요하다.

칭찬과 공개적으로 가치를 인정하는 것, 실수나 부적절한 업무행동에 대한 건설적인 비판적 피드백도 포함된다. 즉각적인 피드백을 제공하는 것은 중요하나 사려 깊게 체면을 세워주는 것이 필요하다.

표 11-10 슈퍼비전의 지지적 기능의 상호존중

필수요인	신뢰, 배려, 개방성, 상호의존 등
신뢰	– 슈퍼바이저가 말과 행동에서 일관성을 보이고, 슈퍼바이지에 대한 의무를 다할 때 – 업무 상황에서 사회복지사들이 슈퍼바이저가 그들의 노력을 지원할 것이라는 자신감을 가지고 임무와 과제를 수행할 수 있도록 해주는 것
배려	– 슈퍼바이저가 슈퍼 바이지와 어떤 일을 위해 시간과 에너지를 투자 시 보여짐 – 신뢰와 밀접한 관련됨
개방성	– 생각, 의견, 감정, 경험들을 나누어 갖는 것
상호존중	– 슈퍼바이지의 상황에 따라 융통성 있게 업무를 조정할 수 있는 것 예) 긴급사례회의 처리나 서류업무의 즉시처리를 위해 융통성 있는 근무시간 계획을 제안했을 때 긍정적으로 조정하는

출처: 양옥경(2007).

지지적 기능에서 슈퍼바이저의 역할은 다음과 같다.

① 직접서비스 전문가

긍정적 사기 진작, 사례자문에 의한 업무 촉진, 긴장과 갈등상황 해결, 인간적·행정적 뒷받침 제공, 건설적인 환류 제공, 다양한 문화 간의 의사소통 촉진 등

② 인사전문가로서 사기 유지를 위한 업무환경 제공(봉급이나 휴가를 결정하는 것, 사무실 공간배치 등) 물리적 자원을 제공하는 것

③ 멘토로서의 리더(leader) 역할

슈퍼바이지가 기관의 미션과 목적에 맞추면서도 전문가로서의 도덕성, 업무 효율성, 업무성취, 업무만족 등을 경험할 수 있게 하는 것이다.

5 인정과 보상

자원봉사 인정은 객관성과 투명성을 갖기 위해 인정위원회를 통해 공식적으로 제공되는 것이 바람직하며, 비공식적인 인정인 우수자원봉사자 추천하기, 승진, 보상제공, 비공식적 목록 등도 있을 수 있다.

자원봉사의 인정보상제도는 봉사활동의 중요성을 강조하는 것이며, 자신의 일이 의미 있는 일이라는 인식과 전문적인 관리를 받고 있다는 측면에서 매우 중요한 영역이다. 그러므로 공식적인 자원봉사 인정이 어떤 형태로든 제공되어야 한다.

30~40대 연령은 수요가 가장 많은 연령대이다. 기업이나 기관에서 근무시간의 일정한 부분을 자원봉사활동에 공식적으로 사용할 수 있도록 제도화

하는 것이 필요하다. 남성의 경우 조직이나 사회적 네트워크를 이용해 참여하게 하는 방식을 장려하고 그에 따른 사회적 보상을 활용하는 것이 효과적이다.

1) 자원봉사활동에 대한 인정방안

국민 대다수가 자원봉사활동에 대한 인정의 필요성에 공감하며 **그림 11-2**와 같은 필요성을 인정하였다. 자원봉사자를 환영하는 분위기(71.4%)가 가장 중요한 인정이라는 생각은 오랫동안 유지되고 있는 중요한 인식이다. 또한 활동결과에 대해 알려달라는 부분도 높은 비율로 봉사자들의 활동결과를 소식지나 결과보고서를 통해 공유하는 것도 중요하다.

이에 비해 공식적인 행사나 표창, 인정 서류 제공은 별로 중요하지 않은 형식적인 인정이라는 인식도 지배적이다. 이보다는 비공식적이지만 보다 실질적인 인정이 많은 지지를 받고 있다. 자원봉사자를 환영하는 분위기를 비롯한 개인적 감사 표시가 그것이다. 그럼에도 자원봉사활동에 대한 공식적인 인정 가운데 마일리지 적립이나 인센티브 제공이 절반 이상의 높은 지지를 받고 있는 부분도 고려해볼 수 있다.

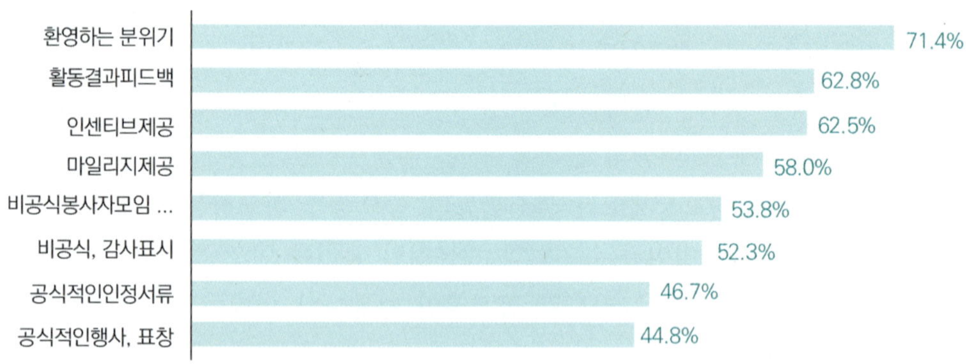

출처: 행정안전부(2017).

그림 11-2 자원봉사활동 인정방안에 대한 지지도

자원봉사 인정보상은 개인적 보상과 사회적 보상이 있다. 개인적 보상은 정기적 포상으로 누적점수에 대한 포상, 특별포상, 만찬회의 초대 등 도덕적 보상이 있으며. 자원봉사자 행사 시 자치단체장, 상위기관장 포상 등이 있다.

사회적 보상은 자원봉사자들의 조직적인 활동에 필요한 자원봉사자실과 같은 시설 제공이나 필요경비를 (회식비) 지원한다.

보상은 관리자 및 외부전문가로 구성된 인정보상위원회가 있어 공정하고 객관적인 인정보상 기준을 마련한다. 인정과 보상의 제공방법 및 시기를 결정하며 결정과정을 투명하게 공개한다.

인정보상위원회 결정에 따라 인정보상 시행은 다른 자원봉사기관과 유사한 방법으로 제공한다. 사후관리를 위해 자원봉사관리과정의 전반에 지속적 실천을 위한 인식제공이 이루어진다.

2) 자원봉사활동시간 마일리지 및 인센티브

자원봉사 인정방안 중 마일리지 카드는 1365자원봉사 포털시스템 자원봉사활동 누적 실적 300시간 이상 자원봉사자를 대상으로 도·시 자원봉사센터나 시 자치행정과·읍·면사무소 및 동주민센터에 마일리지 카드 발급 신청을 하면 발급받을 수 있다. 도·시 운영 미술관, 문화센터, 체육센터, 휴양림, 학습관 등에서 사용 가능하여 마일리지에 대한 인정은 긍정적인 평가를 받는다.

마일리지 적립 지지자의 일반적 특성을 살펴보면 아래와 같다. 연령에서는 여자 30대와 남자 20대가 가장 지지적이다. 학력에서는 대재 이상 고학력자가 적극 지지층이다. 소득수준에서는 중고소득층(월 400~499만 원)이 가장 지지한다. 자원봉사자가 비자원 봉사자보다 마일리지 적립을 더 지지한다.

자원봉사활동에 따른 인센티브 제공에서도 국민 62.5%가 지지하였다. 여자 40대와 남자 20대가 가장 지지적이다. 대재 이상 고학력층이 가장 지지하며, 자원봉사자가 비자원 봉사자보다 인센티브 제공을 더 지지한다.

출처: 행정안전부(2017).

그림 11-3 소득수준별 인센티브 제공(찬성비율)

Chapter 12

자원봉사관리자의 역할과 자세

학습목차

1. 영원한 삼각관계
2. 자원봉사활동에서의 갈등관리
3. 자원봉사활동에서의 리더십
4. 자원봉사관리자의 자세

자원봉사활동에 대한 관리는 단순히 봉사자에 대한 관리나 활동실적을 정리하는 것 외에 더 큰 중요성을 갖는다. 자원봉사활동의 관리는 자원봉사자 및 단체의 인적사항, 수혜자 및 수요기관의 인적사항, 자원봉사 연결 상황 및 봉사활동 내용, 시간, 인센티브 및 교육 이수 현황, 소그룹 모임 현황 등 다양한 영역을 포함한다(구혜영, 2019).

자원봉사활동의 관리는 자원봉사자 스스로 소속감을 갖도록 하여 자원봉사자 의식의 저변 확대 등을 통해 효율적으로 관리해야 한다.

1 영원한 삼각관계

대다수의 경험이 많지 않은 자원봉사관리자는 자신과 자신의 자원봉사자의 관계를 어떻게 형성할 것인가가 프로그램에서 가장 핵심적인 부분의 하나일 것이라고 믿는 오류를 범한다. 자원봉사관리자들은 곧게 뻗어 있는 직선 관계로 자신과 자원봉사자의 업무 관계를 설정한다(이만식 외, 2017).

출처: 이만식 외(2017).

그림 12-1 자원봉사자들이 착각하는 자원봉사자와의 관계

하지만 이러한 방식으로 업무 관계를 설정하는 것은 매우 위험하다. 실제로 대다수의 자원봉사 프로그램에서 업무의 배치는 양방향 배치보다는 세 방향의 배열, 즉 삼각형식 배열과 유사한 형태로 이루어진다.

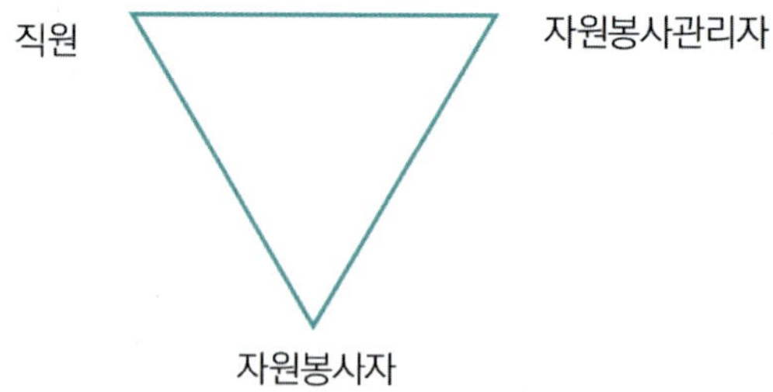

출처: 이만식 외(2017).

그림 12-2 실제 자원봉사프로그램 배치를 둘러싼 관계

삼각형식 배치는 자원봉사자가 직원이 소속된 부서 내로 배치되거나, 직원이 담당하고 있는 프로젝트를 돕는 역할을 하거나, 직원이 책임지고 있는 이용자를 원조하는 업무를 맡거나, 혹은 직원에게 직접 배치되거나 등의 여부와 관계없이 자원봉사자가 기관에서 유급직원들과 일할 경우 반드시 따라야 할 배치방식이다.

따라서 자원봉사관리자는 이러한 업무 관계가 형성되었을 때 3개의 집단으로 이루어진 역할적 관계를 세심히 고려하여 자원봉사자 집단과 좋은 관계를 맺기 위해 투자하는 시간만큼 직원 집단과도 바람직한 관계를 형성하기 위하여 시간을 투자해야 한다(이만식 외, 2017).

2 자원봉사활동에서의 갈등관리

1) 갈등관리

자원봉사조직이나 활동관리에서 중요하게 다루어져야 할 부분은 바로 봉사자들 간의 갈등관리이다. 갈등의 개념은 희소재원이나 작업 활동 배분에 있어 목표, 가치, 인지 등의 차이가 존재할 때 둘 이상의 개인 간이나 집단

내에서 일어나는 대립적 작용으로 정의한다(James and Stooner 류기형 외, 2009: 235).

표 12-1 갈등에 대한 관점

관점	가정	접근법
전통적 관점	갈등은 나쁜 것이다	갈등 제거
행동주의적 관점 (인간관계론적 관점)	갈등은 자연적인 것이며 불가피하다	갈등 수용
상호작용론적 관점	갈등은 긍정적인 것이며 필요하다	갈등 조장

출처: 이성록(2005). p. 266.

둘 이상의 사람이 사는 곳에서는 언제나 '갈등'이 있다. 생각의 차이, 재화의 한정 등이 갈등을 유발한다. 전통주의적 관점은 갈등을 제거하고 구성원들 간의 조화와 협동을 강조하는 기계적 조직을 말한다. 행동주의적 관점에서의 갈등은 수용하지만 최소화해야 한다는 것으로 여전히 갈등을 부정적인 것으로 본다. 상호작용론적 관점은 갈등이란 전적으로 좋은 것도 아니고 전적으로 나쁜 것도 아니라고 생각한다. 즉, 순기능과 역기능이 있다고 보며, 갈등을 관리하는 지혜를 강조한다. 갈등관리는 단순히 갈등을 해소시킨다는 의미보다는 조직에 부정적인 영향을 미치는 갈등은 해소 내지 완화시키고, 조직에 유익한 적정수준의 갈등은 용인하고 유지해 나가는 것까지 의미한다. 따라서 자원봉사조직 내의 외부갈등과 내부갈등에 대한 관리자의 역량은 중요하다. 외부갈등은 외부의 영향력 있는 자원이나 조직에 의해 갈등을 겪는 경우이며 내부갈등은 내부 봉사자들의 봉사활동 추진과정에서의 개별적 갈등이나 주도권 갈등 등이 포함된다.

첫 번째 갈등은 봉사자와 유급직원과의 갈등이다.

이는 직원의 위치 불안감으로부터 기인한다. 직원은 자원봉사자에게서 도

전받는 듯한 느낌을 가질 수 있다. 관리자는 이런 고충을 알아야 한다. 유급직원을 신뢰하고 활동에 대해 상의하고 활동결과를 알려 주어야 한다. 대상자와 '연합'할 게 아니라 유급직원의 중요성을 알리는 역할도 해야 한다.

자원봉사자는 전문적인 유급직원에 비해 직무와 관련된 충분한 교육과 훈련이 부족할 수 있다. 이럴 경우, 유급직원은 자원봉사자의 직무수행에 불만족을 가질 수 있으며 '위임'을 회피한다. 자원봉사자는 유급직원이 서비스 질에 대한 우려를 수긍하고, 봉사의 지속성과 활동의 질을 높이기 위하여 나름대로 전문성을 갖추어 나가야 한다. 방법은 계속적인 자기개발, 보수교육 참가 등이다. 실제 현장에서 문제를 일으키는 봉사자는 대게 교육훈련을 제대로 받지 않은 경우가 많다.

직원은 자원봉사자의 역할에 대한 인식 부족으로 일시적인 편의, 단순 노동력 지원책, 예산 절감 차원에서 자원봉사자를 쓴다는 생각을 할 수 있다. 또한 상사의 지시 때문에 어쩔 수 없이 자원봉사자를 쓰게 되어 지도 감독하는 데 시간을 빼앗긴다는 생각을 할 수 있다. 현장에서 이런 것을 경험한다면 조정자와 상담을 할 필요가 있다. 자원봉사자는 무조건 유급직원의 지시를 받는 사람이 아니다. 함께 일하는 자이지 결코 보조자가 아니라는 상호이해가 필요하다.

직원 중 예전의 경험(인격적 문제가 있는 자원봉사자 혹은 책임성이 없는 자원봉사자를 경험)을 통해 자원봉사자에 대해서 불신감을 가질 수 있다. 실례로 자원봉사자가 클라이언트에 대한 불평을 하거나 분노를 표현하는 경우가 발생하는데 이는 서비스 제공자와 수혜자의 권리와 의무에 대한 정보가 불충분하거나 불일치할 때 발생한다.

자원봉사자도 불만을 가질 수 있다. 인간관계에 있어 갈등은 인관관계 기술이 부족한 데서 초래되는 경우가 많다. 갈등 당사자들을 대면시켜 갈등의 원인을 정면으로 대응하게 하여 해결방안을 찾도록 해야 한다. 상대방에 대한 감정을 배제한 채 바라보게 되면 봉사자 또한 성실하게 봉사하게 되어 이런 문제는 해결된다.

자원봉사자 관리자는 직원이 성취감 상실이 오지 않도록 소통해야 한다.

자원봉사자가 대상자를 직접 만나고 유급직원은 관리하는 차원이 되면서 대상자로부터 오는 피드백과 그것으로 인하여 성취하게 되는 자아실현(自我實現)을 느끼지 못하게 되는 경우가 있다. 이럴 경우 잠재적으로 자원봉사자에 대한 거부감이 형성된다. 또한 유급직원의 소진(burn-out)의 원인이 되기도 한다. 특히 열악한 환경에서 일하는 직원일 경우 이런 현상은 더욱 가중된다. 갈등 발생 시 부적절한 대응으로 갈등을 확대시키거나 피해를 입지 않도록 대응 매뉴얼을 보급해서 관리하는 것도 필요하다.

두 번째는 동료 간의 갈등이다.

조직 구성원 간의 가치관이나 생활방식이 상이한 데서 발생하는 갈등, 문화적 차이는 의사소통을 왜곡시키며 이로 인해 갈등이 발생한다. 상호 간의 원활한 의사소통을 통한 문화이해가 필요하다.

한 조직 내의 동일한 층의 부문 간에 발생하는 갈등으로 각 집단이 상이한 과업을 수행하고 상이한 환경에 처해 있으며 자기부서를 우선시하고 타부서의 입장을 간과하는 경향 때문에 발생한다. 한 조직 내에서 여러 집단이 유사한 기능을 가질 때는 경쟁심까지 발생한다. 필요 이상의 경쟁이 발생할 경우 참여자의 소진, 합리적 통제가 마비된다. 이는 인간관계기술이 부족한 데서 초래하는 갈등으로 인간관계기술에 대한 훈련을 통해 다른 사람들과의 관계 속에서 보다 강한 신뢰성을 얻을 수 있도록 지지해 주는 과정이 필요하다.

세 번째는 대상자와의 갈등이다. 대상자와의 갈등은 표면적으로 잘 드러나지 않지만 상당히 많이 일어난다. 자원봉사 프로그램을 통해 제공되는 서비스의 종류와 양, 서비스 제공자와 수혜자의 권리와 의무에 대한 정보가 불충분하거나 불일치할 때 봉사자뿐 아니라 클라이언트도 불평을 한다. 클라이언트의 불평, 분노에 직면했을 때 담당직원의 개입요청이 필요하다. 자원봉사자는 도움을 주는 사람이므로 수혜자들은 불만을 갖지 않을 것이라는 선입견을 초래할 수 있다. 실례로 장애인 관련 봉사를 할 경우, 특별한 의도

없이 사용한 언어가 장애인의 항의를 받을 수 있다.

또한 대상자의 무리한 요구에는 자원봉사의 원칙과 철학이 있어야 한다. '나는 도움을 주러 왔으니 도움이나 받아라', '나는 요청하는 것만 도와준다'가 아니라 상황에 따라 '예'와 '아니오'를 할 수 있어야 한다. '끌려가는' 자원봉사도, '끌어가는' 자원봉사도 아닌 서로 '협력하는' 자원봉사가 되어야 한다.

2) 갈등해소방식

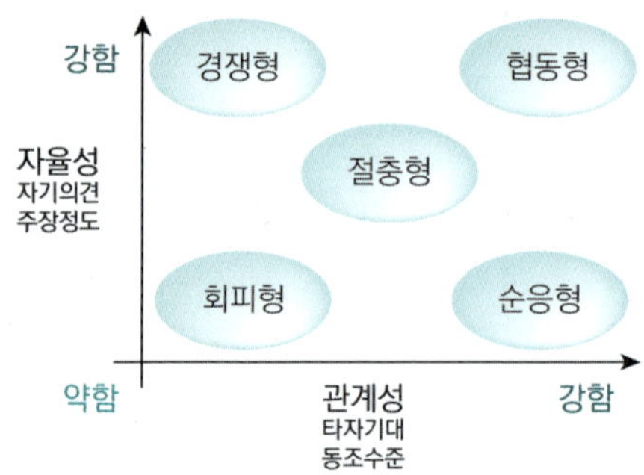

출처: Thomas and Killmann(이성록, 2005: 282-286).

그림 12-3 갈등관리

회피형은 갈등의 존재 자체를 부인하고 갈등의 원인을 이해하거나 시정하려는 시도를 전혀 하지 않고 꾹 참는 것을 말한다.

그림 12-3을 보면 회피는 비자율지향, 비관계지향인 것을 알 수 있다.

회피형에 대한 실례로는 다음과 같다.

① 이슈가 하찮거나 중요하지 않을 때

② 갈등으로 인한 피해의 정도가 그것의 결과로 오는 이득보다 훨씬 클 때

③ 생산적 단계로 사람들의 긴장을 풀어주어 더 발전적이게 하려 할 때

④ 즉각적인 행동보다 정보를 모으는 게 더 필요할 때, 다른 사람들이 대

립을 더 효과적으로 해결할 수 있을 때, 도피적 태도, 즉각 반응 안 함

경쟁형은 상대방을 희생시켜서라도 자신이 목표를 이루고 이기기 위해 노력하는 것을 말한다. 결국 권력에 기본을 두고 있다. 독단적, 비협력적, 즉 다른 사람의 희생을 통해 문제해결 추구하는 것은 그림 12-3을 보면 자율지향, 비관계지향으로 자신의 위치를 쟁취하기 위하여 적절한 힘을 사용하지만 인간관계기술을 소홀히 함을 알 수 있다.

경쟁형에 대한 실례로는 다음과 같다.

① 신속하고 결정적 행동이 절실할 때 긴급조치로

② 평판이 좋지 않은 중요한 이슈개선이 시급할 때

③ 기관의 이익과 관련된 이슈들 중 자신이 생각하는 바가 옳다고 여겨질 때

④ 비경쟁적인 것을 악용하는 사람들에 대해서

순응형은 자신의 이익보다 상대방이 이익을 얻도록 하는 것으로 갈등을 신속히 해결하기 위한 방안이다. 그림 12-3을 보면 순응은 자기희생, 이타적 행동으로 비자율지향, 관계지향인 것을 알 수 있다.

순응형에 대한 실례로는 다음과 같다.

① 자신이 틀렸다고 느꼈을 때

② 자기보다 다른 사람에게 더 중요한 이슈가 있을 때

③ 계속된 경쟁으로 자신의 명분이 손상되었을 때

④ 조화를 유지하고 균열을 피할 때

⑤ 상대(아래 사람)에게 실험을 할 수 있도록 허용함으로 경험 개발하고 시행착오를 배우게 하려고 할 때

협동형은 각 집단의 구성원이 상대방의 목표를 수용하고 양 집단 모두가 최선의 결과를 얻기 위한 상대방과 최선의 노력을 하는 것을 말한다. 그림 12-3을 보면 협동형은 자율 지향적, 관계 지향적인 것을 알 수 있다.

협동형에 대한 실례로는 다음과 같다.

① 적당히 절충하기에는 너무 중요하여 통합적인 해결책을 찾을 때
② 문제에 대한 다양한 관점 이해할 때
③ 대인관계를 방해해온 어려운 감정들을 처리하기 위해서

절충형은 갈등의 해결을 위해 자신이 목표 일부를 포기하거나 상대방으로부터도 양보를 얻어내는 것을 말한다. 그림 12-3을 보면 절충형은 중간적, 타협적임을 알 수 있다.

절충형에 대한 실례로는 다음과 같다.

① 목표가 대체로 중요하긴 하지만 독단적인 필요가 없을 때
② 비슷한 힘을 가진 쌍방이 상호 배타적인 목표를 지닐 때
③ 복잡한 문제를 풀기 위한 일시적인 해결점을 찾을 때
④ 촉박한 시간 내에 해결점을 찾으려 할 때
⑤ 협력이나 경쟁이 성공을 거두지 못할 때를 대비 양쪽 모두 만족할 방법 모색한다.

3) 갈등관리전략

갈등관리의 상위목표는 한 부서에서는 달성할 수 없고 둘 이상의 부서가 함께 노력해야 달성되는 공동목표를 말한다. 갈등 당사자들의 차이보다는 협력관계를 인식하도록 하며 갈등이 한정되어 자원 때문에 발생하는 갈등이 발생하지 않도록 활용자원을 확충하는 것이 필요하다. 갈등관리 및 해소에 있어 관리자는 문제에 대해서 객관화를 시켜 문제에 대해서만 말하고 사람

에 대해서는 말하지 않는 것이 필요하다. 나중에 의견일치가 이루어지지 못할지라도 상대방의 의견을 존중하고 윈-윈 해결 전략을 통해 의사소통을 원활하게 해 주고 상호 간의 이해와 조화를 증대시키는 것이 필요하다. 갈등관리 및 해소에 있어 관리자의 태도는 다음과 같다.

(1) 자원봉사자 활용에 관한 결정에 직원들을 참여시켜라.
(2) 자원봉사자들을 위한 업무와 지원계획 그리고 감독체계에 대해 미리 계획하라.
(3) 지위 때문에 자원봉사하려는 사람은 누구든지 받아들여서는 안 된다. 또한 자질을 고려한다. 많은 사람이 참여하는 것이 반드시 중요하지는 않다.
(4) 봉사하면서 배울 수 있다고 생각하지 말고, 봉사훈련이 필요하다.
(5) 유급직원이 자원봉사자 활용에 대해 모든 걸 안다고 단정하지 말아야 한다. 직원이 더 좋고 많은 교육을 받아야 한다.
(6) 자원봉사자들이 기관에 기여 하는 것에 대해 감사한다.
(7) 자원봉사자와 함께 업무를 잘 수행한 직원에게 포상한다.
(8) 주의를 끄는 문제가 발견되면 덮어두지 말라.
(9) 분쟁 발생 시 흑백논리를 피하고 타협을 이끌어 내라.

3 자원봉사활동에서의 리더십

자원봉사자는 새로운 기대를 하고 있다. 직원이 할 수 없는, 창의적이면서 의미 있는 활동 거리가 필요하다. 자원봉사자가 다른 자원봉사자를 참여시킬 수 있고, 새로운 봉사자는 뭔가 의미 있는 일의 일부가 되기를 원한다. 이렇게 자원봉사 프로그램을 개발하고 지속시키기 위해서는 리더십이 필요하다.

조직 속의 리더십은 구성원으로 하여금 바람직한 조직 목표에 자발적으로 협조하도록 하는 기술 및 영향력을 말한다(행정학사전).

리더십(Leadership)이란 주제는 인류문명의 출연과 함께 동서양 문화의 오랜 관심사였다. 본격적인 철학과 사상이 등장하기 이전의 신화의 시대에서는 위대한 지도자들에 대한 신화와 전설의 형식을 통해 지도자들의 업적을 칭송하고 공동체의 공통된 목적을 달성한 리더십의 주제를 전승해 왔다.[1] 이러한 신화와 전설은 리더십에 대한 최초의 논의라고 할 수 있으며 이들은 공동체를 외부의 위험에서 보호하고 불안을 제거해 주는 역할을 수행함으로써 사회의 통합과 공동체의 번영을 이루는 서사를 통해 리더십의 전형을 구축해 왔다. 그리고 이들의 이야기는 시대를 거쳐 전승되어 인류사회 리더십 연구의 초석을 마련해 주었다(한우, 2016).

리더십에서 리더라는 용어는 AD 1300년경에서부터 기원을 찾을 수 있다. 그러나 오늘날 우리가 사용하고 있는 '리더'라는 용어가 본격적으로 사용되기 시작한 것은 약 200년 전부터이다. 따라서 리더십이란 용어는 매우 다양하고 모호한 개념이다.

그리고 리더십은 연구 분야, 시대적 상황과 문화적 배경에 따라서 다르게 정의되기도 한다. 조직의 목적을 성취하는 데 필요한 사람들을 지지하고, 그들에게 확신을 심어주는 능력을 가진 사람이다(한우, 2016).

리더십은 단지 높은 지위에 있는 사람들을 말하는 것이 아니다. 다른 사람들을 효과적으로 인도하는 능력은 아주 뛰어난 자질이다. 이 능력을 가진 사람들이 우리 옆에 있다면 그들을 격려하고 더욱 동기부여 해야 할 필요가 있다.

자원봉사 리더는 자원봉사의 가치 및 자원봉사조직에 대한 이해를 통해 자원봉사활동에 대한 비전을 공유하여 준비된 자원봉사 지도력을 갖춘다.

이를 위해서는 사회복지 조직의 리더십 수준에 대한 이해를 필요로 한다.

---

1) 박정민, 2017, KCS-MG 공개강의, https://blog.naver.com/parkstwo

1) 변혁적 리더십

변혁적 리더십은 베버(Weber, T.)가 처음 논의를 한 후에 번스(Burns, J.M.), 바스(Bass, B.M.)에 의해 행동리더십모델로 정립되었다. 이는 거래적 리더(transactional leader)와 대별되는 리더 모델이다. 거래적 리더는 하위자에게 각자의 책임과 기대하는 바를 명확하게 제시하며, 각자의 행동에 어떤 대가가 돌아갈 것인지 합의하여 리더십을 발휘한다.

이와 달리 변혁적 리더는 주어진 목적의 중요성과 의미에 대한 하위자의 인식 수준을 제고시키고, 하위자가 개인적 이익을 넘어서서 자신과 집단, 조직 전체의 이익을 위해 일하도록 만든다. 그리고 하위자의 욕구 수준을 매슬로우(Maslow, A.H.)가 제시하였던 상위수준으로 끌어올림으로써 하위자를 근본적으로 변혁시키는 리더이다. 즉, 거래적 리더십을 발휘하는 리더는 '기대되었던 성과'만을 하위자로부터 얻어내는 반면, 변혁적 리더십을 발휘하는 리더는 하위자로부터 '기대 이상의 성과'를 얻어낼 수 있다(HRD 용어사전, 2010.9.6. 한국기업교육학회).

급변하는 기업환경의 변화 속에서 기업이 생존하기 위해선 구성원으로부터 조직에 대한 강한 일체감, 적극적 참여, 기대 이상의 성과를 달성할 수 있는 동기유발을 자극할 수 있는 새로운 리더십이 요구되었다.

변혁적 리더십은 조직의 문화와 욕구체계를 바꾸는 리더십으로 비전을 설정하여 목표, 동기 부여의 제고를 통하여 변화를 추구한다.

표 12-2 거래적 리더십과 변혁적 리더십

	거래적 리더십	변혁적 리더십
개념	리더와 추종자들은 각자의 관심사와 타산적 이해관계 필요에 의해 법적 조건과 제반규정에 따라 리더십과정에 참여한다.	리더와 추종자들은 합의된 공동목표를 추구하고 변혁적 리더는 추종자들에 대한 교육적 역할을 담당하여 경우에 따라 목표와 가치를 변경하거나 이를 더욱 고차원적으로 고양할 수도 있다.
변화관	안정지향적, 폐쇄적	변동지향적, 개방체계적
초점	하급관리자	최고 관리층
동기부여	부하의 이익자극	영감과 비전 제시 및 구성원 전체가 공유해야 할 가치의 내면화
관리전략	리더와 부하 간의 교환관계나 통제	업무할당 및 할당된 과제의 가치와 당위성 주지 성공에 대한 기대제공
조직구조	기계구조 기계적 관료제에 적합	경제 적응적 구조 단순구조나 임시조직에 적합

출처: 김성규(2001).

2) 슈퍼 리더십

다른 사람이 스스로 자기 자신을 이끌어갈 수 있게 도와주는 리더십을 말한다. 슈퍼 리더십은 리더 육성에 초점을 두고 부하직원들이 셀프리더십을 발휘할 수 있도록 영향력을 행사하는 과정이다. 즉, 부하직원들이 셀프 리더가 될 수 있도록 그들이 보유한 잠재역량을 자극하고 개발한다. 조직에서 리더가 슈퍼리더십을 효과적으로 발휘하기 위해서는 우선 리더 스스로 셀프 리더십의 모델이 되는 것이 중요하며, 부하가 리더를 본받아 셀프리더십을 발휘할 수 있도록 긍정적인 사고방식을 촉진시켜야 한다. 부하 스스로 목표를 설정할 수 있도록 도와주고 과업을 수행하는 과정에서 내재적으로 동기부여를 유도하는 것이 필요하다. 더 나아가 각종 지원을 통해 셀프 리더십이 조직문화로 정착될 수 있게 만드는 것 또한 리더의 몫이다(두산백과).

슈퍼 리더십은 구성원들의 잠재능력을 일깨워 스스로 셀프리더가 되게 함으로 높은 성과와 직무만족, 조직몰입 등 직무태도에 적극적으로 영향을 미쳐 구성원들의 삶이나 조직을 성공적으로 이끈다. 정보기술의 발달은 구성원들의 욕구도 변하게 하였다. 금전적인 보상도 직무태도에 영향을 미치지만 자신에게 주어진 직무수행을 통한 성취감이나 인간관계, 내적 보상 등이 직무 태도에 영향을 미친다.

슈퍼리더십은 조직을 어떤 한 사람에 의하여 통제되게 하는 리더십을 말한다.

3) 셀프 리더십

맨즈와 심스(Manz & H.P.Sims, 2001)에 의하면 셀프 리더십은 스스로 자기 자신에게 영향을 미치기 위한 과정으로 자기통제이론에 바탕을 둔 자기관리 개념을 확장한 것이라 정의하고 있다. 1980년대 이후 국제경쟁력 하락으로 인해 대안으로 떠오른 리더십으로 맨즈와 심스가 제시한 이론이다. 지식수준이 높은 신세대 구성원들의 관리를 위한 대안으로 이들은 기존의 전통적인 리더십에 의한 구성원과 다른 조건의 신세대 구성원들이 전통적 방법에 의한 리더십에서 그들의 열정을 충분히 발휘하지 못할뿐더러 업무의 성과가 떨어지는 것을 분석한 결과 신세대 구성원들에게 알맞은 리더십으로 제시된 리더십이다.

21세기 기업경영은 한 명의 리더가 아닌 다수의 구성원에게 초점을 맞춘 리더십이다. 구성원들의 자발적 참여와 헌신에 의해서 가능하며 그것이 지속적인 힘이 되어 경쟁력을 확보할 수 있을 뿐 아니라 목표달성을 이룰 수 있기 때문이다.

셀프 리더십은 자율 리더십이라고 하며 개인이 스스로 이끄는 리더십이다.

구성원들의 셀프 리더십을 개발하기 위해서 슈퍼 리더는 구성원들이 스스로 셀프 리더십을 개발하게 하기 위하여 먼저 모범을 보여야 한다. 사람은 모방을 통하여 배울 수 있기 때문이다. 자신이 스스로 도전적이고 달성 가능하며 구체적인 자기목표 설정을 통해서 개발한다. 바람직한 행동을 통해 자기가 개인적으로 내적 보상을 제공하므로 개발할 수 있다. 이 방법은 일할 의욕을 북돋는다.

표 12-3 전통적 관리기능과 셀프 리더십

전통적 관리 기능	셀프 리더십
외부관찰	자기관찰
주어진 목표	자기설정 목표
과업수행에 대한 외부강화	셀프리더십 행동에 대한 자기강화와 외부강화
외부보상에 의거한 열의	일 자체의 자연적인 보상에 근거한 열의
외부로부터의 비판	자기비판
외부로부터의 문제해결	스스로의 문제해결
외부로부터의 직무할당	스스로의 직무할당
외부로부터의 과업계획	스스로의 과업계획
부정적 관점	긍정적 관점
조직의 비전에 의존	구성원이 함께 창조한 비전에 헌신

출처: Manz & H.P.Sims(1989). Super Leadership. p. 69.

4) 서번트 리더십

오늘날과 같이 급변하는 환경에 유연하게 대처하기 위해서는 상급자가 부하에게 명령하여 지시하는 기존의 전통적인 리더십보다는 부하에게 봉사하는 서번트 리더십이 중시된다.

로버트 그린리프(1904~1990)는 레오라는 인물을 통해 정신적 지도자이자 진정한 리더가 어떤 역할을 하는 것인지에 대한 영감을 얻고 서번트 리더십의 기본이론을 세웠다. 섬김의 리더십은 1970년 그린리프가 섬김의 지도력이라는 저서에서 도출해낸 용어이다. 그린리프는 헤르만 헤세의 동방기행에 등장하는 하인인 레오에게서 아이디어를 얻어 섬김의 리더십을 고안하게 되었다. 이는 소위 머슴 리더십으로 머슴 리더십은 타인에게 봉사하는 즐거움이야말로 진정한 리더의 시작이라고 말한다. 그린리프(1970)는 리더를 다른 사람에게 봉사하는 하인(servant)으로 생각하고, 구성원을 섬김의 대상으로 보아 명령과 통제로 일관하는 자기중심적 리더가 아닌 신뢰와 믿음을 바탕으로 개방적인 가치관을 지닌 리더로 보았다. 따라서 그는 서번트 리더십을 '타인을 위한 봉사에 초점을 두며 종업원, 고객 및 공동체를 우선으로 여기고 그들의 욕구를 만족시키기 위해 헌신하는 리더십'이라고 정의하였다.

그는 거대 조직에서 흔히 권위적이며 비효율적이고 비인간적인 리더십 행위가 다수 구성원의 마음에 치명적인 상처를 안겨준다고 하였고 리더십의 근본적 변화가 필요함을 최고경영자에게 보고하기에 이른다. 그리고 은퇴와 동시에 '로버트그린리프센터'를 설립하고, 유명 대학의 경영학 강사를 하면서 포드, 멜론 재단, 록펠러 재단, 릴리 엔도우먼 등 많은 기업과 단체에 리더십 컨설팅을 하면서 서비스 정신을 하나의 리더십 개념으로 정립하였다.

슈바르츠(Schwartz, 1991)는 서번트 리더십을 조직과 구성원의 목표가 균형을 이루는 가운데 구성원 각자를 팀 리더의 일부로 봄으로써 자율성과 공동체 의식, 주인의식을 갖도록 내재적인 의미를 부여하여 지시보다는 조언과 대화를 중요한 관리도구로 사용하고, 구성원의 일체화와 공감대 형성을 통하여 조직의 목표를 달성하는 리더십이라 정의하였다.

표 12-4 전통적 리더십과 서번트 리더십

	전통적 리더십	서번트 리더십
관심영역	일의 결과	일 추진 시 장애요인
가치관	자기중심적	개방적
인재	여러 자원 중 하나	가장 중요한 자원
우선사항	과제가 우선	사람이 우선
관계	상명하복	존중과 관심
추진방식	자기방식강조	아이디어를 구함
생산성	시간과 경비, 생산량	부하들의 자발성 정도
시간관념	부족	창출
경쟁의 시각	내부경쟁을 조장	지나친 개인경쟁 경계
평가	최종결과 중심	노력 정도에 대한 평가

출처: 박충구(2014).

스피어(L.Spears, 1995)가 주장하는 섬김의 리더십은 사회복지 조직뿐 아니라 일반 기업에서도 유용한 이론으로 '봉사를 통해 지도하는 법'을 알려준다. 스피어(1995)는 서번트 리더십을 모든 사람의 존엄성과 가치에 대한 믿음을 가지고 리더의 권력은 부하로부터 기인한다는 민주주의 원칙에 입각한 리더십이라고 정의하였다.

표 12-5 변혁적 리더십과 서번트 리더십의 차이

	변혁적 리더십	서번트 리더십
이론의 본질	규범적	규범적
리더의 역할	조직의 목표를 향한 구성원의 고취	구성원에 대한 봉사
구성원의 역할	조직의 목표를 추구	현명하고 자유롭고 자율적 사람이 되는 것
도덕성 요인	특별히 명시하지 않음	명시되어 있음
기대결과	목표와의 일치, 노력의 증가 만족, 조직이 얻는 생산성 등 역동적인 문화를 형성	구성원의 만족, 성장, 봉사의 몰입 사회적 개선 등 정신적인 것을 생성하는 문화
동기부여	조직에 선을 제공, 조직의 사명 수행을 위한 의지와 열정	구성원에게 선을 제공하고 구성원들에게 최선인 것을 실행하므로 공동선 추구
배경	개조/변화	정적인 외부환경
카리스마의 원천	리더 훈련과 기술	겸손, 정신적인 통찰력
상황	일방향적인 힘	상호관계적인 힘
카리스마적 재능의 본질	리더 혹은 조직의 목표달성, 구성원의 개인적 발전	섬김에 초점을 둔 삶의 방식의 실행과 비전
부하들의 반응	고양된 동기, 추가적인 노력	리더의 섬김에 대한 모방
카리스마의 결과	리더 혹은 조직의 비전과 가치추구, 목표달성, 구성원의 개인적 발전	구성원의 자율성과 도덕적 발전 구성원과 조직의 공동선의 강화
개인수준	지도를 희망 모델링	봉사를 희망 서번트
개인간 수준	구성원을 고취시키는 리더	구성원에게 봉사하는 리더(상호관계)

출처: 이관응(2001).

서번트 리더십은 이타주의나 평등주의에 기반하고 있는 반면 변혁적 리더십은 조직의 성공에 의해 더욱 동기가 부여된다(Smith et al., 2004). 또한 서번트 리더십은 변혁적 리더십에서 직접적으로 포함하고 있지 않은 리더의 윤리적, 도덕적인 측면들에 대한 지향성을 강조하고 있다(Hummphreys, 2005). 서번트 리더십은 조직 내 모든 이해관계자들의 성공과 발전에 관심을 두고 있다는 점에서 윤리적 리더십과도 구분된다. 공통적으로 서번트 리더십은 다른 리더십과 비교했을 때, 자신의 이익이나 욕구보다는 부하들의 이익이나 욕구를 가장 우선시한다는 점 그리고 부하들에 대하여 어떠한 사심 없이 순수한 동기에 기인하여 부하들에게 관심과 배려를 보여준다는 점이 특징적이다. 따라서 서번트 리더십은 종종 자신의 개인적인 희생도 감수할 수 있음을 내포하고 있다(Mayer, Bardes, & Piccolo, 2008).

5) 리더십의 수준

조직의 규모가 커지고 관리의 기능이 계층적으로 분화함에 따라 관리의 범위에 있어서도 최고 관리층과 중간 관리층을 구별할 필요성이 생긴다. 여기서 최고 관리층이란 행정조직의 계층적 구조에 있어서 최상위에 속해 있는 계층을 말하는데, 이들은 행정의 기본적인 정책과 방침을 결정할 뿐만 아니라 조직 전체의 활동을 지도·통제하는 임무를 지니고 있다. 중간 관리층의 리더십은 프로그램 부서에 대한 책임, 최고 관리층의 지시를 구체적인 프로그램 목표로 전환, 목표를 달성하기 위한 직원과 물자의 확보, 내부 운영절차를 개발하며 프로그램 활동을 감독, 조정, 평가한다.

직원들의 사기, 효율성, 효과성에 도움을 주는 제반 조건들을 개발하고 유지하는 책임 리더십은 수직적, 수평적 연결고리로서의 기술과 개개 직원들의 욕구를 조직의 목표에 통합시키는 인간관계기술을 필요로 한다. 하위관리층은 일선 직원들과 매일 접촉하고 있는 슈퍼바이저들로 전문적이고 기술적인 사회복지사들과 긴밀한 관계, 업무의 기술적 측면에 관한 일선 직원들에게 충고와 지침 제공, 개인적인 성과 평가를 한다. 윗사람에게 하위직원들의 관심거리를 전달하고, 윗사람의 지시를 하위직원들에게 강화하는 연결쇠 역할을 통해 의사소통 촉진역할을 하고 있다.

사회복지 조직의 리더십 수준은 최고 관리층, 중간 관리층, 하위 관리층의 리더십의 조화가 중요하다. 표 12-6과 같이 리더십의 수준에 대한 이해가 필요하다.

표 12-6 리더십의 수준

최고관리층	중간관리층	하위관리층
– 조직을 이끌어 나갈 전반적인 책임을 가지고 있는 사람들	– 조직의 주요한 프로그램 부서를 책임지고 있는 사람들	– 일선 직원들과 매일 정상적으로 접촉하고 있는 슈퍼바이저들을 말함
의사결정 기술: – 임무의 이해관계 집단과 교섭하고 중재함, 임무의 수행하기 위한 의사결정 기술의 구사 능력 – 'POSDCoRB'	인간관계기술: – 수직적, 수평적 연결 쇠로서의 기술 – 직원 개인의 욕구를 조직의 목표에 통합	전문적 기술 : – 공평에 대한 관심

출처: 강종수(2019). 수정인용.

4 자원봉사관리자의 자세

성공적인 자원봉사자의 기술은 우선 효율성을 지향한다. 자원봉사자, 클라이언트, 지역사회, 기관의 영향력에 대한 적극적인 관심과 자기 확신감을 가지는 것이 중요하다.

사례를 통한 개념의 진단적 사용도 적절히 수행할 수 있어야 하며, 사회화된 권력의 적절한 활용, 집단과정의 관리 등이 필요하다. 관리자의 자질로는 포용력과 리더십, 인간에 대한 이해와 지식이 기본적으로 필요하며, 사람을 파악하고 개별성을 인정해 주는 자세가 필요하다.

행복에 관한 직관력이 있어야 하며 봉사자들이 왜 자원봉사활동에 참여하려고 하는지에 대한 동기파악도 중요하다.

사업추진력을 높이기 위해 기관책임자나 자원봉사자와의 갈등 시 해결방법을 알고 있어야 하며, 예측 가능한 변수들에 대한 고려 및 대안설정의 능력과 이에 대한 통제능력이 함께 있어야 한다. 그뿐만 아니라 사람 혹은 사건에 대한 통찰력이 전인적 접근으로 이루어져야 한다. 자원봉사자의 역할과 관리자와의 역할 기준이 필요하며, 이에 따라 자원봉사자와 관리자의 책임 기준도 구분되어야 한다. 이것은 결국 권한 구분의 기준을 설정해야 한다는 것이다. 그리고 동기화 이론을 설명하는 욕구이론, 기대이론, 목표 설정이론, 강화이론, 교환이론, 사회화 이론 등 사회심리학에 대한 기본지식이 있어야 한다.

무엇보다도 마케팅 이론의 모집 측면과 봉사자의 유지 및 보전, 자원개발 등을 활용할 수 있어야 하며 미분화된 전략 집중적 전략 분화 혹은 양분된 전략 등을 활용할 수 있어야 한다. 또한 조직이론 및 조직관리 이론, 자원봉사자 관리 상담의 이론과 실제, 슈퍼비전과 리더십 기술, 갈등관리, 커뮤니케이션, 사례관리 등에 대한 기초지식이 필요하다.

Part 4

자원봉사활동의 전망

Chapter 13

자원봉사조직과 자원봉사 네트워크

학습목차

1. 자원봉사조직의 특성 및 유형
2. 자원봉사센터의 개념
3. 자원봉사 네트워크의 개념과 유형

1 자원봉사조직의 특성 및 유형

자원봉사조직은 'Voluntary Organization'이 아니라 'Volunteer Organization'에 해당된다. 전자는 영국 등 영연방국가에서 자원봉사를 주요 업무로 하지 않는 무수한 시민단체를 포함하는 NGO와 같은 의미로 통용된다(주성수, 2013).

조직이란 두 명 이상의 다양한 사람들이 한정된 목적을 달성하기 위해 의식적으로 통합하여 효율적으로 협동하고, 합목적적으로 조정되는 행동체계라고 정의할 수 있다. 조직의 구성요소로는 구성원, 목적, 구성원의 역할, 활동내용, 구성원 상호 간의 규범 등이 있다.

블라우와 스콧(Blau &Scott, 1975)의 조직유형 분류법에 따르면 자원봉사조직은 클라이언트에게 서비스를 제공하는 기능을 가지고 있는 서비스조직이다. 최근 서비스조직과 관련하여 인간 서비스조직이라는 용어가 지배적으로 사용되고 있다.

이때 인간 서비스조직이 다른 조직과 구별되는 중요한 요소는 그 조직의 의도적 결과 또는 산출물의 성격이다. 인간서비스조직은 두 가지 형태, 즉 서비스 전달조직과 서비스 계획조직으로 나누어진다.

인간 서비스의 전달조직은 실제로 서비스를 특정한 클라이언트 대상층에게 직접 제공하는 조직을 의미하고, 계획조직은 서비스 자체를 실제로 전달하지는 않으나 특정한 지역이나 특정한 책임의 영역 내에서 인간서비스를 계획하고 관리하며 자금을 조달하고 조정하는 기능을 수행하는 조직을 의미한다.

머리(Murry, 1973)는 자원봉사조직의 역할을 다음의 다섯 가지로 나누어 고찰하고 있다.

첫째, 클라이언트에게 정보나 지지 및 조언 등의 직접적인 서비스를 제공한다.

둘째, 자원봉사자의 자발적 혹은 자조적 성격이다.

셋째, 압력 단체로서의 기능이며,

넷째, 다양한 자원 제공의 역할,

다섯째, 상호조정 및 보완의 기능이다.

1) 자원봉사조직의 특성

자원봉사활동은 개인의 산발적인 활동만으로는 그 목적을 달성할 수 없다는 명제에서 자원봉사조직의 필요성은 시작된다.

자원봉사조직의 기반은 결정 시 대등한 참여(참여민주주의, 결정과 실행의 일체성). 자주관리, 활동자원의 자기창출 네트워크형 조직의 특성을 갖는다(이성록, 2005).

(1) 점진적 형식화 과정

자원봉사조직은 구성원의 자발성을 전제로 하고 있으므로 그들을 통제할 공식적 권한이 없는 조직이다. 따라서 모든 조직의 형태 중 관료제 성격이 가장 희박하다. 그러나 자원봉사조직도 점차적인 관료화 과정을 거치면서 조직은 보다 엄격한 구조를 개발시켜 결국 평범한 회원제의 기관에서부터 분리되고 있다. 이러한 관료화는 사회구조의 복잡성 증가, 사회관계의 표준화, 그리고 조직의 규모 증대와 효율성 추구 등으로 인한 것으로 설명할 수 있다(김동배, 2005).

자원봉사조직의 조직화 과정은 최초의 비공식단계에서부터 관리직 기능과 직원기능인 회원의 직무분화가 나타난다. 결국 하나의 뚜렷한 행정기구가 발전하며, 회원집단은 그들의 대표단을 임명하고 상임위원회가 설정되며 의사소통에 문제점들이 존재하게 된다. 조직은 자신의 사업을 수행하기 위하여 규칙과 절차를 개발하고 행정직은 조직의 일상 활동에서 분리되어 간다. 그리고 일반 조직성원들은 점차 수동적으로 되어 의사결정의 중요한 영역에서 제외된다. 자원봉사조직에 있어서 힘의 원천은 구성원의 참여에 기인하는데 그 구성원이 의사결정에서 제외되고 관료적 모델로 형식화되는 예기치 않은 결과가 나타난다.

(2) 목표의 불안정성(사회복지행정론)

사회학자 로베르트 미헬스(Robert Michels, 1876~1936)는 어떠한 작은 목표가 기존의 지배적인 목표를 대치하는 현상에 관심을 기울일 필요가 있다고 주장한다. 즉, 어떤 목표를 실시하기 위해 기획된 절차가 목표 그 자체가 되는 경우이다.

조직목표의 대체 또는 계승에 의한 목표변화는 사회적 환경의 압력을 민감하게 수용하는 자원봉사조직의 특징이다. 조직이 목표를 확장, 수정하거나 바꾸는 조직 자체의 능력은 조직이 존속하는 과정에서 중요한 요소가 된다. 다만 조직에 있어서 목표의 대치 또는 계승을 결정하는 요인에 대해서는 일반화가 불가능하다.

(3) 투과성

자원봉사조직의 가장 대표적인 특성은 투과성 조직이라는 사실이다. 즉, 자원봉사조직은 회원자격이 유연하며 가입과 탈퇴 그리고 재가입이 자유롭다. 심지어 조직 활동에 참여하지 않는 회원에 대해서도 제재할 방법이 없다. 이러한 자원봉사조직은 다양한 사회적 환경변화의 압력을 민감하게 수용한다. 회원이 줄거나 기존 회원이 흥미를 상실할 수도 있고 재정적 자원을 상실할 수도 있다. 모든 점으로부터 외적 사회망이 자원봉사조직의 장벽을 투과할 수 있다. 다시 말해 자원봉사조직은 외부환경에 있는 투과성 조직인 것이다.

(4) 일선 상 조직

자원봉사조직의 특징은 어떠한 공식적인 권력 구조가 없다는 것이다. 즉 자원봉사조직은 공식적인 위계질서가 있음에도 불구하고 실제에 있어서는 권한의 분산이 이루어져 모든 구성원이 동등한 권한을 가진 일선 조직인 것이다. 일선 조직의 특성은 첫째, 조직의 주도권이 일선에서 활동하는 자원봉사자의 단위과업에 있다는 것이며 둘째, 각 단위과업은 상호 독립적으로 수행되고, 셋째 필드에서 수행되는 단위 과업활동을 직접 감독하기 어렵다는 점이다.

2) 자원봉사조직의 기능상 분류

자원봉사조직도 다시 그 기능적인 측면에서 볼 때 서비스 전달조직인 자원봉사활용조직과 서비스 계획 조직인 자원봉사지원조직으로 나뉜다.

즉, 자원봉사활용조직은 자원봉사자를 활용하여 다양한 서비스를 클라이언트에게 제공하는 기관으로서 대표적으로 사회복지시설과 사회복지기관 등을 들 수 있다. 자원봉사조직은 자원봉사자를 체계적으로 통합하고 교육하며 자원봉사를 필요로 하는 사회복지시설 등에 연결하는 역할을 담당한다.

(1) 자원봉사활용조직

자원봉사조직으로 대표되는 사회복지시설은 여러 가지 장애로 인하여 사회적으로 자립이 곤란한 조건에 있는 사람들을 위한 시설운영조직을 총칭한다. 가족의 보호, 양호를 받지 못하는 경우에 생활, 치료상의 모든 장애에 대응하는 수용서비스를 제공한다. 사회복지기관은 기타 협의체나 다양한 사회복지서비스를 제공하는 종합복지관이나 아동상담소 같은 이용시설 등을 말한다. 이러한 사회복지시설이나 기관이 외에도 관공서나 병원, 환경시설, 지역사회 발전회 등의 단체도 이에 속한다.

(2) 자원봉사지원조직

자원봉사활동의 효과적 수행을 도모하는 단체로 자원봉사지원기관이 있다. 자원봉사지 기관은 지역사회 내에 산발적으로 흩어져 있는 자원봉사활동 창구를 체계적으로 통합하여 지역에서 필요로 하는 욕구에 대응하며, 자원봉사활동 프로그램을 개발하거나 자원봉사자를 모집하여 연결하는 일을 수행한다. 그 외에도 지역사회 내의 모든 계층을 대표하여 각 자원봉사활동 개별단체와 유기적인 관계를 유지하고 자원봉사활동의 구심점 역할 및 정보 교환의 장으로서 역할을 수행한다.

2 자원봉사센터의 개념

1) 지역사회 자원봉사센터의 개념

지역사회 내의 자원봉사센터는 자원봉사를 모집하여 자원봉사 수요처와 자원봉사자를 연계하여 배치하여 자원봉사활동 수요에 효과적으로 대응하기 위한 수요처 파악 및 자원봉사자의 만족도 조사를 하는 조직이다. 자원봉사기관과의 효율적 운용점검, 시범적인 자원봉사프로그램 개발 등 정기적인 조사 연구 활동 기능을 담당한다. 연계가 제대로 수행되지 못한 분야의 자원봉사자를 활용하여 자원봉사 프로그램을 시행하거나 틈새 서비스 수혜자를 겨냥한 프로그램을 기획하고 시행하는 등 직접적인 서비스제공 기능을 담당한다. 공공 간 공공-민간 간, 민간 간 자원봉사 네트워크를 구축하여 각 기관별 특화된 서비스 선정 및 공동 추진 자원봉사프로그램을 담당하며, 홍보 및 캠페인, 각종 행사를 통하여 지역주민의 자원봉사활동에 대한 공동 인식과 자원봉사활동을 하고자 하는 동기 조성에 이바지한다(구혜영, 2019).

자원봉사활동을 효율적으로 관리 운영하기 위해서는 지역주민들이 자원봉사활동의 올바른 정신을 이해해야 한다. 또한 자원봉사활동에 참여할 수 있도록 조직적 체계적으로 일관성 있게 주도해 나갈 수 있는 추진체계가 확립되어야 한다. 자원봉사 추진체계는 주민들의 자원봉사활동에의 접근성을 용이하게 하고 자원봉사활동을 조직화함으로써 효율적인 서비스가 행해지도록 한다. 이러한 추진체계를 자원, 관리하는 기관으로 가장 대표적인 것이 자원봉사센터이다(류기형 외, 2004).

(1) 자원봉사센터의 정의

'자원봉사센터'란 자원봉사활동의 개발·장려·연계·협력 등의 사업을 수행하기 위하여 법령과 조례 등에 따라 설치된 기관·법인·단체 등을 말한다.[1)] 제도나 행정만으로는 충족할 수 없는 세부적인 복지 서비스의 실현을 위해 생활 및 살기 좋은 지역사회 구현을 만들고자 자원봉사활동 진흥을 시도하는 기관이다. 자원봉사센터는 자원봉사활동의 발굴과 원조를 위한 조사, 연구, 홍보, 연락조정, 복지교육, 자원봉사 국의 설치·운영, 또는 자원봉사활동의 사고에 대한 보험운영, 자원봉사활동기금의 조성 등 사업이나 활동을 행할 것으로 기대되고 있다. 더불어 자원봉사활동 담당자에게 학습 및 연수사업도 필요에 맞게 진전시켜야 한다. 센터의 역할은 소지역의 자원봉사 국이 보다 기능하기 쉽도록 원조하는 기관으로서 전문가에 의한 사업운영이 원칙으로 되고 있다(사회복지학사전, 2009).

(2) 자원봉사센터의 설립목적

자원봉사센터의 설립목적은 자원봉사활동 기본법과 지자체의 자원봉사활동 지원 조례를 통해 제시된다.

한국자원봉사센터협회[2)]의 설립목적은 회원센터 상호간의 조직적인 활동

1) 국가법령정보센터(http://www.law.go.kr, 2014.1.7. 개정)

과 정보교환은 물론 범사회적으로 확산 되고 있는 자원봉사활동을 보다 효율적으로 조정·지원, 육성함으로써 민주시민의 공동체 의식 배양과 공익증진에 기여함을 목적으로 한다.

서울시자원봉사센터 설립목적은 시민의 자발적 참여 문화를 고양하고, 자원봉사활동을 효율적으로 지원 및 조정하며, 자원봉사 인프라를 강화함으로써 지역사회 발전 및 시민 삶의 질 향상에 기여하는 것이다.

성남시 자원봉사센터의 설립목적은 다양한 분야의 자원봉사자를 육성하고, 자원봉사조직화를 통하여 지역 내 자원봉사 네트워크를 활성화해 자원봉사가 필요한 곳에 적합한 서비스를 하기 위하여 설립되었다.

부산시 자원봉사센터의 설립목적은 「자원봉사활동 기본법」 제19조와 「자원봉사활동 기본법 시행령」 제15조에 의거, 주민들의 자율성과 자발성을 바탕으로 이웃과 사회를 위해 봉사를 희망하는 사람들은 누구나 각자의 능력과 적성에 맞는 분야에서 봉사할 수 있도록 조직화·지원하고, 지역사회에 잠재된 봉사자를 발굴하여 자원봉사활동의 활성화를 통해 지역공동체 의식을 확산시키기 위하여 설립되었다.

전국 자원봉사 센터의 일반적인 자원봉사의 설립목적 4가지는 다음과 같다.

첫째, 지역사회 문제해결을 위해 다양한 자원봉사자들의 참여를 촉진하고, 개발 및 육성

둘째, 자원봉사를 필요로 하는 기관과 단체들의 자원봉사자 수급과 관리를 지원하여 효과적인 자원봉사활동이 이루어지도록 지원

셋째, 지역사회자원의 조직화와 소통·조정·연계를 통해 지역사회의 문제를 돕는 것

넷째, 지역사회 내에서 자원봉사에 대한 인식을 증진하고 자원봉사의 위상을 제고하여 활동을 진흥시키는 것

---

2) http://www.kfvc.or.kr

2) 자원봉사센터의 업무영역

2020년 자원봉사운영지침을 보면 자원봉사센터 역할을 명확히 규정하여 자원봉사센터와 자원봉사단체 간 역할 중복으로 인한 혼선 방지 중앙센터, 광역센터와 기초센터 간 역할 정립을 통해 자원봉사 활성화를 위한 체계적 업무 추진을 명시하고 있다. 자원봉사활동지원 조례는 자원봉사활동 기본법 및 시행령에 위배 되지 않는 범위 내에서 제·개정 추진 개별 지방자치단체 특성에 부합하는 방향으로 개정 자원봉사활동기본법 및 시행령에서 조례로 위임한 추진 사항은 다음과 같다.

(1) 자원봉사센터 장의 선임방법 및 절차(시행령 제14조 제3항)

표 13-1 서울시자원봉사센터 조례

제4조의3(센터장의 선임절차 등)

① 제4조의2의 규정에 의한 센터장은 「자원봉사활동 기본법 시행령」 제14조의 규정에 의한 자격요건을 갖춘 자를 공개 모집한다.

② 센터장 선임을 위하여 센터 이사, 서울시 관련 국장, 시의원, 외부전문가 등 10인 이내로 구성된 "채용심사위원회"를 운영하며, 그 구성과 운영에 관한 사항은 센터에서 별도로 정한다.

③ 센터장은 "채용심사위원회"에서 선정된 자를 대상으로 센터 이사회의 의결을 거쳐 시장의 승인을 받아 이사장이 임명한다.

[본조신설 2007.7.30]

출처: http://volunteer.seoul.go.kr/?menuno=125

자원봉사센터장은 공개경쟁의 방법에 의해 선임(시행령 제14조 제2항)한다. 자원봉사센터장의 정치적 중립성 유지와 신분상 불이익을 방지하기 위해 임기를 정하여 선임하며 센터장의 임기는 지역 실정을 고려하되 안정적 업무수행을 위해 가급적 3년 보장한다. 자원봉사센터장의 선임 시기는 전임 자원봉사센터장의 임기만료 전(前)으로 하고, 지역 자원봉사활동에 기여할 수 있는 자를 선임한다. 자원봉사센터는 그 명의 또는 그 대표의 명의로 특정 정당 또는 특정인의 선거운동을 할 수 없다. "선거운동"이라 함은 「공직선거법」 제58조 제1항의 규정에 따른 선거운동을 말한다. 자원봉사센터장의 임용은 직영 자원봉사센터도 자격요건을 갖춘 민간인을 센터장으로 선임해야 하며 상근해야 한다. 시장·군수·구청장 또는 자원봉사담당과장이 겸직하는 것은 자원봉사활동기본법 시행령 제14조(자원봉사센터장의 자격요건 등)에 배치될 수 있다.

(2) 자원봉사센터 조직 · 운영 등에 관한 사항(시행령 제15조 제6항)

자원봉사센터 조직 구성의 원칙으로 지방자치단체는 전체 인구, 자원봉사자 규모 등 지역 자원봉사환경을 고려하여 자원봉사센터의 조직을 구성·운영하며 **표 13-2**의 예시 조직도를 참고하여 센터의 사정에 따라 알맞게 조정한다.

표 13-2 자원봉사센터 조직도

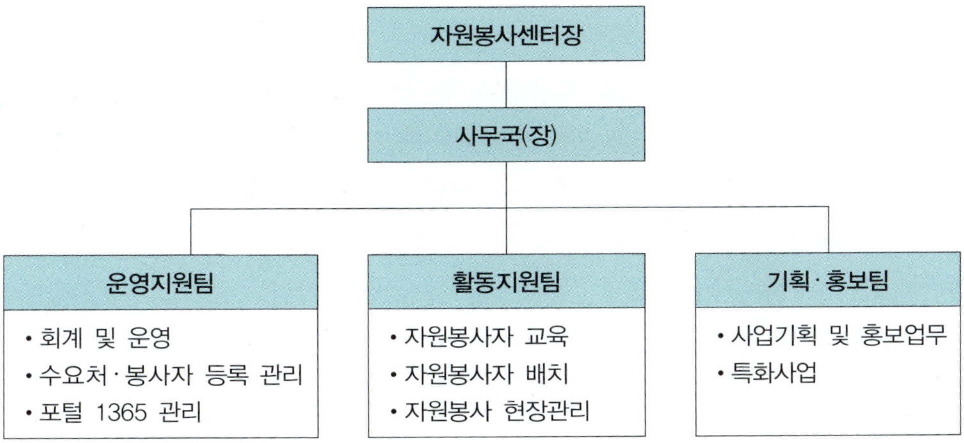

출처: 자원봉사운영지침-행정안전부(2022).

자원봉사조직은 법적 및 제도적 요건을 정확히 지켜야 하며 자체적인 정관이나 업무지침을 통해 운영이 제대로 이루어질 수 있어야 한다. 자원봉사센터 근무자의 역할과 책임은 담당업무별 역할·책임을 명시하여 합리적 업무배분 및 협업체계를 확립한다. 자원봉사센터장은 자원봉사센터의 대외 위상 제고를 위한 역할 수행하며 지역 자원봉사단체, 타 자원봉사센터, 유관기관 등 자원봉사와 관련한 협력 네트워크 구축을 위해 힘쓴다. 조직 및 인사관리, 예산확보 등 자원봉사센터 운영 전반에 대한 역할과 책임을 갖는다. 사무국장은 자원봉사센터 운영 및 예산 집행 수행하며 지역 자원봉사와 관련한 협력 네트워크 구축한다. 자원봉사활동 관리 및 수요처 발굴, 관리하며 자원봉사자 등 개인정보 보호 관리를 한다. 팀장은 자원봉사활동 프로그램의 기획 및 일감 발굴 자원봉사활동 프로그램의 원활한 진행 관리하며 자원봉사자 교육 계획 수립 및 교육을 수행한다. 또 한 팀원 역량강화를 위한 관리를 지원한다. 팀원은 센터 담당업무 중 자원봉사관리자에 대한 교육(71.4%), 지역실태조사 실시(59.0%), 자원봉사정보망 구축업무(53.7%)를 가장 많이 못 하고 있는 것으로 나타난다. 지방자치단체는 자원봉사센터의 필요경비를 지원한다. 지방자치단체는 능력 있고 참신한 전문 인력 확보 및 직원 사기진작에 필요한 적정수준의 인건비를 지원하여야 하며 운영형태와 무관하게 민간인을 직원으로 채용함을 원칙으로 하며, 공개경쟁의 방법을 통해 채용하여야 한다. 시군구는 자원봉사 활성화를 효과적으로 추진할 수 있도록 조직을 구성·운영하며 광역자치단체의 인구 규모, 자원봉사자 규모 등 지역 자원봉사 환경을 고려하여 자원봉사센터가 효과적으로 운영될 수 있도록 **표 13-2**를 근거로 조직 및 인력을 구성해야 한다.

표 13-3 상근직원의 비율과 실제 센터의 직원 비율을 보면 평균 3.2명이고, 소장의 경우 72.2%가, 직원은 60.5%가 겸직을 하고 있었으며, 60.7%의 센터가 인력이 부족하다고 응답하고 있다.

센터의 운영은 시·군·구 직영(65.5%)의 형태가 가장 많았고, 63.7%의 센터는 운영근거가 없는 것으로 나타난다.

표 13-3 시군구 자원봉사센터의 상근직원 최저기준

<table>
<tr><th>구분</th><th>인구규모</th><th colspan="4">상근인원[3] 최저기준</th><th>비고</th></tr>
<tr><td rowspan="2">소도시형</td><td>5만 미만</td><td colspan="4">4명 이상</td><td></td></tr>
<tr><td>5만 이상 10만 미만</td><td colspan="4">5명 이상</td><td></td></tr>
<tr><td>중도시형</td><td>10만 이상 20만 미만</td><td colspan="4">8명 이상</td><td></td></tr>
<tr><td rowspan="3">대도시형</td><td>20만 이상 35만 미만</td><td rowspan="2">특별시
광역시
자치구</td><td>9명 이상</td><td rowspan="2">도 지역
일반시</td><td>10명 이상</td><td rowspan="2"></td></tr>
<tr><td>35만 이상 50만 미만</td><td>10명 이상</td><td>11명 이상</td></tr>
<tr><td>50만 이상</td><td colspan="4">12명 이상</td><td></td></tr>
</table>

출처: 행정안전부(2020). 자원봉사운영지침.

전체 57.4%의 센터들은 지역사회 내에 타 부처 소관 센터들과 같이 설치되어 있었고, 한 지역 내 평균 설치 센터 수는 3.2개소로 나타난다.

자원봉사센터의 비영리법인 위탁 및 법인 설립하여 운영하는 경우 「지방보조금 관리기준」에 따라 민간 경상보조금으로 예산 편성되나 센터의 전체 평균 예산으로 78.3%가 부족하다고 하고 있어 재원관리에 있어 효율적인 관리가 필요할 것으로 사료된다. 집행원칙 별도 규정이 있는 경우를 제외하고는 '자원봉사센터 운영지침'을 원칙으로 하며, 지방자치단체 예산 범위 내에서 예산을 집행한다.

자원봉사센터 민간위탁 또는 법인 설립 운영 시 지방자치단체가 민간 등이 자율적으로 수행하는 사업에 대해 개인 또는 단체 등에 지원하거나, 시·도가 정책상 또는 재정사정상 특히 필요하다고 인정할 때 시·군·구에 재정상 원조한다(지방재정법 제17조, 제23조). 지방보조금은 법령 또는 조례에 따라 당해 지방자치단체의 사무와 관련한 사업비를 예산으로 편성하며 법령에 명시적 근거가 있는 경우 외에는 법인 또는 단체에 운영비* 목적으로 보조

3) 상근인원에는 자원봉사전문요원(자원봉사 교육 코디네이터, 자원봉사 전산 코디네이터)을 포함(이하 같음), 상근인원은 전임인력으로, 공무원이 다른 사무와 겸임하는 경우 제외

금을 교부 할 수 없다. 보조 법인 또는 단체의 기본적인 업무 수행에 필요한 인건비, 사무실 임차료, 공과금, 사무관리비 등 운영비 지원 목적의 보조금은 법령에 명시적 근거가 있는 경우에 한하여 지원할 수 있으며, 이 경우 '민간단체 법정운영비 보조' 또는 '자원봉사센터 법정운영비 보조' 예산으로 편성한다(자원봉사운영지침, 2020).

표 13-4 등록기준

구 분		등록 기준
공공 부문	행정기관	중앙정부 및 시도 · 시군구 지방자치단체
	공공기관	「공공기관의 운영에 관한 법률」에 의한 공기업 및 준정부기관 「지방공기업법」에 의해 설립된 공사 및 공단
	공공시설	중앙정부, 지방자치단체가 국민복지 · 후생을 위해 설치한 시설 (공립학교, 공립병원, 국 · 공립도서관, 사회복지시설, 시민회관 등)
민간 부문	민간기관	공익 목적으로 활동하고 있는 비영리기관 및 비영리단체
	기업체	공익 목적의 사회공헌사업을 추진하는 경우
	시설	민간이 운영하고 있는 공익 목적의 비영리 복지, 보건 · 의료 · 요양, 문화, 체육 등의 시설

출처: 행정안전부(2020). 자원봉사운영지침.

자원봉사센터는 수요처 관리를 한다. 수요처란 지역사회에서 자원봉사자로부터 업무적인 도움을 받고자 하는 비영리기관, 공공기관, 사회복지시설, 기타 공익단체를 말한다.

수요처 등록·관리는 자원봉사활동 기본법 및 시행령, 본 지침에 부합하도록 운영하여야 하며 자원봉사센터는 자원봉사활동이 안전한 환경에서 이루어질 수 있도록 수요처를 체계적으로 관리해야 한다. 종교적·정치적·영리적 목적이나 소속회원의 이익을 목적으로 활동하는 기관이나 단체 비영리기관의 경우도 포함)의 경우에는 수요처 등록이 인정되지 않는다. 다만, 영리

목적 기업체의 수요처 등록 요청 시 설립 취지 및 활동실적, 구체적인 신청 목적 등을 확인·검토 후 등록 여부 판단한다.

독거 노인·저소득 가정·다문화 가정 등 개인 및 세대 단위 자원봉사수요에 대해서는 시군구 및 동 주민 센터, 읍·면사무소의 협조를 통해 정보를 취합, 자원봉사센터에서 일감으로 등록할 수 있다(행정안전부, 2020).

수요처 관리 원칙은 다음과 같다.

① 자원봉사활동 기본법에 따라 상업목적으로 활용 불가

② 자원봉사 운영 주체 및 개인 등의 사적 이익 추구를 위한 운영 불가

③ 자원봉사활동은 비종파성, 비정파성 원칙에 따라 운영

④ 자원봉사활동은 정확하게 인정

표 13-5 등록기준절차

접수	➜	서류심사	➜	현장점검	➜	승인 / 등록
수요처 등록신청서 * 보안서약서 * 자원봉사활동계획서 * 개인정보보호 서약서		– 제출서류 검토		– 서류심사 결과를 토대로 현장실사 * 현장점검 체크리스트 현장점검 보고서		– 수요처 현장점검 보고서 결과에 따라 승인 및 등록 – 수요처 등록증발급

출처: 행정안전부(2020). 자원봉사운영지침.

자원봉사 수요처 관리는 수요처 개발상 문제점으로는 수요처의 자원봉사에 대한 인식 부족(33.3%), 개발 가능 수요처 부족(24.7%), 활용프로그램 부족(22.5%)의 순으로 지적되고 있다.

표 13-6 자원봉사활동계획서 양식 예[4]

프로그램명	'청소년이 행복한 사회를 위한 봉사활동'	
프로그램 목적	주입식 폭력 예방 교육 및 활동에서 탈피하여 청소년들이 직접 참여하고 체험하는 연대활동을 통해 청소년들의 비행방지 선도효과와 폭력예방에 대한 실질적인 도움을 제공한다.	
활동내용	1. 자원봉사 기초교육 2. 환경 안전 캠페인 활동 슬로건 혹은 성폭력 예방 카드 만들기 3. 공공기관 혹은 지역 마트 (성폭력 예방) 캠페인 인증 활동 (SNS) 4. 사회성 향상프로그램: 단톡방 선플 달기 (왕따 없는 학교생활, 부적절한 청소년기 성 행동 이해하기)	
자격	☑ 개인 ☑ 동아리 ☑ 학급 ☑ 학년 ☑ 학교	
프로그램 스케줄	– 학교 과정 외 봉사학습시간 제공을 위한 네트워크 구축 – 청소년 프로그램 개발 및 지원 연계 – 학교교사, 청소년 지도자와 협조체계 구축 – 한사회 청소년(대학생포함) 서포터즈 양성 – 한사회 교육원 성폭력상담과정 교육프로그램 연계	
교육제공	청소년 자원봉사 기초교육, 성인지 감수성 교육	
혜택	1. 자원봉사활동확인서 발급(1365 연계) 2. 청소년 우수자원봉사자 표창 3. 성폭력 예방 학교 단체교육 요청 시 무료 출장 교육 (기간 별도공지)	
소요시간	1회: 3~4시간	
활동기간 및 인정 상한시간	연중, 주말, 방학 중	
필요 소요자원	금액: 원(그 외 소요는 재능기부, 후원금으로 운영)	
평가	소감 나누기	
수요처	기관명	
	담당자	

신청서류 접수 후, 15일 이내에 심사 결과를 안내 후 자원봉사 수요처 관리자 교육이 진행되며 적합한 수요처에 한하여 등록 및 등록증 발급된다.

4) 2019 한사회장애인성폭력상담센터 수요처 등록 자원봉사계획

자원봉사센터는 자원봉사를 생활화할 수 있도록 지역 환경과 자원봉사자의 수요에 맞는 자원봉사 프로그램 개발·보급하며 시군구 자원봉사센터는 매년 자원봉사 우수 사례를 발굴·홍보하여 센터별 지역 실정에 부합하는 특화된 자원봉사 프로그램이 기관을 대표하는 프로그램으로 활성화될 수 있도록 센터 운영의 활성화를 도모해야 한다.

(3) 자원봉사자에 대한 보험의 가입절차 및 방법 등(시행령 제10조 제4항)

자원봉사활동 기본법 시행령」 제10조(자원봉사자에 대한 보험가입 등), 자원봉사활동기본법」 제14조(자원봉사자의 보호), 「보조금 관리에 관한 법률」 및 시행령(준용)에 의하면 자원봉사자 보호를 위해 자원봉사자 보험을 가입해야 하며, 보장범위·금액 등 보험 혜택 확대를 위해 지자체 간 통합 계약을 실시해야 한다.

자원봉사활동 기본법령을 준수해야 하며, 금융위원회의 허가를 받아 보험업을 경영하는 보험회사와 계약 체결해야 한다.

자원봉사집행업무가 지방자치 사무임을 감안, 지방비 50% 이상 부담하며 중복 가입자 배제, 실제 활동 봉사자 수를 고려한 인원 산정을 한다. 예산절감에 노력하되, 실제 사고 발생 시 보상 가능하도록 추진하고 있다.

3 자원봉사 네트워크의 개념과 유형

네트워크란 상이한 자원과 욕구를 가지고 있는 조직들이 서로의 교환을 통해서 인간의 욕구나 사회문제를 해결하려는 과정을 말한다. 개별행위자든 조직이든, 보다 더 포괄적인 지역이든 국가와 같은 단위든 그들 사이에 형성된 관계 자체를 의미한다. 네트워킹이란 네트워크를 형성하기 위한 목적의식이 하나의 과정으로 말할 수 있다.

네트워크가 필요한 이유는 주민의 지방자치와 사회개혁에 대한 다양한 참여기회 확대와 제공, 성숙한 시민사회, 지역사회의 민주적 발전을 지향, 지역의 주요 현안에 대한 과제별, 부문별, 단체별 자원개발 및 대안 모색을 가능하게 하기 때문이다.

네트워크의 유형으로는 우선 협력을 들 수 있는데 이것은 복잡한 사회문제를 해결하기 위해 점점 더 많은 조직이 뭉치고 있다. 대부분은 의도적이며, 조직 간 협업(즉, 전략적 제휴)이고, 독립적으로 활동해서는 얻을 수 없는 이상적인 단기 및 또는 장기 목표를 달성하기 위한 주요 방법으로 서로 독자적으로 분리된 조직이 독립적인 프로그램을 기획하고 실행하고자 할 때 형성되는 형태·정보를 공유하는 것을 의미한다.

다음은 조정인데 독립적인 당사자는 상호 이익이 되는 목표를 지원하는 활동 또는 공동 스폰서 행사 또는 서비스를 수행하는 데 분리된 조직 간의 불필요한 중복을 피하면서 상호 긴밀한 관계를 형성하여 조직간 갈등과 낭비를 피하고자 하는 형태이다.

그리고 합작의 유형은 분리된 조직이 단일한 활동에 대해 각자의 자원을 내놓아 공동의 활동을 수행하는 형태로 전문적이고 풍부한 자원의 동원 가능성을 내포한다.

다음은 연합의 유형으로 공통의 목적을 달성하기 위한 둘 또는 그 이상의 조직과의 공동 활동을 의미한다(예, 협동조합 연합회). 조직들이 그들의 목적과 접근방법이 완전히 같지 않더라도 함께 일할 경우가 있는데 일단 연합하여 함께 일하며 공통의 문제와 향후 연대 활동을 고취 시키는 구조를 찾는다.

마지막으로 동맹 혹은 연대의 유형이 있는데 이것은 각 조직의 힘을 결집하여 하나의 세력을 형성하고, 그 세력을 기반으로 하나의 힘을 구축하여 문제를 발생시킨 세력을 권력 통제방법으로 해결하려는 것이다. 구체적인 형태로는 사안별 형태가 있다. 이는 각 단체의 동질성과는 상관없이 특정한 사안에 대한 공동의 목표와 상호 공유하는 행동지침을 설정한 형태이다. 회의제 형태는 각 단체의 고유성을 그대로 유지하면서 정기적 혹은 부정기적으로 일상적인 만남을 유지하고 공동의 실천을 기획·집행하는 형태이다. 협의체(지역사회복지협의체) 형태는 일상적으로 강한 유대관계를 유지하면서 일상적인 집행기구를 두고 집단화한 세력으로 활동을 전개하는 유형이다. 연합체 형태는 각 단체의 고유한 독자적 활동보다는 공동의 의사결정과 실천 활동이 더 강조되는 형태로 각 단체의 독자성 자체가 완전히 소멸하는 것은 아니지만 연대의 하부구조로 종속되는 형태이다. 동등한 권력관계를 유지하면서 서로 윈-윈하는 형태인 파트너십의 형태도 있다.

1) 지역사회 자원봉사 네트워크의 사례

표 13-7 자원봉사활동 관련 주요기관

구분	한국중앙자원봉사센터 http://www.v1365.or.kr/	한국자원봉사센터협회 http://www.kfvc.or.kr	한국자원봉사협의회 http://www.vkorea.or.kr/
설립(치)근거 / 년도	법 제19조 / 2010 (재단법인 설립은 2019)	2001	법 제17조/1994
설립주체	정부(행정안전부)	민간자원봉사단체	민간자원봉사단체
회원	–	지역자원봉사센터	민간 자원봉사단체
설립형태 / 성격	재단법인/정부위탁기관	사단법인/민간단체	사단법인/민간단체
지원형태	직접지원	간접지원 (전국자원봉사 센터대회)	간접지원 (자원봉사자대회, 컨퍼런스 등)
정부와 관계	정부의 직접 지도 · 감독	상호 협조 관계	상호 협조 관계
운영기준	기본(관계)법령 및 정관	정관	기본법령 및 정관
주요 기능 (활동)	• 시도, 시군구 센터와 네트워크 구축 협력 • 지역자원봉사센터 운영 활성화 지원 • 자원봉사센터의 홍보 및 국제교류 • 자원봉사센터 관련 정책 개발, 조사 · 연구 • 1365 자원봉사포털 시스템 관리 등 • 정부의 자원봉사정책 지원 · 협조 • 기타 행정안전부 위탁사항 • 재난대응 및 지원체계 구축	• 지역자원봉사센터 간 정보교류 및 협력사업 • 자원봉사센터직원 교육 및 권익증진 • 자원봉사관련 정책개발 • 자원봉사활동에 관한 조사연구사업 • 국제협력 및 교류사업 • 자원봉사활성화 및 홍보 • 기타 목적달성에 필요한 사업과 위 · 수탁사업 및 수익사업 • 전국자원봉사센터들의 연합체 (246개 센터 중 232개의 센터 참여)	• 민간회원 단체 간 협력 및 지원 • 자원봉사활동 진흥을 위한 대국민 홍보 및 국제교류 • 자원봉사활동과 관련된 정책 개발, 조사 · 연구 • 자원봉사활동과 관련된 정책의 건의 • 기타 국가 및 지자체 위탁사업 (121개 단체 회원가입)

출처: 행정안전부(2020).

자원봉사 네트워크는 자원봉사 관련 기관 및 단체실무자 협의체나 청소년 봉사활동 교사협의체, 자원봉사전문가 자문협의체, 사회복지 및 보건서비스 협의체, 자원봉사단체협의체, 자원봉사자 협회 등을 들 수 있다.

① 서울시자원봉사센터의 거점 역할

지난해부터 서울시교육청과 함께 학교, 자치구 자원봉사센터, 지역사회의 기관·단체를 중심으로 '청소년 봉사학습' 지원체계를 구축하고, '서울형 봉사학습 실천학교'를 운영해왔다. 서울형 봉사학습 실천학교는 청소년들이 스스로 지역사회문제를 발견하고 이를 해결하기 위해 봉사활동 기획부터 실행, 평가하는 과정을 통해 직접 변화를 만들어보는 자원봉사 프로그램이다. 학생들은 이런 다양한 경험을 통해 창의력, 협동심, 문제해결능력 뿐 아니라 공동체적 가치를 학습할 수 있다.

여기에서 학교는 청소년과 지역공동체를 이어주는 중심 거점의 역할을 하며, 교사는 학생들이 전 과정의 프로젝트를 잘 진행할 수 있도록 돕고 지지하는 역할을 한다(웰페어뉴스, http://www.welfarenews.net).

② 재난 발생 시 자원봉사센터와 행정부서 간의 네트워크

재난 발생 시 지역자원봉사센터별 재난대응시스템(조직, 직무 등)으로 전환하여 운영하며 재난피해가 발생한 현장을 중심으로 재난현장 자원봉사센터를 설치·운영하고, 필요 시 각 대피소 등 주요 활동 장소에 거점 설치한다.

재난 및 안전관리 기본법 제17조의2(재난현장 통합자원봉사지원단의 설치 등), 지역대책본부장은 재난의 수습을 효율적으로 하기 위하여 지역 대책 본부에 통합자원봉사지원단을 설치·운영할 수 있다('19. 10. 31. 개정).

표 13-8 재난발생 시 자원봉사센터와 행정부서 간의 역할

구분	자원봉사센터	행정부서
중앙	– 재난발생 시 운영 매뉴얼 마련 및 표준화 – 재난현장의 상황 공유(중앙정부 및 관련 단체) – 현장 중심의 법 · 제도 개선을 위한 과학적, 전문적 재난 분석체계 운영 – 재난담당자 역량강화	– 재난유형 및 특성에 부합하는 재난 관련 매뉴얼 마련 및 표준화 – 현장 중심의 법 · 제도 개선 – 피해복구 자원봉사를 위한 행정· 재정적 지원
광역	– 시 · 군 · 구 자원봉사센터 지원(운영물품, 운영비, 인력 등) – 중앙센터 · 타 광역센터 · 행정기관(시 · 도)과 상황 공유 및 전파 – 타 광역센터, 전국규모 민간단체에 대한 협조 및 활동 조정 – 자원봉사센터 활동 자료 축적 및 활동 기록	– 상황 공유 협력체계 네트워크 유지 – 재난복구 전문가 파견 – 재난 상황의 예측 및 정보공유 – 피해복구 자원봉사를 위한 행정 · 재정적 지원
기초	– 재난현장 내 자원봉사센터 설치 및 운영(대규모 재난 시 통합자원봉사 지원단으로 전환) – 자원봉사지원계획 수립 – 현장 상황파악 및 자원봉사 일감 조사, 활동관리, 평가 – 자원봉사 네트워크(단체, 협력기관 등)에 상황공유 및 활동협력 – 행정부서와의 소통 및 협력	– 자원봉사센터 · 지역재난 안전대책 본부와의 소통 체계 구축 – 복구지원계획의 수립 및 자원봉사활동 요청 – 재난의 전반적인 정보 및 자원봉사 수요파악(자원봉사센터와 협력) – 재난복구에 의무가 있는 민간단체 연계(의용소방대 등) – 피해복구 자원봉사를 위한 행정· 재정적 지원

출처: 행정안전부(2020).

출처: 중앙자원봉사센터, 코로나19 자원봉사 캠페인(http://www.kfvc.or.kr)

그림 13-1 착한 마스크 나눔 자원봉사 캠페인

Chapter 14

한국자원봉사의 과제와 전망

학습목차

1. 우리나라 자원봉사의 문제점
2. 자원봉사 인력개발을 위한 과제
3. 자원봉사의 지속가능성 정책 대안

1 우리나라 자원봉사의 문제점

한국자원봉사문화의 현주소는 시민참여로서 자원봉사의 참여율이 정체되어 있다는 현실에 초점이 맞춰진다. 1990년대 중반부터 지속적인 성장을 이어왔던 자원봉사활동은 21세기 중반에 이르러 성장을 멈추고 이후 지금까지 10여 년간 2% 정도 성장하는 데 그쳤다.

우리나라 자원 활동의 낮은 참여율과 낮은 지속률, 여성 위주 그리고 학생 위주, 종교인들의 전통적 참여형태, 교육 및 운영에 필요한 프로그램 개발 미비, 자원봉사자의 동기유발을 합리적으로 관리할 수 있는 자원봉사자 관리제도 및 실천방식의 결여 등이 문제점으로 대두되고 있다.

자원봉사는 단체를 통한 집단적 행동이지만, 참여의 시작은 개인의 사적 동기에서 비롯된다. 다음으로 자원봉사자와 사적 관계를 유지하는 가족이나 친구 또는 동료들과의 관계와 네트워크는 개인의 동기(motivation)를 자원봉사 참여로 이행되도록 영향을 미치는 중요한 계기로 작용한다. 나아가 개인이 가지고 있는 학력이나 경력 등의 다양한 자원 또는 역량(capabilities)과 단체나 지역사회 등이 제공하는 관계망(network)의 기회들이 적절히 잘 결합될 때 성공적인 참여가 이뤄진다고 할 수 있다(Verba et al., 1995; 주성수, 2013, 2016).

1) 한국자원봉사 참여 정체 요인

개인이 갖고 있는 자원이나 역량(학력, 소득, 건강 등)에 따라서 어떤 개인은 참여하고 어떤 개인은 참여하지 않으며, 또 개인별로 소속된 단체나 지역사회의 환경적 특성에 따라 자원봉사활동의 여건이 마련되고 기회가 주어진다.

먼저 '동기' 측면에서는 참여에 관심을 갖고 있거나 참여의 중요성이나 필요한 정보를 갖고 있어야 한다고 보며, 불참자는 관심이 없거나 참여의 중요성이나 정보를 갖고 있지 않기 때문인 것으로 간주한다. 자원봉사 홍보에 정부와 자원봉사 중개기관들의 역할이 중요하다.

'역량' 측면에서 참여자는 참여에 필요한 개인적 역량(학력, 소득, 건강 등)을 갖추고 있는 사람으로 본다면, 비 참여자는 이런 역량이 없거나 부족한 사람으로 구분하기도 한다. 나아가 '관계망' 측면에서는 참여에 필요한 조건을 부여하고 기회를 제공하는 관계망의 역할이 중요하다. 누군가 또는 어떤 단체에서 참여하도록 요청하는 것이 중요해, 참여 요청을 받으면 참여할 가능성이 높아진다.

따라서 '동기' 측면에서는 자원봉사 참여를 원하지 않기 때문에, '역량' 측면에서는 참여할 수 없기 때문에, '관계망' 측면에서는 참여의 기회가 주어지지 않아서 참여가 이뤄지지 않은 것으로 볼 수 있다.

2017년 자원봉사 참여요인들은 현재까지 한국자원봉사의 참여, 정체 요인들로 지속되고 있다. 종합해보면 그림 14-1과 같이 여덟 가지 주요 요인들로 재구분해 볼 수 있다.

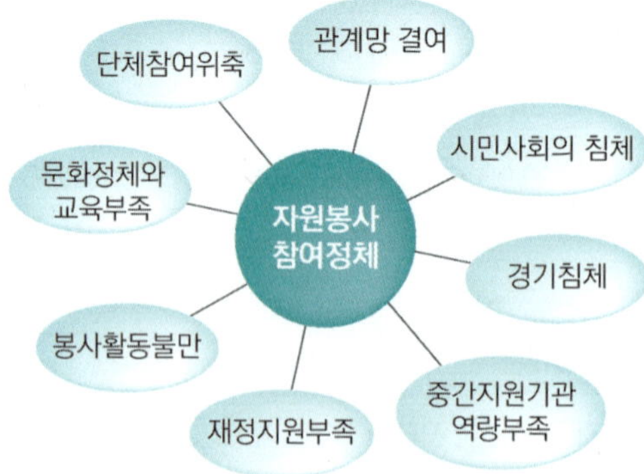

출처: 행정자치부(2017) 수정 인용.

그림 14-1 한국자원봉사 참여 정체의 주요요인

자원봉사참여의 정체는 그야말로 팔방에서 불리한 환경, 제도, 정책, 개인적 좌절 등 복합적인 작용으로 나타난다고 볼 수 있다. 우선 거시적 요인들부터 자원봉사자 개인특성별 요인들 순서로 살펴보면 모두가 정체, 부족, 침체, 곤란, 표류, 위축, 결여, 불만 등 부정적 현상뿐이다.

본 교재에서 제시하는 자원봉사 정체의 요인은 **그림 14-1**의 여덟 가지 요인으로 현재까지도 그대로 유지되고 있다는 점에서 자원봉사참여 정체 문제는 단기간에 해소되기 어려운 중장기 과제이며, 이에 따라 해소방안 또한 중기적 제도와 정책 접근 전략을 필요로 한다고 볼 수 있다.

2017년 행정자치부 자료를 근거로 현재까지 지속되는 자원봉사 침체요인 8가지는 다음과 같다.

(1) 문화 정체와 교육 부족

자원봉사 문화가 정착되지 못하고 정체되면서, 자원봉사참여율이 적정 수준으로 안정화되어 있지 않다. 바꿔 얘기하면 안정적 참여에 기초하는 자원봉사문화가 정착되지 않는 것이 한국자원봉사 참여 정체의 주요요인이라는 점을 제2차 국가기본계획에서도 분석하였다. 게다가 자원봉사에 대한 올바른 이해와 인식에 필요한 기본교육조차 제대로 시행되지 않고 있어 2014년에 비교하면 자원봉사교육은 다소 개선되는 긍정적 변화가 있지만 자원봉사자 중 사전교육을 받지 않은 사람이 66%라는 것을 기억한다면 자원봉사 문화에 대한 인식이 아직도 낮음을 알 수 있다.

무엇보다 자원봉사의 자발성과 무급성 등 기본철학에 대한 오해와 인식수준의 저하가 여전히 갈등 양상을 띠고 있다는 것이다. 자원봉사자 일부가 활동비 수준 이상의 수당 지급을 당연한 것으로 인식하는 사회적 풍조가 있어 수당을 받지 않고 무상으로 봉사활동을 하는 순수 자원봉사자의 사기 저하를 초래하는 문제도 발생하고 있다.

(2) 경제침체

2008년 금융위기로 경제침체가 지속되면서 미국[1)]과 대비 우리나라 사람들의 자원봉사참여는 위축되고 있다. 일반 직장인의 참여도 늘지 않고, 대학생들의 참여 정체도 2014년 행정자치부 조사비교 2017년 결과에서도 이어지고 있다. 30대 참여율이 최저 수준으로 추락했고, 20대 취업 준비 대학생들의 참여도 역시 크게 줄었다. 2020년 코로나19로 인한 경기침체는 추후 통계 결과가 나와 봐야 알 수 있지만, 경기침체가 새로운 욕구를 발생시켜 우리나라 국민들의 자원봉사에 대한 가치를 변화시킬 것으로 사료된다. 실제로 경제침체는 생계곤란으로 이어져 저소득층의 사회참여가 감소된 추이가 뚜렷하다. 저소득층의 참여 위축은 개인의 역량 부족뿐 아니라 주위 사람들과의 관계망의 부재 등이 참여를 저해시키는 요인으로 볼 수 있다.

삶의 질을 측정함에 있어 건강상태에 대한 지표는 매우 중요하다. 지표란 역사적 흐름 속에서 우리가 처해 있는 사회적 상황을 총체적이고도 집약적으로 나타내어 생활의 양적인 측면은 물론 질적인 측면까지 측정함으로써 국민생활의 전반적인 복지 정도를 파악 가능하게 해주는 척도이기 때문이다.

코로나 19라는 감염병이라는 유래 없는 재난은 우리나라 국민의 심리·사회적 건강문제로 자원봉사활동을 위축시키고 있다. 감염병은 사회와의 접촉과 관계망 형성의 좌절 및 사회문화적 참여 저해로 사회적 소외감과 더불어 우울증까지 초래할 수 있다. 그러나 사회적 환경은 대상에 따른 욕구 다양화에 대응하여 다양한 나눔활동이 활성적 시민사회로 성장할 것으로 기대된다.

(3) 시민 사회의 침체

자원봉사는 주로 시민 사회에서 이뤄지는 활동으로, 시민 사회의 성장과

1) 경기침체임에도 불구하고 미국은 자원봉사가 급증.

자원봉사의 성장은 밀접히 관련된다. 그런데 최근까지 시민 사회가 성장하기보다는 다소 침체되는 추세들이 목격된다. 한국인의 구호 및 지원단체, 종교단체, 시민사회단체 참여 활동은 행정안전부 시계열 자료(1999~ 2017년)에서도 심각한 감소세가 뚜렷하다. 공익단체들을 통한 자원봉사참여가 최근까지 줄고 있는 것도 한국자원봉사 정체의 주요 요인으로 보인다. 시민사회가 아직은 시민의 단체회원활동이 광범위하고 또 자원봉사가 적극적으로 활성화되는 '활성적 시민사회'(active civil society)로 성장하지 못한 것이다(주성수, 2016).

(4) 중계기관 역량 부족

시민 사회에 속한 자원봉사 중간지원기관들의 진흥과 관리 역할이 성공적이지 못한 것도 주요요인이 된다. 역량의 부족 때문인데, 무엇보다도 전문인력과 재정 확보 역량 부족이 심각하다. 시민의 회비에 기초하여 재정적 자립을 갖추지 못한 채, 정부의 지원이나 기업의 기부도 매우 부족한 재정 부실에 있다.

전국의 자원봉사센터들도 절반 이상이 지자체의 직영체제에 있고, 민영센터들도 지자체의 재정과 인사 정책에 종속되어 있어 자율성마저 상실한 상태이다.

자원봉사 기금 마련을 위한 세제 개편으로 중개기관의 자율성과 전문성을 강화해 지속 가능성을 담보해야 하는 과제가 있다.

(5) 단체 참여 위축

자원봉사활동과 밀접한 관련성을 가진 공익단체 활동은 시민참여가 점차 위축되는 추이를 보여준다. 한국의 자원봉사가 더 큰 성장을 하지 못하고, 21% 수준에 정체된 것도 한국인의 공익단체 참여 활동이 늘지 않고 있기 때문으로도 볼 수 있다. 어느 단체도 소속되지 않은 사람들이 20%를 넘어

섰다.

시민사회단체나 지역 풀뿌리단체 등 공익단체 참여 활동이 크게 위축되었고, 종교단체 활동뿐 아니라 사회복지 영역의 구호 및 지원단체 활동, 학부모회 등 학교모임 활동도 크게 줄었다. 단체를 통하지 않으면 자원봉사활동은 지속가능성을 갖기 어렵다. 자선구호단체나 시민사회단체의 회원으로서 활동하는 것과 비회원으로 일시적인 자원봉사자로 활동하는 것과는 커다란 차이가 있다.

서울시에서는 '시민참(시민참여모임지원사업)'이라는 사업을 공고해서 동아리를 지원해주고 있다. 자체에서는 지원하며 단체활동을 독려하고 있다는 것은 단체들의 활동이 위축되어 있기 때문일 것이다. 단체활동의 경우 동료의식 공유나 소속감, 정체성 결여가 발생하면 지속성에도 문제를 야기시킬 수 있다. 장애인, 비장애인들이 함께하면서 참여과정에서 사회적 자원에 접근하지 못하거나 분배가 공정하게 이루어지지 않는 등의 보이지 않는 사회적 배제가 일어나지 않도록 건강한 시민의식이 필요하다.

(6) 관계망 결여

행정안전부 연구조사(2017)를 보면 자원봉사활동은 누군가 또는 어떤 단체에서 참여하도록 요청하는 것이 중요한 것으로 나타났다. 요청한 사람이나 단체는 일차적으로 가까운 친구나 이웃, 직장 동료나 대학의 학과나 동아리 동료 등 다양하다. 그런데 가족(자녀, 부모 등)이나 친구의 요청도 크게 위축되며 자원봉사활동을 격려하는 사회관계망 문제가 심각하게 제기되고 있다. 직장이나 학교 등 단체 봉사활동이 많은 곳에서도 이러한 요청이나 진흥의 역할이 미흡해서 참여율이 낮아졌다. 학교, 대학, 종교기관, 직장 등에서 자원봉사 홍보와 교육, 프로그램 시행 등의 역할이 미흡한 것으로 볼 수 있다.

특히 저학력 층이나 저소득층, 노인층 등은 관계망이 많지 않은 '관계망 소외층'으로, 자원봉사참여의 기회가 주어지지 않는다. 이들은 자원봉사 참여의향도 거의 없다고 답한다.

(7) 봉사활동 불만

자원봉사활동의 만족도는 2014년에 비해 2017년에는 크게 개선되며 최고 수준의 만족도 기록을 남겼다. 그럼에도 자원봉사자 관리와 인정에 세심한 배려가 필요한 것 같다. 직장과 대학에서 시행되는 집단적 '사회봉사'의 문제점으로 "내가 원해서 시작하지 않았다"는 자원봉사자가 여전히 40%에 달한 것은 심각한 문제가 아닐 수 없다.

자원봉사의 특성인 자발성은 자기결정권을 통한 선택이다. 자기주도적인 활동이 이루어진다면 이러한 부분은 상당히 해소될 것으로 기대된다. 인구학적 특성에 맞는 자원관리 프로그램에 대한 개발과 더불어 자원봉사 감사시스템을 통한 관리의 정상화와 투명성이 담보된다면 판단은 국민이 하게 될 것이다.

(8) 재정지원 부족

우리나라 자원 활동 여성위주 그리고 학생위주, 종교인들의 전통적 참여형태로 낮은 참여율과 낮은 지속률이라는 것은 지금까지 연구조사를 통해서도 드러나 있다.

그러나 정부 차원에서의 교육 및 운영에 필요한 프로그램 개발 미비, 자원봉사자의 동기유발을 합리적으로 관리할 수 있는 자원봉사자 관리제도 및 실천방식의 결여 등도 무시할 수 없다.

지금까지 언급한 내용의 문제점을 토대로 대책을 논거하면 다음과 같다.

첫째, 우선 우리나라는 자원 활동에 대한 사회적 인식 및 인정이 매우 미약하다는 점이다. 사실상 자원봉사자들은 자발적 무보수로 일하기 때문에 경제적 대가보다는 자아 개발이나 사회적 기여를 통한 정신적 보상을 원한다. 그러나 현재 우리나라의 사회 분위기는 자원 활동에 대한 사회적 인정도가 낮은 편이기 때문에 자원봉사자 스스로도 자신의 활동에 대한 평가를 낮게 내리고 있다. 이는 자원 활동에 대한 만족도를 낮추게 하여 결국 참여율의 저하를 가져오게 하는 요인이 된다. 자원 활동에 대한 사회적 인식을 긍정적으로 바꾸기 위해서는 언론매체를 통한 다각적인 홍보가 필요하다.

둘째, 다른 나라들과 비교해 볼 때 정부의 지원체계가 미약한 편이다. 우리나라의 경우는 민간단체에 의해 자원 활동이 자발적으로 일어나기를 기다리기에는 너무 늦은 감이 있다. 그러므로 정부 예산을 좀 더 늘려 일본처럼 정부가 전체적인 틀을 마련해 줄 필요가 있다. 그리고 기타 기업이나 학교, 지방자치기구, 민간단체들이 적극적으로 참여할 수 있는 사회적 보상 제도를 마련해 주어야 할 것이다.

셋째, 자원봉사자의 지속성이 낮다는 것이다. 1년 안에 그만두는 사람이 전체 중 58%나 되는 것을 봐서는 우리의 자원봉사의 현실은 일시적 자선활동에 의존하고 있다는 것이다. 자원 활동은 계속성을 토대로 이루어져야 한다. 이를 위해서는 자원봉사조직이 보다 체계적으로 이루어질 필요가 있다. 또한 봉사자들이 자신의 전공을 살리지 못한 채 단순한 노동 봉사가 주를 이루는 현 상황은 인력의 낭비를 초래한다. 그러므로 자원봉사자를 총괄하여 양성하고 교육하며 관리하는 자원 활동 전담기구가 요청된다.

넷째, 자원봉사기관의 재정적 영세성이다. 기금이 없이 자원 활동을 원활히 이끌어가기는 쉽지 않다. 그러나 우리나라에서는 유교적 사상의 영향 때문인지 금전의 의미에 대하여 경시하거나 등한시하는 경향이 있다. 그러나 금전이야말로 허덕이는 이웃의 아픔과 생명을 지켜주는 방법으로 최선의 도구이다. 그러므로 자원 활동을 위한 공동모금이 사회복지공동모금회에 의존하기보다는 자원봉사단체의 별도 기금을 통해 좀 더 적극적으로 이루어질 필요가 있다고 본다. 기금모금은 현대사회에서 인간의 복지를 제공해 주는 가장 효율적인 수단이다. 자원 활동에서 기금모금에 참여한다는 사실은 매우 의미 있고 중요한 일이라고 본다.

2 자원봉사 인력개발을 위한 과제

자원봉사기관 측에서는 자원봉사자가 갖고 있는 문제점으로 자원봉사자의 사명감 및 책임감 결여, 전문성 부족을 큰 애로사항으로 지적하고 있다. 이러한 문제를 해결하기 위해서는 자원 활동 인력관리를 위한 보다 과학적이고 체계적인 연구와 대처방안이 요구되고, 자원봉사자의 전달체계가 기초단위인 지역의 개인까지 봉사활동이 연결되어야 한다. 그리고 무엇보다도 중요한 것은 지역사회주민의 자발적인 참여가 필요하다.

1) 동기유발책

자원봉사자를 확보하기 위한 첫 번째 방안은 우선 그들이 자원 활동에 참가하게 되는 동기를 제대로 파악하고 그들의 욕구를 만족시켜줄 수 있는 제도적 장치를 마련하는 것이다. 현재 대표적인 자원 활동인력으로 10대 청소년 집단과 청년세대, 중년세대 그리고 노인세대를 들 수 있다. 이 외에도 조기 은퇴자, 사회봉사명령처분자 그리고 장애인들이 있다. 개인마다 자원활동에 참가하는 동기는 다르지만 일반적인 동기를 다음과 같다.

먼저 신세대들의 특징을 살펴보면 그들이 인스턴트식품을 즐기는 것처럼 자원 활동에서도 즉흥적인 취사선택을 선호한다는 점을 발견할 수 있다. 그러므로 자원 활동 프로그램 관리조정자는 그들이 시간과 재능 등을 소모할 수 있도록 충분한 선택조건을 제시함으로써 그들을 자원 활동으로 이끌어내야 한다. 그들은 경험에 대한 욕구는 많은 반면 지속성이 떨어지므로 자원봉사자로 받을 때에는 단순한 경험욕구 이상의 사회적 욕구를 개발하는 노력이 있어야만 중도탈락을 방지할 수 있다.

중년 세대들은 개인적인 재능이나 능력보다는 의리, 덕성, 인정, 예의 등의 도덕적, 인간적 가치를 중시한다. 또한 성장기에 빈곤을 경험하였기 때문에 생존윤리와 위한 추구의 가치관을 지닌 세대로서 악착스러운 면과 너그러움의 양면성을 가지고 있다. 이들은 젊거나 경험이 부족한 사람들에게 그들의 지식을 나누는 훈련가로서 조직, 기관에 기여할 수 있다. 중년 주부들이 당면한 고민거리는 자신의 능력을 발휘하지 못하고 사회에 뒤떨어지는 것과 가사나 아이 보는 일과 같은 일상적인 일로부터 벗어나고 싶다는 생각이 크게 차지하고 있다. 이는 점차 사회참여에의 욕구나 자아 개발에의 욕구가 증대되고 있음을 보여준다. 그러므로 이들에게 사회적 욕구를 충족시켜줌으로써 풍부한 자원인력을 확보할 수 있다.

다음은 노인세대이다. 그들은 경험이 풍부하고 시간적으로 여유를 갖고 있는 세대이기 때문에 중요한 자원 활동 인력이다. 그런데 이들은 자원 활동 프로그램 참여에 따른 비용을 부담할 수 있는 여력이 없다. 최근 조기 은퇴자가 증가하고 있고 이들은 좀 더 일을 하고 싶어 한다. 이들은 고급기술을 가진 능력이 많은 사람들이다. 마지막으로 사회봉사처분을 받은 사람의 태도를 자발적으로 변화시키는 것과 장애인들에게도 자원 활동의 기회를 주는 노력 또한 요구된다. 왜냐하면 이들도 한 사회의 시민으로서 자아를 실현할 권리와 의무가 있기 때문이다.

2) 능력 신장을 위한 정책

자원 활동 인력개발을 위해서는 볼런티어의 능력을 키워주는 문제가 고려되어야 한다. 볼런티어들은 교육프로그램에 대한 강한 욕구를 가지고 있는데 실제 교육에 참가하지 않는 역설적인 현상은 이들에 대한 교육, 훈련 프로그램이 성공적으로 수행되지 못하고 있음을 반영하는 것이라고 볼 수 있다. 오늘날 볼런티어들은 자신의 흥미, 기술 그리고 잠재력을 보다 유용하게 증대시키기를 바라고 있으며 전체적 프로그램 목적에 대한 이해와 위임된 목표를 달성할 수 있는 구체적인 기술에 대한 충분한 훈련을 기대하고 있다. 또한 훈련 계획은 교육적 지도와 상담 및 집단심리학이 포함된 사회사업으로서의 지도감독 원칙과 최선의 학습방법을 분명하게 제시하는 교육이론을 기초로 하여야 한다. 특히 과업을 위한 훈련보다는 오히려 새로운 상황에 창의적으로 적응하고 기술, 지식, 그리고 이해를 적절히 전환시킬 수 있는 학습이 되어야 한다. 한편 어떠한 단체에서나 고도의 볼런티즘을 개발하는 데 심각한 저해 요인 중의 하나는 지도자의 교육, 훈련이 결여되어 있다는 점이다. 관리조정자의 교육, 훈련 정도는 볼런티어에 대한 태도로서 규명되며 이것은 볼런티어 프로그램의 성패를 가름하는 매우 중요한 요소이다. 그러므로 이들에 대한 교육훈련이 절실하며, 바람직한 지도자로서 기능할 수 있는 유자격 직원을 양성하고 이용할 수 있도록 협력체계를 구축하는 일도 필요하다. 지도자 훈련에서는 여러 가지 형태의 피훈련자 훈련에 필요한 진단적인 감수성과 거기에 대응하는 창조적인 훈련계획을 이끌어 내는 기술의 양면성을 필요로 한다. 또한 피훈련자에게 지도자의 기능을 실제로 수행할 수 있는 자유와 중재의 여러 모델을 배우고 실제 실습을 통해 경험을 쌓을 수 있도록 다양한 기회를 부여하는 것이 좋다.

3) 자원봉사활동의 기회보장

자원봉사활동에서 고려해야 하는 사항은 능력이 갖춰진 사람들에게 자원활동의 기회를 보장해 주는 일이다. 이때 중요시해야 하는 것은 볼런티어의 능력에 따라 적재적소에 인력을 배치하는 일이다. 전문 인력으로 사용될 수 있는 볼런티어를 단순 인력으로 배치한다면 이는 자원의 낭비를 초래하는 것이다. 그러므로 각 지역사회별로 연계망을 구축하고 전산화시킬 뿐만 아니라 전국적인 자원 활동 망을 구축하여 보다 체계적이고 조직적인 인력관리를 해 나가야 한다.

3 자원봉사의 지속가능성 정책 대안

자원봉사 참여율이라는 '양적' 수준도 중요하지만, 자원봉사활동의 '질적 수준(quality)'도 중요한 평가 기준이다. 자원봉사 참여율보다는 오히려 질적 수준을 중시해야 한다. 자원봉사의 질적 수준이 충분한 수준에서 안정화될 때, 한국 자원봉사문화의 정착과 지속가능성(sustainability)을 기대할 수 있다.

1) 한국과 OECD 34개국 비교

글로벌 차원의 자원봉사활동은 국가별로 다소 차이가 있지만, 일반적으로 감소 또는 정체 추이를 보여준다. 갤럽 인터내셔널의 국제조사 자료를 활용한 영국의 자선재단(Charity AID Foundation, 2016)의 분석에 따르면, 자원봉사참여는 글로벌 경제침체와 상당히 관련되어 있다. 글로벌 금융위기로 경제성장이 크게 둔화되었던 2009년 GDP[2] 성장은 -0.6%였고, 그때 자원봉사참여율은 17.9%로 가장 낮은 수준이었다. 2010년 이후 경제가 회복되면서 자원봉사참여율도 다소 회복되었지만, 여전히 2008년 수준에 정체되어 있다.

표 14-1 글로벌 자원봉사참여율과 경제성장률: 2008-2015

	2008	2009	2010	2011	2012	2015
자원봉사 참여율	21.2%	17.9%	20.0%	18.3%	19.7%	21.6%
GDP 성장률	2.8%	−0.6%	5.2%	4.0%	3.2%	3.1%

출처: CAF(2013, 2016). World Giving Index(Gallup Int;1).

2) GDP는 소유에 관계없이 한 나라에 있는 노동자본 등 모든 생산요소를 결합하여 만들어낸 최종산물의 합인 생산활동지표이다.

자원봉사는 OECD 34개국 평균이 24.1%, 최고 미국(46%)부터 터키(5%)까지, 10배 이상 차이가 있다. 한국은 18%로 중하위에 있다. 기부는 OECD 34개국 평균이 43.6%로 최고 호주(73%)부터 그리스(9%)에 이르며, 커다란 차이가 있다. 한국은 21위 하위권에 머물러 있다. 이웃돕기는 OECD 34개국 평균이 49.4%로 최고 미국(73%)부터 일본(25%)에 이른다. 한국은 46%로 23위 하위권에 머물러 있다.

표 14-2 우리나라 자원봉사참여율과 경제성장률

	2013	2015	2017	2019	2021	2023
자원봉사 참여율	19.9	18.2	17.8	16.1	8.4	10.6
GDP 성장률	3.2%	2.8%	3.2%	2.2%	4.1%	1.4%

국가지표체계, www.index.go.kr.

자원봉사참여를 글로벌 경제와 비교한 **표 14-1**과 대비된 우리나라의 경제성장률 **표 14-2**에 집중할 필요가 있다. 우리 경제는 중국 등의 기술발전으로 글로벌 시장에서 경쟁이 격화되어 성장률이 낮았다. 우리나라의 자원봉사참여율이 OECD 기준으로 보면 매우 낮다. 급속한 인구구조변화와 성장잠재력이 약화되었다는 것은 사회적 결속과 유대가 증진이 낮았음을 의미한다. 학생 중심이 아닌 성인의 자원봉사참여가 더 높아져야 할 필요가 있다.

2) 지속가능성 정책 대안

주요 동향에서 나타나는 문제점들에 대한 정책 대안들은 다음과 같다.

첫째, 활동시간과 기간 증가, 정기적 봉사활동의 증가를 위해 대학과 직장의 '사회봉사' 내실화 과제가 있고, 노인층의 사회참여 증진방안도 요청된다.

둘째, 자원봉사의 정체성과 만족도 개선방안으로는 자원봉사 기본교육의 확대가 필요하다. 또한 자원봉사자의 중간교육과 전문교육도 정체성과 만족도에 기여하는 과정이다.

셋째, 노인층 참여정체 문제를 개선하기 위해 자원봉사에 대한 노인층의 인식을 자원봉사를 통한 적극적이고 활성적인 사회생활로 건강 유지를 하는 '액티브 에이징(active aging)' 프로그램으로 강화할 필요가 있다. 유럽 전체에서 추진된 '액티브 에이징' 프로그램을 참고해 볼 만하다(Volonteurope, 2012).

넷째, 저소득, 저 학력 층의 소외와 이탈을 방지하기 위해 지역사회의 포용력이 중요하다. 자원봉사센터 등 중개기관들이 이들을 위한 프로그램 참여의 개방성에 세심한 기획, 추진이 요청된다.

다섯째, 근로자 등 직장인의 참여 확대를 위해 단기, 가족동반 프로그램이 중요한데, 미국 기업들에서 일반화된 사례가 참고 될 수 있다(CECP, 2013).

여섯째, 비 자원봉사자의 참여 증진을 위해 자원봉사자의 참여 요청 방안을 추진하는 시민사회 연대의 전국적 캠페인 등 홍보 전략이 필요하다.

일곱째, 자원봉사의 자발성 증진을 위해 직장과 대학의 사회봉사를 개선해 참여자들의 자발적인 기획과 운영에 기초한 프로그램을 확대, 지원하는 개선안이 필요하다.

여덟째, 자원봉사의 무급성 가치증진을 위해 자원봉사 기본교육과 관리자 역량 강화 교육 등이 확대, 강화될 필요가 있다.

아홉째, 자원봉사자의 기부 참여 증대를 위해 자원봉사자의 기부로 자원봉사 내실화를 추구하는 지속가능성 전략을 추진해야 한다.

열째, 자원봉사의 사회적 영향을 객관적으로 측정할 수 있는 지표와 평가틀의 도입, 시행이 필요하다. 이를 위해 자원봉사의 사회적 임팩트에 관한 다양한 문항들의 설계, 조사가 필요하다(CNCS, 2016).

한국 자원봉사발전의 수준을 측정하는 지표들은 행정안전부에서는 20개를 제시했으나 정책대안과 비교하여 표 14-3과 같이 10가지로 제시하고자 한다.

표 14-3 한국 자원봉사발전 정체에 대한 지속가능성 대안

	주요 동향과 문제점	미래 전망과 정책 대안
1. 자원봉사 참여율	– 1999년부터 2005년까지 지속성장 – 2005, 2008, 2011, 2014, 2017년에 21~22% 수준에 정체 – 통계청 조사도 2005–2008–2011–2013–2015년 14.3%, 19.3%, 177%, 17.6%, 16.7%로 정체	– 인구 규모가 적은 노인층의 참여가 낮음 – 인구 규모가 많은 30~40~50대 참여가 유지되는 수준에서는 심각한 쇠퇴보다는 현상 유지 – 그럼에도 참여율 예측은 불투명
2. 자원봉사 정신적 보람	– 2017년은 2014년에 비해 크게 개선 – 1999년 이후 최고의 기록 – 자원봉사가 정신적 보람만을 추구하는 활동임을 확인	– 자원봉사 정신적 보람의 유지를 위해 지속적인 기본교육과 관리자 교육 등의 방안이 필요 – 자원봉사자 활동에 대한 다양한 인정방안 등 관리도 중요함
3. 고령사회 노인 참여	– 2017년 21%로 모든 연령층 평균수준에 근접해, 역대 최고 기록 – 통계청 조사에서는 2006년 6.5%에서 2013년과 2015년 7.8%로 증가 – 그럼에도 이번 조사의 21%와 통계청의 2015년 7.8%는 커다란 차이가 있어, 해석의 주위가 필요함	– 은퇴자와 노인참여 증진 방안으로 국가 차원의 인프라가 국가 은퇴자 봉사단으로 모색될 필요가 있음
4. 저학력 저소득층 참여	– 2017년 저학력층 참여는 개선 – 저소득층 참여는 크게 위축 – 학력과 소득수준이 낮으면 자원봉사참여가 위축되지만, 소득 수준에서는 경제침체로 참여 위축이 된 것 같음. 중졸 이하 저학력층 참여가 증가한 것은 활동비나 수당을 받고 자원봉사에 참여한 노인층의 참여 확대와 일부 관련된 것 같음 – 통계청 자료에서도 저소득층 참여율은 22%(2006) → 18.7% (2013) → 14.2%(2015)로 크게 위축	– 경제침체가 지속되고, 지역에서 진흥 프로그램이 없다면 감소세 지속 – '노블리스오블리주' 문제보다 생계 곤란, 일자리 문제 등으로 저소득층의 퇴장이 심각한 이슈가 되므로 – 제2차 국가기본계획은 실태파악과 지역별 대처 마련을 제시한 바 있음 – 3차 계획에서도 이에 대한 국가 차원의 방안 마련이 중요함

5. 자원봉사 자발성	– 2002년에 비해 2014년 조사에서 "내가 원해서 시작한 것이 아니었다"고 답한 자원봉사자가 세 배 이상 확대(11.5% → 40%). – 2017년에는 32%로 다소 위축. 자발성 인식제고를 위한 교육이 중요하지만 자원봉사교육 참여와 교육 만족도가 크게 개선되지 않고 있음	– 자발성은 자원봉사의 기본철학으로, 중고교와 대학에서 자원봉사 기본교육과 관리자 역량강화 교육 확대 – 자원봉사교육에 대한 만족도는 2005, 2008, 2011년 계속 90% 이상 수준이다가 – 2014년에는 83%로 하락 – 2017년에 90% 이상으로 회복
6. 무급성과 정신적 보람	– 2014년과 2017년 조사에서 자원봉사활동 인센티브 수혜는 매우 제한적(주차할인, 공공시설 이용료 할인혜택, 가맹점 할인혜택, 놀이공원, 공원이용료 할인 등도 위축)	– 마일리지, 쿠폰 등의 사회적 유행 풍조에 따르는 것은 자원봉사 기본철학과 문화 정착을 저해하므로, 정신적 보람과 가치관에 관한 기본교육으로 보완
7. 자원봉사인정	– 2017년 조사에서 자원봉사자 중인정이나 인센티브 경험자는 매우 제한적 – '자원봉사자를 환영하는 분위기', '카드, 연하장, 휴대폰 문자 등 감사 · 안부 인사' 등 다양한 비공식 인정을 선호함	– 진정한 자원봉사 인정은 비공식적 인정이라는 것이 자원봉사자와 국민 모두가 의견일치 – 표창이나 행사보다 자원봉사자를 환영하는 분위기 조성 – 자원봉사활동 결과에 대해 알려주기 등의 관리가 필요
8. 공익단체 활동	– 1999년 이후 감소 추세. 지난 18년간, 자원봉사와 밀접히 관련된 종교단체, 구호 및 지원 단체, 지역 풀뿌리 조직, 시민사회단체에 소속된 회원활동이 크게 위축되어 시민사회의 정체가 자료로써 입증	– 자선 구호단체, 시민사회단체 등이 시민 사회 활성화를 위해 다양한 자원봉사 프로그램을 개발, 회원의 자원봉사활동을 지원하고 새로운 회원모집에도 활용
9. 기부참여	– 2002년부터 안정적 수준 유지하다 2014년에 와서 급락 – 2002~2014년 기간 자원봉사자의 기부참여는 70% 안팎으로 안정화됨 – 2014년에 와서 2011년보다 20% 가량 급진적 하락, 2017년에도 지속	– 경제침체 영향으로 2017년 자선적 기부참여율은 2011년 48.9%보다 20% 이상 하락 – 자선적 기부금액도 3년 전과 비슷한 수준 – 자원봉사자의 기부금이 자원봉사 활성화에 투자되도록 기금 마련 방안 모색이 바람직함

10. 사회위기 극복 동참	– 2017년 대통령탄핵 집회 시민참여자 중 18.5%가 현장 봉사활동과 현장 지원 활동에 참여 – 다시금 시민참여로 사회위기를 극복하는 사례로 기록	– 2008년 태안반도 기름유출 재앙 수습에 참여한 123만 명의 자원봉사활동에 버금가는 사회위기 극복 사례로 국가적 재난위기 극복을 위한 자원봉사활용 정책과 프로그램 도입 필요

출처: 행정안정부(2017) 수정 인용.

3) 사회혁신을 위한 국가 차원의 자원봉사 인프라

빈곤이나 고령사회와 같은 심각한 사회문제를 해결하기 위한 국가 차원의 자원봉사 인프라 구축이 시급하다. 국정 100대 과제에 "전국 단위 민간 자원봉사 인프라 확충"을 제시하고 있다.

지금의 한국 사회는 OECD에서 가장 빠른 고령화 속도 때문에 무수하게 퇴직하는 베이비부머들의 사회활동을 지원하는 지역의 지원체계는 잘 갖춰져 있지 않다. 은퇴자 자원봉사활동 가운데 가장 조직화된 활동을 하는 퇴직공무원 상록봉사단의 경우도 사무실 등의 활동기반 부재 등의 문제들로 정체 상태에 있다. 퇴직공무원뿐 아니라 전국의 은퇴자들의 봉사활동을 지원하는 국가 차원의 <국가은퇴자봉사단> 조직과 운영을 심각하게 고려해 볼 수 있다. 미국의 <시니어봉사단(Senior Volunteers)>, 영국의 <은퇴자자원봉사단(Retired Senior Volunteer Program: RSVP)>을 벤치마킹해 한국형 <국가은퇴자봉사단>을 창단해 볼 만하다.

우리나라의 상황에서의 전국단위 민간자원봉사 인프라 확충을 위해서는

첫째, 은퇴자 봉사단 조직이 민간자원봉사 인프라에서 가장 중요한 사업이 될 수 있다. 미국의 은퇴자봉사단처럼 은퇴자들이 국가와 자원봉사단체들이 개발해 운영하는 다양한 자원봉사 프로그램에 지역사회에서 자유롭게 참여해 봉사활동을 하며, 봉사활동에 소요되는 교통비 등의 실비를 국가가 지원하고, 자원봉사자에 대한 최소한의 인정과 대우를 국가 차원에서 보장하는 제도가 될 수 있다.

둘째, 국가 차원의 은퇴 자원봉사단의 조직과 운영의 책임을 맡아 자원봉사 활성화를 추진할 만한 전국적인 자원봉사 전문 지원조직이 민간 인프라의 핵심으로 제도화될 필요가 있다. 많은 정부 부처들이 설치해두고 있는 진흥원이나 연구원과 같은 기능과 역할을 담당하는 <자원봉사진흥원>의 조직화가 시급하다. 사회혁신을 강하게 추진하는 문재인 정부의 사회혁신 국정 철학에 적합한 "전국 차원의 민간자원봉사 인프라"에 해당한다.

셋째, 제도적 개선방안으로는 먼저 자원봉사진흥위원회의 기능과 역할을 정립할 필요가 있다. 위원회는 민관의 협력체제로, 자원봉사 참여와 문화정착 등 주요 국정과제를 시정하고 현황을 모니터링하며 추진방안을 제시하는 등의 주요 기능과 역할을 해야 한다. 자원봉사활동 기본법에 명시된 자원봉사진흥위원회가 추진 현황을 보고받아 이행 진전도 점검을 하는 임무를 맡고 있지만 역할 수행을 제대로 하지 못하는 제도상의 문제가 드러난다. 법 개정을 통해 개선될 것으로 기대된다.

정부의 역할은 자원봉사활동 기본법을 전면 개정해, 자원봉사진흥원의 설치에 관한 규정을 신설해 정부의 예산으로 지원하며 민간의 기부가 자율적으로 이뤄질 수 있도록 장애를 제거해주는 역할이다.

마지막으로, 제도적 개선방안으로는 먼저 자원봉사 진흥위원회의기능과 역할을 정립할 필요가 있다.

법에 근거한 주무부서의 자원봉사 팀이 현행 수준으로 관리와 평가의 책임을 맡기에는 한계가 있어, 자원봉사과로 확대해서 민간 자원봉사인프라 확충을 충분히 지원할 수 있는 시스템이 갖춰지기를 기대한다.

특히 민간 자원봉사기관들의 기능과 역할이 핵심이다. 자원봉사 국가 기본계획에 대한 민간 주도의 모니터링과 평가도 정기적으로 추진되어야 한다. 자원봉사는 민간 주도의 활동이기 때문에 국가 차원에서 민간 자원봉사기관들의 역할과 역량 강화에 인적, 물적 자원 지원과 투자를 아끼지 않아야 한다. 정부의 국정과제를 수행하고 있는 전국적인 자원봉사진흥 조직이 설치, 운영되면 기본적인 자원봉사 관련 문제들이 대부분 시정될 것으로 기대된다.

참고문헌

강종수(2019). 사회복지행정의 이해, 학지사.

경산 새한 철학회(2007). 막스 베버의 합리와 이론과 동양사상>, <哲學論叢. 제48집 제2권>

고명석, 박명혜, 황옥경, 이혜미(2014). 사회복지실천론, 대왕사.

고명석, 박준범, 박명혜, 정종모(2016). 사회복지행정론, 동문사.

공정호(2019). 퍼실리테이터기초과정, 사단법인 한국퍼실리테이터.

곽대석(2012). 기업기부에 대한 사회복지실무자들의 공정성 인식이 친기업적 자발행위. 승실대학교 대학원 박사학위논문.

관계부처합동(2020). 사회적 가치실현을 위한 공공부문의 전략.

광진구(2005). 광진구 환경의제21 실천계획.

교육청 봉사활동지침(2020).

구재관, 군향임, 김근아(2013). 자원봉사론. 서울: 창지사.

구혜영(2019). 자원봉사론, 도서출판 산정

구혜영, 정가원(2011). 우리나라 사회복지모금인력 현황 및 양성방안. 한국비영리연구, 10(2).

권순종, 김병, 김병찬, 김봉순, 김종표, 배은영, 원요한, 유용식, 이상주, 이은혜, 이태희(2008). 자원봉사론. 파주: 양서원.

권지성(1999). 자원봉사 참여형태에 따른 대학생 자원봉사활동의 만족도. 서울대학교 대학원 석사학위논문.

김경동 외(2011). 사회통합을 위한 나눔과 배려문화 제고방안: 공생발전 위한 노블레스 오블리주 실천과 재능나눔을 중심으로. 세종: 경제인문사회연구회.

김경동외(2010). 국격제고를 위한 한국의 자원봉사 활성화방안 연구. (사)한국자원봉사협의회.

김동배, 조학래(1996). 청소년 자원봉사의 길잡이, 도서출판 동인, p. 22.

김동배(2004). 노인과자원봉사, 한국자원봉사포럼.

김동배(2005). 시민사회와 자원봉사. 서울: 학지사.

김동배, 김선아, 이서원, 장신재, 조학래, 홍영수(2011). 자원봉사의 이해. 서울: 학지사.

김동원(2005). 사회복지단체에 있어서 온라인 자원봉사관리의 효과성. 한국행정논집, 17(1), 37-58.

김범수, 권선진, 손영희, 신승연, 이종복, 전종숙, 정옥희, 정용충, 최은숙(2015). 자원봉사론(3판). 서울: 학지사.

김상욱(1995). 자원봉사활동의 만족도 영향을 미치는 문제요인. 서울대학교 대학원 석사학위논문.

김성규(2001). 조직과 인간행동 서울: 명경사.

김성이, 박영희(2005). 자원봉사총론. 파주: 양서원.

김소진, 정진경(2018.11). 사회복지조직 자원봉사관리자의 자원봉사자 지원노력에 영향을 미치는 요인, 한국사회복지행정학 제20권 제4호 (통권 제61호).

김승용, 김순안, 김오복, 김은묵, 김재중(2012). 자원봉사론. 파주: 양서원.

김영신(2002). 자원봉사활동의 실태 및 활성화 방안에 관한 연구. 공주대학교 대학원 석사학위 논문.

김영호, 김정배, 백종섭, 이강현, 이선우, 이성록, 이성철, 이창호, 최종혁(2004). 자원봉사제도개선 방안연구. 서울: 교육인적자원부.

김융일, 양옥경(2002), 사회복지수퍼비전론, 서울: 양서원 최성재 외, 사회복지행정론, 나남.

김은영(2011). 소셜미디어를 활용한 자원봉사 활성화 방안. 자원봉사활성화 논문공모전 수상작논문집. 서울특별시자원봉사센터.(http://svc1365.tistory.com/250에서 검색)

김인영(1999). 노인자원봉사자의 자원봉사활동 만족도에 관한 연구. 숭실대학교 대학원 석사학위 논문.

김정식, 류은영, 박성민(2011). 서번트리서십이 부하의 직무만족과 직무몰입에 미치는 영향, 정책분석평가학회보 제21권 제3호: 239-271.

김종숙, 이동우, 김종환(2008). 사회복지자원봉사지원체계개선방안. 서울: 한국사회복지협의회. 사회복지연구원.

김창의(2001). 신인사관리론. 서울: 두남출판사.

김태룡, 안희정(2011). 사회자본과 자원봉사. 서울: 집문당.

김현나(2014). 재능기부 자원봉사의 여가적 의미와 가치탐색. 한국여가레크리에이션학회지, 38(3), 54-65.

김현숙(2014). 영국 자선문화 전통의 변화, 1870-2000. 서양사론, 121, 5-34.

김현옥 외(2008). "자원봉사활동 관리표준 매뉴얼 개발." 행정자치부.

김형모(2010). 사회복지보수교육, 사회복지협의회

김형식(1997). 사회복지프로그램 평가기법. 아시아미디어리서치.

남기철(2007). 자원봉사론. 파주: 나남.

남기철(2012). 자원봉사론 나남출판사

남미애(1997). 우리나라 자원봉사활동 체계모형개발에 관한 연구. 부산 대학교 대학원 박사 학위 논문.

대전광역시(1996). 대전광역시 자원봉사활동 증진방안.

류기형 외(2004). 자원봉사론. 파주: 양서원.

류기형, 남미애, 박경일, 홍봉선, 강대선(2013). 자원봉사론. 파주: 양서원.

류진석, 윤경아(2000). 사회복지기관평가의 인식 및 태도분석. 사회과학연구.
문화체육관광부(2014). 문화자원봉사활동 매뉴얼 활동가용. 세종: 문화체육관광부.
문화체육관광부(2014). 문화자원봉사관리매뉴얼 관리자용.
박명진, 박종철(2013). 도덕적 정체성과 자아해석이 기부의도에 미치는 효과. 소비자학연구, 24권 2호, 47~90.
박선영(2010). 한국에서의 실천적 시민교육 재구성을 위한 영국 시민교육과 자원봉사활동 고찰. 청소년학 연구, 17(2), 87-108.
박충구(2014). 윤리적 패러다임의 관점에서 본 한국사회 리더십의 문제, 감리교신학대학교, 신학과세계, (80), 164-204 p. 41 pages.
박현정, 홍현정(2011). 자원봉사 측정방법연구, 통계개발원 연구보고서.
박훈, 이상신, 문예영(2010). 기부방식별 세제혜택 현황과 개선방안 연구. 서울: 한국지방세연구원.
박희봉(2002). 조직 내 사회자본 형성에 관한 연구. 지방정부연구, 6(1). 221-239.
배기효, 김한양, 김현수, 남연희, 도기봉, 오현숙, 이미영, 전영록, 조당호(2007). 자원봉사론. 고양: 공동체.
배지양, 조수영(2016). 국내외 사회공헌 활동 효과연구, 한국광고홍보학회.
변재관외(2007). 참여형 지역복지체계론. 나눔의집.
변진숙, 권찬호(2016). 2차 베이비부머여성의 사회적 노후준비 결정요인 분석, 한국정책과학학회.
변진숙(2018). 2차 베이비 세대 여성의 특성이 노후준비에 미치는 영향 상명대 박사학위논문.
볼런티어21(2002). 한국자원봉사시민의식조사. 행정안전부.
볼런티어21(2005). 한국자원봉사시민의식조사. 행정안전부.
볼런티어21(2006). 볼런테인먼트 프로그램 실천 매뉴얼. 서울: 볼런티어21.
볼런티어21(2008). 한국자국자원봉사활동실태조사연구. 행정안전부.
볼런티어21(2011). 한국자원봉사활동 및 기부실태조사연구. 행정안전부.
볼런티어21(2004). 자원봉사관리자 아카데미 일반과정.
사회복지공동모금회(2003). 기업의 사회공헌활동에 대한 실태조사. 서울: 사회복지공동모금회.
삼성경제연구소(2010). 베이비 붐세대 은퇴의 사회경제적 파급효과.
서울시자원봉사센터(2011). 베이비 붐세대의 자원봉사 참여활성화방안(구혜영 토론자료). 자원봉사시민포럼자료집.
서울시자원봉사센터(2011). 자원봉사센터 민영화 추진 실태와 과제: 서울시를 중심으로. 자원봉사 시민포럼자료집.
서울시자원봉사센터(2015). 관리자 해외연수 보고-일본결과보고.
서울시정개발연구원(1995). 서울시 자원봉사자 활용증진 방안에 관한 연구.

서울시청소년활동진흥센터(2008). 청소년봉사활동 실태의식만족도조사연구.

송민경(2015). 자원봉사활동법 관련 쟁점과 이슈. 제8회 전국자원봉사컨퍼런스 자료집. 47-56.

송혁관(2011). 창의아이디어 패러다임연구소.

신용운 외 3인(2014). 학교시설관리 업무분석과 인력운용 효율화 방안 연구, 수원: 경기도교육연구원.

안가영(2018). 시니어 소비자의 욕구 요인과 브랜드 커뮤니케이션 효과 연구, 성균관대학교 신문방송학과 박사학위논문.

안정선, 최원희 공저(2016). 사회복지 슈퍼비전의 이론과 실제, 신정.

안희정(2011). 진로교육프로그램이 전문계고등학생의 자기효능감과 성취동기에 미치는 영향.

양옥경(2007). 사회복지 현장실습 수퍼비전, 양서원.

양점도외(2010). 자원봉사론 양서원.

여성부(2002). 여성자원활동센터의 활성화방안 연구.

열린사이버대학교 평생교육원(2018). 자원봉사론.

오단이(2014). 국제자원활동 동기 및 현지적응과정에 관한 탐색적 사례연구: 국제개발협력민간협의회(KCOC)에서 파견한 캄보디아 L단체 단원을 중심으로. 한국사회복지행정학, 16(3), 373-399.

우수명(2012). 네팔룸의 국제 지역사회복지 실천 사례 연구: 베시마을의 행복한 마을 만들기를 중심으로. 한국지역사회복지학, 40, 31-58.

유경문, 이선정, 박기백(2010). 기부금세제의개선방안연구. 서울: 한국재정확회.

윤성경(2019). 자원봉사정책저널, 혁신적 파트너십을 통한 자원봉사 확산.

이강현(1994). 자원봉사: 우리의 희망, 자원봉사활동실태와 그 발전방향. 한국시민단체협의회.

이계완(2001). 지방사회자원봉사활동의 실태와 과제. 남서울대학교 인문사회과학연구센터: 인문사회연구.

이관응(2001).「신뢰경영과 서번트 리더십」엘테크.

이길운(2010). 서번트 리더십이 지역시민 행동 및 조직혁신행동에 미치는 영향, 조선대학교.

이만식, 김성회 외(2017). 뉴패러다임 시대의 자원봉사론 학지사.

이민창, 사공영호, 주영신(2006). 자원봉사진흥을 위한 국가기본계획 의제선정 연구용역. 서울: 행정자치부.

이병순, 김효정, 오효근, 박미혜, 민승화, 김화진, 강정희(2015). 자원봉사론. 고양: 공동체.

이선재, 강종안, 김동훈, 한재광, 양진아, 하재응(2009). 자원활동은 자원봉사가 아니다. 서울: 유네스코한국위원회.

이성록(2005). 자원봉사활동관리. 서울특별시.

이성록(2017). 자원봉사활동관리 이론과 실제. 서울: 미디어숲.

이수천, 고광신, 전준현(2011). 사회복지정책론. 서울: 나눔의 집.
이우람(2009). 의미 이론과 메타 윤리학. 서울대학교 철학과, 철학논구 Vol.37, pp. 181-217.
이원희(2011). 볼런투어리즘 활성화 방안. 서울: 한국문화관광연구원.
이재삼(2019). 현행 자원봉사활동 기본법 상 자원봉사활동 활성화를 위한 법적 제고 방안, 전북동북아법연구소.
이정석(2010). 지방자치단체이 '볼런투어리즘' 도입 및 브랜드화 전략, 지방정부연구, 14(3), 139-163.
이지연, 김영혜, 김경심(2009). 독서치료 프로그램이 중학생의 공감능력 및 이타주의에 미치는 효과『홀리스틱융합교육연구』13권.
이창호, 김연우(2012). 해외자원봉사활동의 임파워먼트 효과에 관한 연구. 한국청소년연구, 23(2), 243-272.
임은희(2010). 사회복지실천론. 학지사.
자원봉사센터 운영지침, 2020.
장인협(2010). 사회복지행정학 개론 서울대학교출판부.
전국경제인연합회(2003). 2002년 기업 · 기업재단 사회공헌백서. 서울: 전국경제인연합회.
전국경제인연합회(2010). 2009년 기업 · 기업재단 사회공헌백서. 서울: 전국경제인연합회.
정무성(2003). 2003년 사회복지관평가지표 및 지침서. 서울특별시.
정무성, 황정은(2014). 사회복지마케팅. 서울: 신정.
정무성(2009). 사회복지프로그램개발론, 학현사.
정무성(2010). 사회복지프로그램개발론, 학현사.
정무성(2011). 사회복지프로그램개발과 평가, 사회복지보수교육, 사회복지협의회.
조너선크롤(2003), 레츠-인간의 얼굴을 한 돈의 세계, 이후 번역: 박용남.
조찬식(2014). 휴먼라이브러리에 관한 연구: 서울시 성북구의 휴먼라이브러리를 중심으로. 한국비블리아학회지, 25(3), 9-28.
조휘일(1991). 한국 사회복지분야의 자원봉사행동과 관련된 개인 및 조직특성에 관한 연구. 숭실대학교 대학원 박사학위논문.
조휘일(1996). 자원봉사 프로그램 관리 과정 개발에 관한 연구. 서울여자대학교 사회과학논총.
조휘일(2000). 자원봉사 프로그램 관리 과정 개발에 관한 연구. 김영호, 조휘일, 이성록 저. 사례중심으로 본 자원봉사관리의 실제(pp.1-66). 서울특별시사회복지협의회.
주성수(2000). 자원봉사와 시민사회, 한양대학교.
주성수(2005). 자원봉사: 이론, 제도, 정책. 서울: 아르케.
주성수(2013). 시민참여 활성화를 위한 시민과정부의 역할.
주성수(2018). 자원봉사 문화와 제도, 한양대 출판부.

주성수, 시민사회와 자원봉사, http://cafe.dame.net/shemember/DmM6.

주성수, 정희선(2017). 전국 기부와 자원봉사 실태조사. 행정자치부.

차신희(2003). 자원봉사센터 활성화방안에 관한 연구. 창원대학교 행정대학원 석사학위논문.

최덕경, 이서영, 서정학, 배은숙, 박주현(2014). 현대사회와 자원봉사. 고양: 공동체.

최명주(2007). 자원봉사의 이해와 실천. 파주: 양서원.

최석현, 김군수, 이재광(2012). 한국의 자본주의와 사회적 경제. 경기개발연구원 이슈&진단, 73, 1-22.

최소영(2018). 상호문화주의를 기반으로 한공존과 상생의 다문화교육. 서울교육 가을호232.

최순옥(1999). 자원봉사자의 봉사활동 만족도에 영향을 미치는 요인에 관한 연구. 이화여자대학교 대학원 석사학위논문.

최유미(2009). 2011대구세계육상선수권대회의 자원봉사 활용방안 모색. 제24차 대구자원봉사포럼자료집. 대구시자원봉사센터.

최일섭 외(2007). 자원봉사활동 진흥을 위한 국가기본계획수립연구. 행정자치부.

최종혁, 이연, 유형주(2015). 자원봉사론: 자원봉사에서 자원복지운동으로. 파주: 양서원.

최진봉(2014). 기업의 사회적 책임. 서울: 커뮤니케이션북스.

최해진(2004). 갈등의 구조와 전략. 서울: 도서출판두남.

한국건설교통기술평가원 재생사업단(2008).

한국 마케팅연구원(1996).

한국 사회복지관협회 편(1997). 미국의 자원봉사 유래와 현황. 서울: 동인출판사.

한국 사회복지관협회 편(1997). 일본의 자원봉사 유래와 현황. 서울: 동인출판사.

한국 국제협력단(2012). 해외봉사 바로 알고 가기: KOICA가 알려주는 해외봉사 완벽 가이드. 서울: 파이카.

한국보건사회연구원(2010).베이비 붐세대 실태조사 및 정책현환분석.

한국보건사회연구원(2016). 유럽의 난민 위기. 글로벌 사회정책 브리프, Jan. Vol 2.

한국자원봉사문화(2014). 2014한국인의자원봉사, 기부, 이웃돕기. 서울: 한국자원봉사문화.

한국자원봉사협의회(2017). 대선 자원봉사활성화를 위한 정책공약제안발표문.

한국자원봉사협의회(2010). 국격 제고를 위한 한국의 자원봉사활성화 방안연구. 국무총리실.

한국자중앙자원봉사센터(2015). 2014년 자원봉사센터 현황. 서울: 안전행정부.

한우(2016). 현대 리서십의 문화적 특성에 기반을 둔 리더십 교육 발전방안 연구-고려대학교 대학원 응용언어문화학 협동과정 박사학위논문.

행정안전부(2005). 전국자원봉사센터 실태 및 현실 진단.

행정안전부(2007). 제1차 자원봉사진흥 국가기본계획.

행정안전부(2012). 제2차 자원봉사진흥 국가기본계획.

행정안전부(2016). 2016년도 자원봉사진흥 시행계획(안).

행정안전부(2008). 2008 행정안전통계연보. 서울: 행정안전부.

행정자치부(2015.12). 온라인 자원봉사 활성화 및 관리방안 연구.

행정자치부(2014). 자원봉사활동실태조사및활성화방안연구. 서울: 행정자치부.

행정안전부(2017) 제 자원봉사진흥 제3차 국가기본계획(2018-2022).

행정안전부(2017). 자원봉사활동실태조사및활성화방안연구.서울:행정안전부.

현외성(1996). 중고등학생 자원봉사활동, 유풍출판사, pp.19-23.

현외성(2004). 자원봉사론 강해. 서울: 학지사.

홍승혜(1995). 재가복지자원봉사자의 만족과 지속에 관한 연구. 이화여자대학교 대학원 석사학위논문.

황유선(2002).자원봉사센터 운영에 관한 연구: 지역종합자원봉사센터를 중심으로. 경남대학교 행정대학원 석사학위논문.

Ajzen, I, & Driver, B. L.(1992). Contingent value measurement: On the nature and meaning of willingness to pay. Journal of Consumer Psychology, 1, 297-316.

Ajzen, I. & Fishbein, M.(1980). Understanding attitudes and predicting social bebavior.

Ajzen, I. & Fishgein, M.(1991). The theory of planned behavior. Organizational Bebavior andHuman Decision Processes, 50, 179-211. Alexandria, VA: Association of Volunteer Bureaus.

Benjamin Schneider and Clayton P. Alderfer Administrative Science Quarterly ,Vol. 18, No. 4 (Dec, 1973), pp. 489-505.

Blau, P. M., & Scott, W. R.(1975). Approaches to the study of Social Structure. New York: The Free Press.

Brudney, J.(ed).(2005). Emerging areas of volunteering. ARNOVA Occasional Paper Series, 1(2).

Carrell, M. R., Elbert, N. F., & Hatfield, R. D.(1995). Human resource management: Global strategies for managing a diverse workforce(5th ed.). Englewood Cliffs, Nj: Prentice Hall.

Carroll, A. B.(1979). A three-dimensional conceptual model of corporate performance. Academy of Management Review, 4(4), 497-505.

CFRE(2011). 국가통계포털 KOSIS, 2016년 인구주택총조사. www.cfre.org에서2011년 7월 10일 인출.

Christensen, H. S.(2012). Simply slacktivism? Internet participation in Finland. Journal of Democracy, 4(1), 1-23.

Conroy, S., & Williams, A.(2014). Use of internet, social networking sites, and mobile technology for volunteerism: Implication for volunteer recruitment and engagement. Washington, DC: American Association of Retired People.

Darvill, G., & Munday, B.(1984). Volunteers in the Personal Social Services. London & New York: Tavistock Publications.

Drucker, P.(1984). The new meaning of corporate social responsibility. California Management Review, 26, 53-63.

Dunn, P.(1995). Volunteer management. Encyclopedia of Social Work (19th de.).

Edwards, R. L., & Hopps, J. G.(1995). Encycolpedia of Social Work 19thEdition, Washington D.C.: NASW Press.

Eisner, D. Grimm, R. T., Maynard, S., & Washburn, S.(2009). Stanford Social Innovation Review, The New Volunteer Workforce. Winter.

Ellis, S. J(1986). From the top dowm: The executive role in volunteer program success. Philadelphia: PA: Energize Associates.

Ellis, S. J.(1998). Volunteer Centers: Gearing Up for the 1990s. Washington D.C.: United Wsy of America.

Englewood Cliffs, NJ: Prentice-Hall.

Finkelstein, M. A., & Brannick, M. T.(2007). Applying theories of institutional helping to informal volunteering: Motives, role identity, and prosocial personality. Social Behavior and Personality: an international journal, 35(1), 101-114.

Finnegan, A., & Brewis, G.(2012). The volunteering England archive: An overview and historical background. Contemporary British History, 26(1), 119-128.

Fisher, M. C. & Cole, K. M.(1993). Leadership and Management of Volunteer Programs: A Guide for Volunteer Administrators. San Franicsco: Jossey Bass.

Fletcher, K. B.(1987). The keys to 9 successful volunteer program. Washington, DC: The Taft Grorp.

George, R. F.(1982). The Volunteer Needs Profile. Green Bay, Wi: Univ. of Wisconsin.

Gidron, B.(1983). Sources of jop satisfaction among service volunteer. Journal of Voluntary Action Research, 12(1), 20-35.

Hammer, M. R.Bennett, M. J. & Wiseman, R.(2003). Measuring intercultural sensitivity: The intercultural development inventory. International Journal of Intercultural Relations, 27(4), 421-443.

Herzberg, F.(1987). One more time: How do you motivate employees? Harvard usiness Review

September–October, 109-120.

Independent Sector(2015). The value of volunteer time. Retrivevd from http://www.independentsector.org/volunteer_time

International Labour Organization(2011). Manual on the measurement of volunteer work. Geneva: International Labour Office.

J. Rawls, A Theory of Justice, (Cambridge, Mass.: Harvard Univ, Press, 1971년, pp.302-303.

Jacobson, A.(ED.). (1978). Standards and guidelines for the field of volunteerism.

Kudo, K., Motohashi, Y. Enomoto, Y. Kataoka, Y. & Yajima, Y.(2011). Bridging differences through dialogue: Preliminary findings of the outcomes of the human library in auniversity setting. The 2011 Shanghai International Conference in Social Science. Retrieved, from

Lewin, A. Y., Sakano, T., Stephens, G. U., & Victor, B.(1995). Corporate citizenship in japan: Survey results from Japanese firms. Journal of Business Ethics, 14(2), 83.

Lewis, A. & Lewis, D.(2001). Manageent of Human Service Program(2nd ed.). New York: Book Cole.

Lindahl, W. E., & Conley, A. T.(2002). Literature review: Philanthropic fundraising. Nonprofit Management & Leadership, 13(1).

Looney, C. A., & Looney, J. K.(2005). Attraction Top Talent and Retaining Stars. New Directions for Philanthropic Fundraising, 49, Fall.

MacDuff, N.(1996). Recruiting and retention: A marketing approach. Washington, DC: MPA Publishing.

MacDuff, N.(1987). Volunteer recruiting and retention: A marketing approach.

Management and Motivation, Vroom, V.H. Deci, E.L.Penguin 1983(first published 1970)

Margriet-Marie Govaart(2002). 세계의 자원봉사활동. 이강현 옮김. 강원도: 아르케.

Margriet-Marie Govaart(2002). Volunteering World wild NIZW.

Marlene Wilson (Author), 1979, The Effective Management of Volunteer Programs.

Maslow, A. H.(1943). A Theory of Human Motivation. Psychological Review, 50(4), 370-96.

Maslow, A. H.(1954). Motivation and Personality. New York: Harper and Row.

Maslow, A. H.(1970a). Motivation and Personality. New York: Harper & Row.

Maslow, A. H.(1970b). Religions, values, and peak experiences. New York: Penguin. (Original work published 1964)

McCurley, S. & Lynch, R.(1996). Volunteer Management. Downers Grove, IL: Heritage Arts Publishing.

Merrill, M.(2006). Global Trends and the Challenges for Volunteering. The International J journal of Volunteer Administration, XXIV (1), 9-14.

Murray, V. & Harrison, Y.(2002). Virtual volunteering: Current status and future prospects. Toronto: Canadian Centre for Philantrophy.

NASW(1977). Encyclopedia of Social Work. New York.

NASW(1987). Encyclopedia of Social Work. New York.

Patti, R. J.(1987). Managing for service effectiveness on social welfare organization. SocialWelfare, 33, Sep.

Paul J. Ilsley(1990). Enhancing the Volunteer Experience, California, Jossey-Bass Pub., pp.7-12.

Peterson, B.(2004). Cultural intelligence: A guide to working with people from other cultures. Boston, MA: Nicholas Brealey.

Point of Light Foundation(2015). Volunteer centers: A history of America.

Sargeant, A.(2001). Relationship fundraising: How to keep donors loyal. Nonprofit Management & Leadership, 12(2).

Schindler-Rainmain, E. & Lippitt, R.(1984). The Volunteer community. New York: NTL Learning Resources Corporations.

Schwartz, M. S., & Carroll, A. B.(2003). Corporate social responsibility: A three-domain approach. Business ethics quarterly, 13(4), 503～530.

Scriven, M.(1991). Evaluation Thesaurus(4th ed.). California: Sage.

Sheard, J.(1995). From Lady Bontiful to Active Citizen. Justin Davis Smith, Colin Rochester, & Rodney Hedley, An Introduction To The Voluntary Sector. London: Roudedge.

Smith, D. H.(1981). Altruism, Volunteers and Volunteering. Journal of Voluntary Actuin Research, 10(1), 21-36.

Smith, D. H. Macaulay, J. & Associates.(1980). Participation in social and political activities: A comprehensive analysis of political involvement, expressive Ieisure time, and helping behavior. San Francisco, CA: Jossey-Bass.

UnitedNations(2011). Stateofthe World's Volunteerism Report, 2011: Universal Values for Global Well-being. United Nations Volunteers.

United Nations Volunteers(2001). United Nations Volunteers report, perpared for the UN general assembly special session on social development. Geneva: UNV Publication.

United Nations Volunteers(2011). State of the world's volunteerism report 2011: Universal values for global well-being. Bonn: UNV Pubilcation.

Volunteer Canada.(2012). Canadian code for volunteer involvement. Available http://volunteer.ca/content/canadian-code-volunteer-involvement-2012-edition

Volunteer Victoria(2015). Involving volunteers: The principles. Retrieved from http://volunteeringvictoria.org.au/

Washington, DC: MPA Publishing.

Washington, Dc: NASW.

Whetter, L. & Pybus, V.(2001). 지금 세계가 당신을 부른다: 국제 자원봉사.

Wilson, M.(1976). The effective management of Volunteer Programs. CI: Volunteer Management Associates.

Wood, D. J.(1991). Corporate social performance revisited. Academy of Management Review, 16, 691-718.

Zimmeck, M.(2009). Thecompactcodeofgoodpracticeonvolunteering: Capacityforchange: A review. Institute for Volunteering Research:

<사이트>

http://academic.naver.com/openUr1.nhn?doc_id=39812261&linkType=doclink에서 검색

http://www.kcti.re.kr/webdata/newweb/reportEng/file/Basic%20research_2011-02.pdf에서 검색).

http://www.prism.go.kr/homepage/entire/retrivevEntireDetail.do?cond_research_name=&cond_research_start_date=&research_id=1740000-201500040&pageIndex=229&IeftMenuLevel=160에서 검색).

http://www.prism.go.kr/homepage/researchCommon/retrieveResearchDetailPopup.do?research_id=1310000-200600073에서 검색

http://www.kihasa.re.kr/web/publication/brief/view.do?pageIndex=3&keyField=&key=&menuId=53 &tid=38&bid=991&division=&aid=2&ano=1에서 검색).

http://dl.nanet.go.kr/SearchDetailView.do ChildSafe: http://www.thinkchildsafe.org

Webster: http://www.merriam-webster.com/

개발마케팅연구소: http://dmi.or.kr/220496697767?Redirect=Log&from=postView

국립국어원 표준국어대사전: http://stdweb2.korean.go.kr/main.jsp

사회공헌정보센터: http://www.crckorea.kr/

월드프렌즈코리아: http://blog.naver.com/wfk2012(공식블로그)

http://www.worldfriendskorea.or.kr/(전자방)

유네스코 한국위원회: http://www.unesco.or.kr/

유승권의 블로그: http://blog.daum.net/mryoopm/

http://joinkov.koica.go.kr 한국해외봉사단.

http://www.kvf.or.kr 한국자원봉사포럼.

http://kwominet.or.kr 한국여성개발원.

http://www.all4youth.net 청소년종합정보서비스.

http://www.ccej.or.kr 경실련(경제정의실천시민연합).

http://www.cowalk.or.kr 장애우 권익문제연구소.

http://www.gcn.or.kr 녹색소비자연대.

http://www.gusc.or.kr 경기도 청소년 활동진흥센터.

http://www.hakbumo.or.kr 참교육을 위한 전국학부모회.

http://www.jikim.net 청소년폭력예방재단.

http://www.kavc.or.kr 한국자원봉사센터중앙회.

http://www.kcv.or.kr 한국자원봉사협의회.

http://www.kfem.net 환경운동연합.

http://www.kfvc.or.kr 한국자원봉사센터중앙회.

http://www.koica.go.kr 국제 협력단.

http://www.kvf.or.kr 한국자원봉사포럼.

http://www.learnandserve.gov 학습 및 봉사단.

http://www.ncvo-vol.org.uk 전국자원봉사단체협의회.

http://www.peacecorps.gov 평화봉사단.

http://www.pointsoflight.org 촛불협회.

http://www.scvo.org.uk 스콜틀랜드 자원봉사단체협의회.

http://www.shakyo.or.jp 일본 전국사회복지협의회.

http://www.sobo112.or.kr 한국소비생활연구원.

http://www.vms.or.kr 사회복지봉사활동인증센터.

http://www.volunteer21.org 볼런티어 21.

https://blog.naver.com/hojin2778330?Redirect

http://www.volunteering.org.uk 자원봉사잉글랜드.

http://www.volunteeringinamerica.gov

자원봉사아메리카/https://www.nationalservice.gov/serve/via

https://twitter.com/NationalService

https://twitter.com/AmeriCorps

http://www.ndsl.kr/ndsl/commons/util/ndslOriginalView.do?dbt=TRKO&cn=TRKO201600016370&rn=&url=&pageCode=PG18

http://www.welinfo.kr 사회복지정보센터.[International directory of voluntary work (7th de.).]

김수재 역. 서울: 학문사 원저는 2000년에 출판).
119매거진(2006.11.16). "사단법인한국자원봉사센터협회(사)한국재난안전네트워크세번째탐방"
https://www.nyj.go.kr/main/971
http://library. moe.go.kr/viewer/MediaViewer.ax?cid=115421&rid=5&moi=7202에서 검색
https://en.wikipedia.org/wiki/Micro-volunteering
http://www.tongilro.net/main/frame/frame.html
[출처] 재한외국인처우기본법, 누구를 위한 법인가?
https://www.nationalservice.gov/serve
http://volunteer.ca/content/world-volunteering-2017-andbeyond(accessed14/10/14).
http://volunteer.ca/content/canadian-code-volunteer-involvement-2012-edition
http://www.snpo.kr/bbs/board.php?bo_table=npo_aca&wr_id=1181
http://www.snpo.kr/
http://blog.daum.net/yoonbinahn/1204600
https://blog.naver.com/nlboman/221269890969
https://m.blog.naver.com/PostView.nhn?blogId=empjoonki&logNo=30013198464&proxyReferer
https://blog.naver.com/parkstwo/130181157647
http://www.sorokdo.go.kr/
https://www.yourcoach.be/en/employee-motivation-theories/erg-motivation-theory-alderfer.php

저자소개

박명혜

상명대학교 일반대학원 행정학(사회복지전공)박사

전) 청운대 사회서비스대학 사회복지상담학과 부교수
현) 한사회성장연구원 이사장

저서
사회문제와 사회복지(대왕사)
사회복지행정론(동문사)
인간행동과 사회환경(대왕사)
사회복지시설운영론(공동체)

변진숙

상명대학교 일반대학원 행정학(사회복지전공) 박사

현) 서울미디어대학원대학교 겸임교수
현) 한사회성장연구원 국장
현) 상명대 글로벌 문화연구소 연구원
전) 사회복지법인 성민 연구소 연구원
전) 서울시립 중계노인복지관 사회재활팀장
전) 그레이스센터 사무국장

자원봉사론 개정판

초 판 1쇄 발행 / 2020년 3월 4일
초 판 2쇄 발행 / 2020년 9월 5일
개정판 1쇄 발행 / 2024년 3월 4일
개정판 2쇄 발행 / 2025년 8월 10일

•

공저자 / 박명혜 · 변진숙
발행인 / 이 중 수
발행처 / **동 문 사**

•

서울특별시 서대문구 홍제원 1길 12
(홍제동 137-8)
Tel : 02)736-3718(대), 736-3710, 3720
Fax : 02)736-3719
등록번호 : 1974.04.27 제9-17호
가격 : 24,000원

•

ISBN : 979-11-6328-575-5 (93330)
E-mail : dong736@naver.com
www.dongmunsa.com